法律诊所
之 实战篇

杨军 汪艾文 ◎编著

知识产权出版社
全国百佳图书出版单位

图书在版编目（CIP）数据

法律诊所之实战篇／杨军，汪艾文编著 . —北京：知识产权出版社，2017.11
ISBN 978-7-5130-5246-7

Ⅰ.①法… Ⅱ.①杨…②汪… Ⅲ.①法律—案例—中国 Ⅳ.①D920.5

中国版本图书馆 CIP 数据核字（2017）第 276586 号

内容提要

本书分为上下二篇。在上篇中，作者精心挑选了不同类型的五个经典案例，从案情简介、案件相关证据及诉讼材料等方面进行了回顾与梳理，针对案件焦点、难点问题展开了推演与剖析，对案件的处理提出了专业的诊断意见，从不同角度探讨了诉讼思路、诉讼策略及诉讼应对方案，并探讨了彼此之间的不同法律效果，还原了案件真实办理过程。在下篇中，作者梳理了与上述案件相关的法律知识、法律依据以及实务中的办案经验，以供读者参考与借鉴。

责任编辑：纪萍萍　石红华　　　责任出版：刘译文
责任校对：潘凤越　　　　　　　特邀编辑：纪　丽

法律诊所之实战篇
杨　军　汪艾文　编著

出版发行：	知识产权出版社有限责任公司	网　址：	http://www.ipph.cn
社　址：	北京市海淀区气象路 50 号院	邮　编：	100081
责编电话：	010-82000860 转 8387	责编邮箱：	jpp99@126.com
发行电话：	010-82000860 转 8101/8102	发行传真：	010-82000893/82005070/82000270
印　刷：	北京嘉恒彩色印刷有限责任公司	经　销：	各大网上书店、新华书店及相关专业书店
开　本：	787mm×1092mm　1/16	印　张：	16.25
版　次：	2017 年 11 月第 1 版	印　次：	2017 年 11 月第 1 次印刷
字　数：	250 千字	定　价：	49.00 元
ISBN 978-7-5130-5246-7			

出版权专有　侵权必究
如有印装质量问题，本社负责调换。

自　　序

　　本人自 1984 年大学本科学习始，就立志从事与法律专业相关的职业。基于多方面的原因，1991 年 6 月研究生毕业后选择了在高校从事法律教学工作。1992 年参加了全国律师资格考试，一次性获得通过。鉴于自身的理想，决定边教学边从事律师工作。当时国家允许高校开办律师事务所，于是，不甘寂寞的我在 1994 年与几个同事在学校的支持下成立了律师事务所，名正言顺地干起了"双肩挑"律师工作。从 2000 年开始，司法部明确规定高校律师事务所必须与高校脱离，我依然选择留在了高校，身份也从以往名义上的专职律师变成了兼职律师。回看这 23 年的律师执业经历，自己不仅培养了很多学生，也带出了一批优秀的律师，他们如今已在各自的岗位上尽领风骚。

　　在高校已 25 年余，以前常思考法学专业要培养什么样的专业人才，但这些年思考更多的是作为执业律师特别是诉讼律师如何在法律执业中充当适格的专业角色。就当事人而言，他们一辈子也许就经历一场官司，对于专业律师们而言这样的官司司空见惯，而对于当事人而言这一场官司也许会影响他们的一生，影响到他们对法律的信仰，案件结果甚至是直接决定着他们的命运。因此，认真对待每一场诉讼是每一个专业律师的执业使命。在我的律师执业经历中，经手了无数案件，有成功的喜悦，也有失败的迷茫。有些案件可以拿出来说道说道，有些案件也只能永久地封存。在很久以前，有不少律师事务所诚邀我脱离高校做专职律师，被我婉拒。我喜欢高校教师职业的自由，这种自由实不是多少金钱收入能换取的；高校教师工作能够保障我的基本温饱与尚存的尊严，"不为五斗米而折腰"似可以践行，我有时是不需要考虑个案能挣到多少 money。因这种自由与不羁，我尚能讲些真话，做些真事，接一些社会律师不敢接也不愿接的案件。例如多年前我接手了泰州一百多户出租车司机状告政府部门的维权案件，案件结果虽不理想，但确实给规范出租车市场的乱象提出了一个新的思考角度，数家媒体也予以了报道。

教书多年，律师执业多年，一直想写点东西，拘于人的懒惰，也受困于难静下心来思考，故拖沓至今。套句俗语，"出来混，总是要还的"。学校2015年开始新一轮绩效考核，要求教授也完成一定的学术考核分值。迫于压力，自己开始安静思考、提笔成文，完成这本著作，算是对自己有一个交代，完成学术工分。本书为法学专业学习、法律执业的系列书籍之一，后续还会出版之二、之三。本书共分两个部分。在第一部分，我选择了自己经手的几个案件，作入门级阐述、分析，以冀读者从中获得些许启发；第二个部分中，选择了与前述案件相关的依据及较新的办案经验。书中对经手的案件的诊断与分析观点纯属个人一面之词，定然有大量不妥与不当之处。但自以为，表达是最重要的，表达了才会有碰撞，碰撞才能产生火花。本书第一部分的案件专业剖析及相关案件材料主要由本人完成，第二部分的材料由汪艾文老师整理完成。

此为序。

杨　军

2017年8月22日写于财大苑

目 录

上篇 实案回放与诊断

南京 JN 文化教育学校诉南京 CJ 大学法学院合作办学纠纷案 …………… 3
R 某诉 Z 某、S 某侵犯生命权纠纷案 ……………………………………… 16
Y 公司诉 H 公司买卖合同纠纷案 …………………………………………… 32
殷某涉嫌玩忽职守罪案 ……………………………………………………… 61
陈某二人与新疆某集团公司、冶某股权转让国际仲裁案 ………………… 86

下篇 诊断所需知识储备

合同及公司 …………………………………………………………………… 153
侵权责任 ……………………………………………………………………… 181
渎职犯罪 ……………………………………………………………………… 198
工程及执行 …………………………………………………………………… 204
非诉 …………………………………………………………………………… 235

参考文献 ……………………………………………………………………… 253

上篇
实案回放与诊断

南京 JN 文化教育学校诉南京 CJ 大学法学院合作办学纠纷案

【案情介绍】

南京很多高校都开设全日制自学考试助学专业,这些自学考试助学专业是经过省教育厅自学考试委员会批准的。基于招生的考虑,南京 CJ 大学法学院于 2004 年 4 月 28 日与南京 JN 文化教育学校就合作招收经济法全日制自学考试助学专业签订了一份《联合办学协议书》(内容详见原告证据一),约定了双方合作办学的权利与义务。

由于校外合作办学单位在招生宣传等方面不是很规范,出现过学生向主管部门投诉不实宣传的问题,为规范此类全日制自学考试助学专业的办学,南京 CJ 大学的自学考试职能管理部门——南京 CJ 大学自考办于 2004 年 8 月 12 日下发了《关于规范自学考试办学秩序的通知》(内容详见原告证据二),要求各学院停止一切形式的合作办学。

南京 JN 文化教育学校在诉状中称,南京 CJ 大学法学院负责自考办学的负责人将南京 JN 文化教育学校负责人喊到法学院办公室,要求即日起停止双方的合作。双方就停止合作的经济赔偿未达成一致。随后,南京 JN 文化教育学校一纸诉状将南京 CJ 大学起诉至人民法院,要求赔偿各项损失人民币 186 985.40 元(诉状内容详见原告诉状及证据目录)。

【原告诉状及证据材料】

● 原告诉状

起 诉 状

原告:南京 JN 文化教育学校
法定代表人:牛某,任南京 JN 文化教育学校校长

被告：南京 CJ 大学

诉讼请求：

1. 要求被告赔偿合同违约产生的损失 186 985.40 元。

2. 由被告承担本案的诉讼费用。

事实与理由：

2004 年 6 月 28 日，原告与被告下属单位南京 CJ 大学法学院签订联合办学协议书一份，以及费用收取、分成及支付办法，教师报酬支付办法，学生教学和住宿标准等三个附件，联合举办全日制特色自学考试专业教学班。协议有效期为 4 年，自 2004 年 7 月 1 日起至 2008 年 7 月 30 日止。我方承担招收新生、提供教学场地、解决学生住宿就餐问题、学生日常管理等一系列工作。对方承担制订教学计划、编写教学大纲、指派专业课授课教师等其他工作。在附件中约定，我方向每生每年收取学费 4830 元，住宿费 1200 元，书本费及资料费 450 元等。其中支付甲方每年每生 1750 元作为管理费用，剩余部分归我方所有。协议签订后，我方即开始一系列准备工作，租用了南京市雨花台区委党校 5 间教室及多媒体教室、阶梯教室，每年租金 15 万元；又租用了 28 间宿舍共 224 个铺位，作为学生公寓，租金最低 12 万元，最高 17.92 万元。为了教学的需要，订购了方正组装电脑一百台，总价款 39.6 万元，并于 7 月 10 日交付了订金 5 万元给南京金奔腾计算机系统有限公司。另委托南京大望印务有限公司印制招生简章、报名表等招生资料，印刷费 45 400 元，还参加了省招生大会，刊登了广告，邮寄招生资料等。但 2004 年 8 月 13 日，南京 CJ 大学法学院负责人突然通知，要求我方停止一切与联合办学有关的活动，后我方了解到，南京 CJ 大学自学考试办公室于 2004 年 8 月 12 日给各院系发出《关于规范自考招生秩序的通知》，称根据校领导的指示精神，要求取消校外的委托自考招生的合作办学点。由于被告单方毁约，给我方造成了极大的损失，为防止损失的进一步扩大，我方随即展开一系列善后工作——停止招生，并对已登记有报名意向学生做好解释工作，动员他们转报其他学校，以免耽误学生就学。从合同签订到善后工作结束，我方动用了 7 名教师及工作人员，前后共工作了三个多月，支付工资 31 500 元（每人每月 1500 元）。2004 年 10 月开始，我方多次找 CJ 大学法学院，要求其赔偿我方的经济损失，但时至今日，对方始终未拿出解决方案。

我方认为，南京 JN 文化教育学校与南京 CJ 大学法学院签订的联合办学协议是合法有效的，南京 CJ 大学法学院单方解除合同，属严重的违约行为。对我方造成的经济损失理应赔偿。根据《中华人民共和国合同法》《民法通则》《民事诉讼法》，特向人民法院起诉，要求被告赔偿教室租赁违约金 3 万元，宿舍租赁违约金 2.4 万元，电脑购销违约金 3 万元，印刷资料费 4.54 万元，邮寄费 16 578.40 元，广告信息费 5307 元，招生会务费 4200 元，7 名工作人员工资 3.15 万元，合计 186 985.40 元。由于法学院无法人资格，所以应由被告承担赔偿责任。

此致
南京市某区人民法院

起诉人：南京 JN 文化教育学校
2004 年 12 月 25 日

● 原告证据目录

证 据 目 录

证据一：联合办学协议书及附件一、二、三；
证据二：被告自考办《关于规范自考招生秩序的通知》；
证据三：教室租赁协议及雨花台区委党校催款通知；
证据四：宿舍租赁协议；
证据五：电脑购销合同及订金收据；
证据六：印刷品费用明细表；
证据七：邮寄费、广告费等缴费凭证；
证据八：印刷品部分样品。

南京 CJ 文化教育学校提供
2004 年 12 月 25 日

● 原告证据一

南京 CJ 大学法学院、JN 文化教育学校联合办学协议书

为适应多层次、多形式教育的需求，加快应用型人才培训步伐，南京 CJ 大学法学院与 JN 文化教育学校在互帮互利、资源共享的前提下，联合举办全日制特色自学考试专业教学班。

为明确双方的责任和义务，本着自愿平等的原则，签订本协议。协议有效期从 2004 年 7 月 1 日至 2008 年 7 月 30 日。

甲、乙双方责任如下：

甲方：南京 CJ 大学法学院

乙方：南京 JN 文化教育学校

甲方责任：

1. 承担制订教学计划，编写教学大纲，确定各阶段课程的设置的任务。负责向乙方提供甲方主考课程的复习大纲，尽量提高乙方学生的考试通过率；

2. 指派专业课授课教师，选定教材样本；

3. 定期巡视教育教学情况，检查教学进程和教学质量，指导学生的日常管理；

4. 妥善保管由乙方送交的学生学籍与考籍等有关材料；

5. 审核由乙方送交的学生考试报名资料，并报送南京 CJ 大学自学考试办公室；

6. 为乙方提供盖有南京 CJ 大学法学院公章的学生证明；

7. 在乙方所在教学点允许挂南京 CJ 大学法学院教学点的牌子。

乙方责任：

1. 在开学一个月内，以学生报到、注册人数为基准，向甲方缴纳每生每年 1720 元的教学管理费；

2. 与甲方协商聘请非专业课授课教师，组织教学计划的贯彻落实；

3. 承担招收新生，落实上课所用教室及学生住宿就餐等工作；

4. 负责管理学生的日常生活，有计划组织学生集体活动，加强学生德育教育，解决处理学生的偶发事件；

5. 按计划组织学生评定奖学金、三好生、优秀学生干部、安全守纪文明宿舍等活动；

6. 支付所聘请教师的课酬及交通费；

7. 做好学生的考试报名、交费、考籍材料和新生班学生送考等工作；

8. 定期向甲方陈述办学情况。

双方责任：

1. 在没有违反教学、资金核算、教委政策的情况下，甲、乙双方不得私自更改或取消合同。否则有权追究责任。

2. 资金管理问题。乙方向甲方缴纳教学管理费后的剩余资金属于乙方所有，用于教学、授课教师、工作人员、教师工资等费用，乙方在使用费用时受甲方监督管理，并每月或每季度向甲方汇报资金详细使用情况。

本协议为双方联合办学协议，一式二份，甲、乙双方各执一份。经盖章签字后生效。双方保证信守协议。

未尽事宜，经双方协商解决。

甲方：南京 CJ 大学法学院
乙方：南京 JN 文化教育学校
2004 年 6 月 28 日

附件一：

费用收取、分成及支付办法

一、费用收取

乙方应严格执行省自考办的收费标准，按每生每年计算，学费最高不得超过 4830 元；住宿费不超过 1200 元；书本费及资料费 450 元，多退少补。

二、费用分成

收取的学生学费在扣除学生每年考试费（每生 1200 元：150 元/门，共 8 门课）后，支付甲方每年每生 1750 元，剩余部分归乙方所有，甲方分期支付给乙方。支付时间为：开学后的第一月（9 月）支付 40%；次年

1月支付10%；3月支付30%；5月支付10%；7月支付10%。

三、若由乙方承担的费用因省自考办实施新的政策而导致调整，由乙方负责解决。

附件二：

教师课酬支付办法

一、支付标准：

每课时80元（包括交通费），不再计算系数。

二、支付时间：

当月月底或下月月初支付。

附件三：

学生教学和住宿标准

一、教学管理

1. 乙方应按照南京CJ大学学生管理制度对学生进行严格管理；

2. 乙方应按150～200人配备专职辅导员，跟班管理。

二、住宿管理

1. 每间房不低于10平方米，上下铺共6个铺位。每间房应具备基本的供电设施。每层宿舍楼应配备卫生间、洗衣间。

2. 乙方保证每天定时提供开水。

3. 乙方配备合格宿管员负责学生住宿卫生、安全。

● 原告证据二

关于规范自考招生秩序的通知

各院系：

根据校领导的指示精神，结合学校目前各院系的自考招生现状，现将有关规范自考招生秩序的要求通知如下：

1. 取消校外的委托自考招生和合作办学点，严禁校外单位利用学校名义在社会上进行自考招生宣传活动。

2. 严格管理和监督招生信息员的招生活动，杜绝夸大和虚假宣传。

3. 严禁派人在校外和校园内拦截围堵自考考生。

4. 严禁恶意诋毁和中伤其他专业。

5. 认真对待和反思新闻媒体曝光的不规范招生行为，杜绝类似事情再次发生。

南京 CJ 大学自学考试办公室
2004 年 8 月 12 日

【案件专业梳理】

●问题一：我们从专业律师角度看，原告的诉状在形式上存在哪些问题？

在任何问题的处置过程中，第一印象非常重要，第一印象就如一个人的外表，小到他的着装、举止。法律问题的解决亦不例外，当一个诉讼启动时，首先呈现在法官面前的就是诉状。诉状不仅仅高度涵盖了其诉讼思路，诉状本身也反映了一个专业律师的基本专业素养。很多律师往往忽略这个小得不能再小的问题，其实他不知当一个小小的诉状提交以后，印象分已不占优势。

就本案诉状看，这份诉状至少存在以下方面的不足：

第一，诉状抬头，不少人喜欢使用"起诉状"抬头，但是民事案件的诉状，我们一般应使用"民事诉状"，"起"字往往使用在刑事案件中，如刑事案件中我们称"起诉书"，这已是一个不成文的习惯。同样，在民事诉状的结尾部分，我们习惯使用"具状人"，而一般不使用"起诉人"。

第二，关于原被告等当事人，诉状上应当载明身份编码（如为企事业单位，应载明组织机构代码证；如为自然人，则载明身份证号码）、住所地、法定代表人等基本信息。本案中，原告可能不知道南京 CJ 大学的校长是谁，但专业律师应该有办法查询清楚，这本身也是专业服务的基础工作。

第三，诉状如果是出于当事人之手，非法言法语尚可理解，若是出自专业律师则法言法语是基本要求。本案诉状的事实与理由陈述部分，"我方"一词使用了近十处，实属不应该。在涉及此方面字词时，我们应该以"原告"自称，"我方""对方"等称谓，是辩论赛中高频次使用之词。

第四，在诉讼启动时，原告应当提供证据及证据目录，载明证明对象。本案中仅有证据目录，但未载明证明对象，影响到被告的针对性答辩。

●**问题二：从原告诉状及相关证据看，原告的诉讼思路是什么？**

诉状是原告启动诉讼的最基本的材料，它不仅涵盖了原告的基本诉讼思路，也决定了实际启动后的诉讼方向。虽然法律允许在日后的诉讼过程中原告可以变更自己的诉讼请求，但是从证据的角度考察，诉状既然是一种当事人的事实陈述，那么初始诉状自然可以被当成一种"自认"证据。因此，初始诉状在诉讼中的重要性是不容忽视的。有不少律师认为，提交给法院的诉状可以准备得不充分，因为法律提供了补正的机会。但是本人一直以为：诉状就如布料的裁剪，一旦下了剪刀，有些刀向是无法更改的，关键性的刀向也就决定了成衣的品质高低。

根据本案的原告诉状及相应证据，我们可以梳理出原告的诉讼思路：原告走的是合同违约赔偿之诉，原告认为自己与南京CJ大学法学院作为合同的双方当事人签订的合作办学合同合法有效，南京CJ大学法学院在该合同的履行中单方面根本违约致使合同无法履行，因此南京CJ大学法学院依法应当承担违约责任，基于南京CJ大学法学院无法人资格，故依法应当由法人单位南京CJ大学承担民事责任。

●**问题三：从被告角度看，可能的应诉方案是什么？**

站在被告角度考虑，被告当然是不想承担赔偿责任，其最为理想的诉讼结果是不承担一分钱赔偿。被告一方无外乎从三个方面提出应诉思路：其一，从己方没有违约角度抗辩，自己无须承担违约责任；其二，从合同效力角度抗辩，以无效合同否认自己承担违约责任；其三，从合同履行过程中发生履行不能的实际情形角度抗辩，故己方不应承担违约责任。

现分析如下：

（1）先分析合同效力的应诉思路。否定合同效力的应诉思路，是我们在合同纠纷中经常使用的一种应诉策略，此策略运用本身无优劣之分，关键是是否最合适于具体个案。就本案而言，我们先不考虑就本案已有的事实能否否定掉合作办学合同的效力，我们退一步想，就是否定掉了合同效力，但依据法律规定，即便是合同无效，其法律后果也不是即否定掉了赔偿责任的承担。即使是合同无效，合同当事人仍然要依据合同无效的过错承担赔偿责任，其区别只不过是该赔偿责任的性质不是违约责任，而是缔约过失责任。

（2）再看情势变更应诉思路。情势变更应诉思路对本案讲是一个不能成立的应诉思路，虽然在双方合同履行过程中出现了一些政策变化，但该政策因素不是双方合同约定的情势变更的情形。退一步讲，即便是发生了情势变更情形致使合同无法履行，赔偿责任依然需要承担，只是责任属性不同而已。

（3）最后看否定违约责任的应诉思路。否定违约的应诉思路是最难的方案，因为本案中原告的一个关键证据是2004年8月12日南京CJ大学自考办通知（下简称8·12通知），原告以该8·12通知直接证明被告方违约。否定被告违约，就必须否定8·12通知。

综合上述三个应诉思路，我们可以概括为二种应诉方案，第一种是抗辩少赔方案，第二种是抗辩不赔方案。走第一种应诉方案，被告应诉的重点是对原告因涉案合同未得以履行所造成的损失数额的事实抗辩，即原告所主张的损失构成是否合法及是否有事实依据？原告自身行为是否扩大了其自身损失？走第二种应诉方案，被告应诉的重点是否定被告有违约事实。笔者认为，选择第一种应诉方案是比较保险的，至少可以减少被告所承担的赔偿数额。

● **问题四：我们可否尝试走第二种应诉方案，实现不赔的诉讼效果？**

本案经过南京 CJ 大学法学院的讨论，普遍认为第二种应诉方案很难走得通，因为对原告举证的 8·12 通知证据无法逾越。下面我们尝试对第二种应诉方案进行推演：

第一，原告在诉状中作出这样的陈述："2004 年 8 月 13 日，南京 CJ 大学法学院负责人突然通知，要求我方停止一切与联合办学有关的活动，后我方了解到，南京 CJ 大学自学考试办公室于 2004 年 8 月 12 给各院系发出《关于规范自考招生秩序的通知》，称……。"结合原告的举证我们可以得出这样的判断：即原告仅是将 8·12 通知作为被告南京 CJ 大学法学院单方面毁约的"判断证据"，8·12 通知本身并不是南京 CJ 大学法学院单方面毁约的"事实证据"。理由是：1. 如果原告有被告南京 CJ 大学法学院单方面毁约的书面证据，如停止合作办学的书面通知，原告方一定会向人民法院提交，原告只是在诉状中诉称了被告南京 CJ 大学法学院负责人突然口头通知其停止合作办学。2. 8·12 通知是原告事后从其他方面了解到的南京 CJ 大学自学考试办公室下发的一个文件通知，原告举证这个通知是想达到证明被告南京 CJ 大学法学院单方面停止合作办学这一证明目的。但我们做如上基本分析后，就会发现原告欲证明南京 CJ 大学法学院单方面毁约的证据链中出现了瑕疵，这个瑕疵会是我们的突破口吗？我们认为这就是可能的突破口。

第二，我们在前面的"问题一"中已经阐述了原告的诉讼思路与策略，原告对其与南京 CJ 大学法学院的涉案合作办学合同的效力亦不持异议，也就是说原告自始至终是认为涉案合作办学合同的双方当事人是原告一方与南京 CJ 大学法学院一方。那么，依据合同相对性原则，一般情况下只有合同当事方的行为才能认定为是合同行为，除非受委托或者合同中约定了其他情形。本案中 8·12 通知是南京 CJ 大学自学考试办公室下发的一个文件通知，并不是作为合同一方当事人的南京 CJ 大学法学院下发的，也就是说，8·12 通知证据本身并不能直接证明南京 CJ 大学法学院已单方面毁约。如果南京 CJ 大学法学院作如下否认：1. 其没有收到 8·12 通知，2. 其即使收到了该通知、也没有按照该通知内容予以贯彻执行；那么，原告就必须进一步举证南京 CJ 大学法学院是执行了该 8·12 通知的。但是原告并没有进一步举证的证据。

在这里有一个问题需要说清楚，就是作为具有自学考试管理职责的南京 CJ 大学自考办履行自考管理职能的行为效能能否及于南京 CJ 大学的二级学院？从对自学考试的管理职权看，自考办毫无疑问具备管理职能，其对各二级学院的自考工作可以进行管理。但管理行为本身并非法律行为，不产生法律上的效果。管理行为对一个相对独立的合同关系而言，不能等同于合同行为，更不能直接将管理行为作为独立合同关系中的违约事实予以认定。

第三，基于上述思考，我们可以确立一个总的应诉思路，即紧紧扣住南京 CJ 大学法学院对于涉案合作办学合同已经严格履行，没有任何违约行为，涉案合作办学合同之所以没有履行下去是因为原告没有依约招到学生。具体可以从下面几个方面进行应诉筹划：1. 依据双方合同约定履行了教学计划的制订、编写教学大纲、课程设置、指派专业课授课教师、选定了教材样本等合同义务，举证证据包括教学计划、教学大纲、课程设置清单、授课任务书、教材样书等。2. 否认南京 CJ 大学法学院负责人曾经通知要求停止合作办学的事实。3. 否认执行了 8·12 通知的事实。4. 要求原告提供经南京 CJ 大学法学院盖章确认的招生学生名册。

案件的最终结果为：原告诉讼请求被依法驳回。

● **问题五：我们能否站在原告的角度，在专业上为其赢得本案的诉讼提出可行性方案？**

我们一直秉持这样一个观点，当事人一辈子也许就打一场官司，这个官司重要程度或涉及他的身家性命，或涉及他的财产权益；对于当事人来说，一场官司承载了他最后的救济期望，在某种程度上也承载了他对法律的信仰。法律信仰不是与生俱来的，绝大多数人的法律信仰来自他的亲身实践。由此而言，我们说律师就如医生一般，承担的职业责任是非常巨大的。当病人遇到庸医时，庸医耽误的不仅仅是患者病痛的有效医治，更为严重的可能是误人性命。

任何一场诉讼都如一场战役，从诉讼的启动至诉讼中的应对，每一

步都必须小心筹划、排兵布阵，战略的把握及战术的运用往往直接决定了这场诉讼的胜败走向。就本案的诉讼结局分析，此案是败在了原告诉讼代理人的诉讼方案上。在法律实践中，选择一个好的诉讼方案至关重要，而高质量的诉讼方案是考验专业律师专业素养的试金石。现实中，有不少律师将败诉结果归因于法官的裁决"不公"，以推卸自身的专业失误。

本案在启动诉讼程序时，如果我们按以下诉讼思路来确定诉讼方案，完全可以得到另一个诉讼结果：

第一，原告手握的 8·12 通知证据是一个关键证据，如何让这个证据成为案件的制胜证据，也就是说让被告方无法推翻该证据的证明对象——被告违约的事实——是原告诉讼思路的核心。

第二，原告方并没有掌握对方法学院负责人通知停止合作办学的书面证据，也没有对这个通知对话进行录音取证，所以在诉讼启动前必须考虑到对方法学院会否定通知过原告停止合作办学的事实。因此，如何以 8·12 通知证据套牢对方是原告首要考虑的一点。

第三，原告的原诉讼方案是确定南京 CJ 大学承担法人责任，为什么不可以在一开始就以南京 CJ 大学承担合同责任作为其启动诉讼的思路？如果原告以南京 CJ 大学承担合同责任，那么其自考办下发的 8·12 通知证据就自认成了被告违约的直接"事实证据"，对方想抗辩、想赖也无法得以脱身。

第四，南京 CJ 大学承担合同责任完全可能：1. 南京 CJ 大学是合作办学合同的主体，虽然南京 CJ 大学法学院是合作办学协议书的一方签订人，但南京 CJ 大学法学院只是作为南京 CJ 大学签订该合作办学协议书的具体经办人，也就是说将南京 CJ 大学法学院定位为它是代表南京 CJ 大学与原告签订了此合作办学协议书。2. 作为经济法自考专业而言，在学生完成相关课程学业后，颁发的相关学位证书是以南京 CJ 大学名义颁发，南京 CJ 大学法学院是无权颁发相关证书的，故该自考专业办学主体当然是南京 CJ 大学，而不是南京 CJ 大学法学院。3. 大学的二级学院是大学设置的内部机构，虽可以对外签订相关合同，但其签订合同可以定性为履职行为，合同主体是其所属的大学。

第五，同理，南京 CJ 大学自学考试办公室是其内设负责管理自考的机构，该机构在履职过程中所发生的管理行为就是南京 CJ 大学的行为。因此，自考办 8·12 通知就可以视为南京 CJ 大学的行为，当然是合同行为，故被告单方面违约事实以 8·12 通知证据得以证实。

面对上述诉讼方案，我们可以预判的应该是另一个判决结果。人们不禁要问，为什么对于同一个案件事实可以推演出完全不同的判决结果？难道人民法院不可以主动探寻案件客观事实，主动追求客观公正吗？这是个非常值得讨论的课题，学术界的争论也一直没有停止，本书不予展开。

R 某诉 Z 某、S 某侵犯生命权纠纷案

【案件介绍】

某县水利局 W 局长于 2007 年 12 月 30 日利用元旦放假期间，率局里工作人员前往淮河河道管理局及滁州水利勘察设计院进行调研工作，在返程途经 M 市时与相关对口部门一起用晚餐，餐桌上 W 局长因饮酒过量而酒醉不醒。后被送至兰亭宾馆休息，由同行的 Z 某、司机 S 某一起陪同在宾馆看护。S 某与 W 局长在二层同一个房间，Z 某住三层另一个房间。期间兰亭宾馆经理 X 某看到 W 局长醉酒严重，于 22 点 20 分左右拨打了 120 救护电话，市人民医院急救中心医生赶到后经诊断认为 W 局长醉酒，生命体征正常，但建议转入医院进行检查治疗。但 Z 某考虑到 W 局长的身份，不同意转送医院，并拒绝在急救病历上签字。急救医生经请示医院后返回。23 点 26 分 X 某猛地发现 W 局长没有了打呼声，脸色也发紫，赶紧拨打了 120 急救电话，急救中心医生赶到后，经检查发现 W 局长无呼吸，心脏停止，身体厥冷，已无生命体征，初步诊断为猝死。

2008 年 2 月，经死者家属 R 某申请，人民政府认定 W 局长为因公死亡，水利局按公亡待遇对死者家属进行了抚恤，并承担了 W 局长所有的丧葬费用。此后，死者家属 R 某因认为 W 局长的死亡是因为 Z 某等人救助不及时，特别是 Z 某拒绝送医院的原因造成的，在讨要赔偿未果的情况下将 Z 某、S 某、兰亭宾馆经营者 X 某告上了法院，要求 Z 某承担赔偿原告损失 257 472 元，要求 S 某及兰亭宾馆经营者 X 某承担补充赔偿责任。

（诉状内容详见原告诉状及证据）

【原告诉状及证据材料】

●原告诉状

民事起诉状

原告：R 某，女，1962 年 11 月 13 日出生，汉族，无业，住本市 D

县城关镇南寺西路 4 号 401 室。

被告：Z 某，男，1957 年 6 月出生，D 县水利局干部，住 D 县城关镇东营小区一村 25 栋 404 号。

被告：S 某，男，1979 年 8 月出生，D 县水利局工作，住 D 县城关镇东河一沿 6 号。

被告：X 某，男，40 岁，M 市兰亭宾馆经理，住 M 市雨山红旗南路鸳鸯三村 105A。

诉讼请求：

1. 依法判令第一被告赔偿原告经济损失 257 472 元；
2. 判令第二、第三被告在其责任范围内承担补充赔偿责任。

事实和理由：

原告丈夫 W 某生前在 D 县水利局工作。2007 年 12 月 31 日晚，W 某与第一被告等人出差回来经 M 市吃晚饭时，就出现身体不适，晚饭后，第一被告等人将 W 某带到第三被告经营的宾馆，到宾馆后，其他人便回 D 县，只留下第一、第二被告和 W 某，此时第一被告不顾 W 某已处于昏迷状态并有呕吐现象，将其一人留在二楼，而自己到三楼休息。当第三被告见到 W 某的状态后，便拨打了 120 急救中心，要求将其送往医院抢救。随后 120 急救车便来到宾馆，经检查，W 某当时除呈现熟睡状态（实为昏迷）外，其生命特征正常，当 120 随诊医生要求将 W 某送往医院救治时，第一被告却予以拒绝。120 急救车离开后，第一被告丢下 W 某不管不问，又继续上三楼休息。当第三被告再次发现 W 某经人呼唤不醒时，又一次拨打了 120 急救中心，120 急救车再次来到宾馆对 W 某进行检查，发现 W 某已经死亡。

根据以上的事实，原告认为，第一被告和第二被告与 W 某一同出差，在 W 某身体出现不适时，没有尽到看护和救助的责任，特别是 120 随诊医生要求将 W 某送往医院救治时，第一被告却予以拒绝，这是导致 W 某死亡的直接原因。为此，原告特诉此状，请求法院判令第一被告赔偿原告：1. 死亡赔偿金 177 472 元；2. 精神抚慰金 8 万元。判令第二、第三被告在其责任范围内承担补充赔偿责任。

此致
雨山区人民法院

具状人：R 某
2008 年 9 月 8 日

● 原告证据一

M 市紧急救援中心院前急救病历				
患者姓名：W 某　　性别：男　　年龄：46 岁　　住址或单位：不详　　电话： 出车时间：12 月 31 日 22 时 22 分　　　　　　到达时间：12 月 31 日 22 时 28 分				
主诉	饮酒过量（具体时间、量不详）		病史叙述者	朋友
现病史	到达现场患者处于熟睡状态，呼气中有较浓酒精味，床旁有少许呕吐物，查验，呼吸平稳，心律齐，血压 145/85mmHg。无四肢抽搐，无大小便失禁，无中枢性面瘫。双侧巴氏征（一）。余无碍。		既往史	不详
^	^		药物过敏史	不详
体检	体征：T_／℃，P 85 次/分，R 20 次/分，BP 145 / 85 mmHg，血氧饱和度 ／ ％ 意识：清楚，模糊，谵妄，昏睡，昏迷，丧失，熟睡状态√ 皮肤：正常√，苍白，发红，黄染，青紫，湿冷 瞳孔：正常√，扩大，缩小，不等　　　对光反射：正常√，迟钝，消失 头颈部：正常　　　　　　　　　　　　胸部：正常 心：正常　　　　　　　　　　　　　　肺：正常 腹部：正常　　　四肢：正常			
辅助检查	/			
初步印象	醉酒状态			
死亡诊断	／时　　　分　　　□就诊前　　　□护送中　　　□现场			
急救处理：到达现场后患方代表拒绝转送医院处理，现场体检，熟睡状态。存明显酒气，患方说已连续饮酒多日。呼吸平稳，心律齐，双侧巴氏征（一），无中枢性面瘫。我方现场测血压 145/85mmHg。建议转医院检查治疗。患方考虑身份情况，拒绝转送医院及拒绝签字，我方回车时已电话向 120 总台请示汇报，经同意后回车。				
病情分类：救治，单纯运输		是否重大突发事件：是，否		
急救效果：有效，无变化，恶化。		病家合作：合作，不合作，拒绝		
离开现场时间：　　时　　分		送交医院：　　到达时间：　　时　　分		
以上内容已向接诊医生及患方告之，签字为据	接诊医生（签字）： 　　　　　　年　　月　　日		患者/法定监护人/证明人签字： 　　　　　　年　　月　　日	
备注				
医生：徐建　　　　　　　　　护士：王红　　　　　　　　　审阅： 填写时间：2007 年 12 月 31 日 23 时				

● 原告证据二

| | M 市紧急救援中心院前急救病历 |

患者姓名：W 某　　性别：男　　年龄：46 岁　　住址或单位：不详　　电话：
出车时间：12 月 31 日 23 时 29 分　　　　到达时间：12 月 31 日 23 时 35 分

主诉	呼吸心跳停止时间不详	病史叙述者	朋友
现病史	到达现场患者呼吸心跳停止，面色紫绀。呼吸消失、心跳停止。大动脉搏动消失。四肢阙冷，双侧瞳孔放大。对光反射消失。	既往史	不详
		药物过敏史	不详
体检		体征：T_/_℃，P_0_次/分，R_0_次/分，BP_0/0_mmHg，血氧饱和度_0_ % 意识：清楚，模糊，谵妄，昏睡，昏迷，丧失√ 皮肤：正常，苍白，发红，黄染，青紫√，湿冷 瞳孔：正常，扩大√，缩小，不等　　对光反射：正常，迟钝，消失√ 头颈部：面色紫绀　　　　　　　　胸部：无外伤 心：心跳停止　　　　　　　　　　肺：双肺呼吸音消失 腹部：无外伤　　　　　　　　　　四肢：四肢阙冷
辅助检查		/
初步印象		猝死
死亡诊断		时　　分　　√就诊前（具体不详）　　□护送中　　□现场
急救处理		吸氧、心电监护、心肺复苏
病情分类：救治√，单纯运输		是否重大突发事件：是，否√
急救效果：有效，无变化√，恶化。		病家合作：合作√，不合作，拒绝
离开现场时间：23 时 43 分		送交医院：十七冶医院　　到达时间：23 时 50 分
以上内容已向接诊医生及患方告之，签字为据		接诊医生（签字）： 　　　徐建 　　　2007 年 12 月 31 日	患者/法定监护人/证明人签字： 　　　孙量俊 　　　2007 年 12 月 31 日
备注		/

医生：徐建　　　　　　　　护士：王红　　　　　　　　审阅：
填写时间：2007 年 12 月 31 日 23 时

【被告证据材料】

● 被告证据一

申 请 报 告

尊敬的 D 县委、县人民政府：

尊敬的 D 县水利局领导：

  我夫 W 某系县水利局局长，于 2007 年 12 月 31 日，因公出差，不幸殉职，享年 45 岁。不幸发生后，县委、县政府、水利局系统领导深表同情，并亲临灵堂悼念，慰问家属，在此，深表感谢！

  我与 W 某育有一女，名叫魏某，现 21 岁，在 D 县实验学校任教师。W 某四位父母健在，都是 80 高龄，年迈体弱。W 某生前尊老爱幼，是个对家庭非常负责任的人。作为 W 某的爱人，我为有这样的爱人感到骄傲和自豪！但同时，我又是一个没有工作的家庭妇女，W 某走后，我面对的是上有老下有小的现状，生活毫无着落，我该怎么办？万般无奈之下，我特呈报告恳请县领导、局领导本着人道主义精神帮我解决以下实际困难：

  1. 其女是教师，现请求调入 M 市工作，享受国家公务员待遇。

  2. 我本人愿继续丈夫未了事业，参加党的工作，为党和人民贡献自己的力量。请求领导给予解决一份事业编制工作，使自己有能力来赡养年迈的四位老人。我本人中专学历，有会计职称。

  3. 其他事宜，请按标准给予解决。

  特此报告！

申请人：R 某
2008 年 1 月 2 日

● 被告证据二

中共 D 县水利局党组文件

水党组〔2008〕2 号　　　　　　　　签发人：邢某

关于要求解决 W 同志家属工作的报告

县政府：

　　W 同志生前系县水利局局长，2007 年 12 月 30 日因工作需要外出调研，在工作中积劳成疾，突发疾病，经抢救无效于 2008 年元月 1 日零时五十分在十七冶医院不幸逝世，终年 45 岁。

　　W 同志生前勤勤恳恳、任劳任怨、忘我工作、为人坦诚、生活俭朴、始终把个人利益置之度外，他的离开是我局的一大损失，对其家庭更是一个沉重的打击。其妻 R 某中专学历，有会计职称，目前待业在家；其女，现年 21 岁，在 D 县实验学校任教；家中四位老人健在，都 80 高龄，需要赡养。一副副重担都压在了一个无固定收入的家庭妇女身上，我们深表同情，根据其妻本人申请，经局党组研究，特向县委、县政府提出申请，盼在政策允许的情况下给予安置一份事业编制工作，以解决其妻的后顾之忧，其他善后工作按相关政策办理。

　　附：W 同志家属申请报告

中国 D 县水利局党组
2008 年 1 月 7 日

● 被告证据三

D 县人民政府

政秘〔2008〕9 号

关于认定 W 同志因公死亡的批复

县水利局：

　　你局报来《关于认定 W 同志因公死亡的请示》收悉，经查：W 同志于 2007 年 12 月 30 日，利用元旦放假时间，带领相关人员赴省淮某河道

管理局和CZ水利勘察设计院调研考察及联系相关工作，在返回途中，因积劳成疾，突发疾病，经抢救无效于2008年元月1日不幸逝世。现根据《军人抚恤优待条例》第九条和省民政厅、人事厅、财政厅《关于国家机关工作人员、人民警察、民主党派和人民团体的工作人员因公牺牲、病故审批确认及一次性抚恤金发放问题的通知》（民优字［2005］145号）文件规定，认定W同志属因公死亡，其遗属享受因公死亡相关抚恤待遇。

特此批复

D县人民政府
2008年2月21日

主题词：认定　　死亡　　批复
抄　送：县财政局、人事局
县人民政府办公室　　　　　2008年2月21日印发

【案件专业梳理】

● 问题一：原告的诉讼思路是什么？

我们从上述的诉讼材料看，这是一个较为典型的人身损害赔偿案件，归属于生命权纠纷。原告的诉讼思路就是基于被告Z某、被告S某在原告丈夫已醉酒的情况下，未尽到看护救助义务，最终导致原告丈夫的死亡这一损害后果的发生；特别是被告Z某，在急救中心出诊医生第一次到达现场并提出送医院治疗的建议后，其予以拒绝，致使原告丈夫后续死亡的结果发生。故，被告Z某理应承担人身损害的赔偿责任，S某亦承担相应的赔偿责任。至于将兰亭宾馆的X某也列入被告，主要是基于相关证据的固定考虑，毕竟X某在整个事件中是他先拨打的急救电话，并且其是极力主张送医院救治的。

● 问题二：本案呈现出来的几个可能的争议问题。

其一，W某的死亡是因为醉酒引发猝死，死亡的直接原因是自身身体原因，直接表现为猝死。未及时送医治疗在某种程度上讲只是未能有效阻止死亡结果的可能性条件之一。相类似的问题在司法实践上已经引发了侵权责任构成要件的因果关系认定的理论争议。一般侵权理论认为，侵权责任构成要件的因果关系应该为相当因果关系说，但是在司法实践的判例中，有很多判例在认定是否构成侵权、是否需要承担侵权责任的判决思路是援用条件说，即只要某一个行为成为了损害结果发生的条件即构成侵权，即需承担侵权责任。实际上，这样的判决思路是值得商榷的。譬如：例1，2009年发生的南京檀先生送酒醉的同事回家，不料次日该同事被发现冻死在家门口，南京市浦口法院一审判决檀先生赔付死者家属10.6万余元。例2，2010年1月，湖南省江华瑶族自治县涛圩镇旦久村农民奉为欢，与本村奉谋玉等7人一起吃晚饭并喝了不少酒。晚7时左右，喝醉的奉为欢被送回家。不久，奉为欢之妻发现丈夫脸色不对，晚8时许医务人员赶到，诊断奉为欢已经死亡。同年7月30日，法院一审判决被告奉谋玉等人赔偿奉为欢家属死亡赔偿金、丧葬费等损失共计20512.4元，每人承担2564.05元。例3，2014年8月23日，伍某邀请张某等人一起吃晚饭，期间喝了两瓶白酒；晚9时许张某提出请伍某等人吃宵夜，再次饮下3瓶白酒。最后，其中两人送张某回家。次日凌晨，张某因饮酒过量急性酒精中毒死亡。死者家属将死者的5个朋友告上法庭，法院判决死者的5个朋友分别承担2%的死亡责任，等等。有学者从混合过错来分析上述案例的侵权责任承担问题，也有学者认为只要某种行为在损害结果时是其中的条件之一抑或只是参与者，即应承担相应的侵权责任。在此，笔者不想过多去讨论侵权责任的构成理论，只是想表达一个基本观点：责任承担的扩大虽然对受损者是一种救济与补偿，但对承担者却是另一种不公。

其二，W某的死亡被政府部门认定为因公死亡，也因此享受了因公死亡的抚恤待遇，在此种情况下是否可以免除或减轻侵权责任者的责任承担？对这一争议问题目前在司法实践中基本上已经解决，即我们采用了"救济叠加"原则，也就是受害人可以依据不同法律关系享有多个法律救济。最为典型的例子就是在交通事故的处理上，受害人若是构成工伤，在享受工伤待遇的同时也可以获得交通事故侵权人的侵权损害赔偿救济。

● 问题三：我们可以为被告 Z 某、S 某设置怎样的应诉思路？

1. 一般应诉思路

在大多数人看来，本案的应诉主线是被告不承担责任。但是如何通过我们应诉思路的设置以达到这一不承担赔偿责任的结果，却并不是想当然那么简单。一般以为，只要抗辩被告 Z 某、S 某尽到了相应的看护、照顾责任就可以达到这一结果，但这只是理想化的想法，现实并不乐观。理由是：

第一，抗辩被告 Z 某、S 某尽到了相应的看护、照顾责任，却无法回避第一次的 120 急诊电话并不是他们拨打的，而是 X 某拨打的。

第二，120 急诊医生第一次现场诊断后提出送医院就诊，Z 某、S 某并未响应，特别是 Z 某竟以所谓的"身份"原因拒绝了医生的要求，这个事实是无法回避掉的。虽然可以出诊病历上没有 Z 某、S 某签字，是出诊医生单方面记载为理由予以否认，但这种否认一方面其说服力相对单薄，另一方面我们也无法保证排除原告可以申请到现场目击证人予以佐证的不可行性。

第三，虽然我们可以进一步抗辩 W 某的死亡是其自身身体原因猝亡，但在客观上由于回避不了如果及时送医院就诊，就有可能避免抑或是降低猝亡的风险（或可能性），那么，如上部分已经叙述，在目前司法实践中对于侵权责任的构成理论存在"条件即应承担相应责任"的判决状态下，想达到不承担责任的概率微乎其微。

2. Z 某、S 某无须承担责任的新思路

既然我们按照一般应诉思路无法达到 Z 某、S 某不承担侵权责任的目标，我们是否可以另辟蹊径，实现 Z 某、S 某无须承担责任的诉讼目标？我们试分析如下：

第一，从现有的案件事实看，Z 某、S 某与 W 某之间确实形成了看护、照顾的事实关系，既然已形成这种关系，不管是基于什么原因与理由，看护、照顾的义务就应当谨慎地、适当地履行。而本案证据事实已指向他们履行义务失当，特别是 Z 某的行为存在明显失当。

第二，上述的失当行为事实既然我们无法回避，我们就应该直接面对，无谓的辩解不是最佳思路。如果我们把注意力不放在这种如何辩解的地方，而是站在另一个被忽略的角度，即跳过这种看护、照顾的义务

未适当履行，而去观察这种看护、照顾义务的来源，就会有一种全新的判断。

第三，从表面上看，对 W 某的看护、照顾义务是基于 Z 某、S 某的行为而发生，但是，我们要考虑一下：为什么是 Z 某、S 某他们去看护、照顾？当时还有其他同行者，其他人为什么没有去看护、照顾？是什么原因没去？我们是不是还应该考虑：当天在 M 市为何有这样一个饭局？饭局上有那么多人，饮酒的人也有很多，如果只考虑由 Z 某、S 某他们个人去履行看护、照顾义务明显对他们二人不公平，其他人干什么去了？我们这样一思考，就会发现本案所涉及的看护、照顾义务并不是一个简单的个人问题。

第四，我们再来看一下水利局、县政府的基本态度，政府单位的结论是认定了 W 某是因公殉职，这个事实不能被忽略。既然认定了 W 某是因公殉职，那么可以肯定的一个基本事实是 W 某的不幸猝亡是因为工作，是在工作状态中死亡。结合本案的事实过程我们会发现，本案死亡事件是发生在水利局组团进行工作考察途中，虽然发生的时间是在晚上，但是发生在考察工作的返程之中。因此，我们是不是可以去考虑一个基本法律关系，就是：本案一系列的行为是属于工作过程中的行为，W 某是履职行为，其他人的行为也是履职过程中发生的行为，无论是考察工作中的洽谈、交流，还是考察途中的其他事项，只要不是因私的行为，我们都应该视为是工作行为，是履职行为，也就是职务行为。如果我们这样考虑了，我们就会发现：

其一，为什么考察过程中会有饭局？因为我们可以解释为这种饭局是考察工作过程中的组成部分，否则政府单位不可以认定 W 某的猝亡是因公。

其二，饭后为什么会是 Z 某、S 某他们去看护、照顾，而不是其他人？因为 Z 某、S 某他们是考察工作的直接参与者，他们去看护、照看可以延伸理解为受单位的指派而为之。他们的行为也应当理解为是一种职务行为。

其三，既然 Z 某、S 某的看护、照顾行为是一种职务行为，那么他们在履行这种职务行为过程中所发生的失当，其行为责任的承担则理所当然应该是单位，而不是个人。

其四，基于此，我们就可以得出结论：本案的关键思路不在于对 W

某的看护与照顾是不是失当，而是在于对 W 某的看护与照顾义务的来源是什么。如此，其他的事实似乎都不会影响到本案的基本走向了。

【法院判决书】

M 市雨山区人民法院
民事判决书

［2008］雨民一初字第×××号

原告：R 某，女，1962 年 11 月 13 日生，汉族，无业，住本市县城×××室。

委托代理人：×××，律师事务所律师。

被告：Z 某，男，1957 年 6 月生，汉族，水利局职工，住本市县城×××。

委托代理人：×××，律师事务所律师。

被告：S 某，男，1979 年 8 月生，汉族，水利局职工，住本市县城××××。

被告：X 某，男，1966 年元月 15 日生，兰亭宾馆业主，住本市县城×××××。

原告 R 某诉被告 Z 某、S 某、X 某生命权纠纷一案，本院受理后，依法组成合议庭，公开开庭进行了审理。原告 R 某及其委托代理人贡建设、被告 Z 某的委托代理人、被告 S 某和被告 X 某均到庭参加诉讼。本案现已审理终结。

R 某诉称：W 某生前在县水利局工作。2007 年 12 月 31 日晚，W 某与 Z 某等人出差回来，途经马鞍山吃饭时就出现身体不适，Z 某等人将 W 某带到 X 某经营的宾馆休息，其他人便回县，只留下 Z 某、S 某和 W 某。Z 某不顾 W 某已处于昏迷状态并有呕吐现象，将其一人留在二楼，而自己到三楼休息。当 X 某见到 W 某的状态后，便拨打了 120 急救中心的电话，要求将 W 某送往医院抢救。经 120 急救中心医护人员检查，W 某当时除呈现熟睡状态（实为昏迷）外，其生命体征正常，当 120 随诊医生要求将 W 某送往医院救治时，Z 某却予以拒绝。120 急救车离开后，Z 某丢下 W 某不管不问，又继续上三楼休息。当 X 某再次发现 W 某呼唤不醒时，又一次拨打了 120 急救中心的电话，120 随诊医生再次来到宾馆对 W 某进行检查，发现 W 某已经死亡。

Z 某、S 某与 W 某一同出差，在 W 某身体出现不适时，没有尽到看护和救护的责任，特别是 120 随诊医生要求将 W 某送往医院救治时，Z 某却予以拒绝，这是导致 W 某死亡的直接原因。现起诉要求 Z 某赔偿经济损失 257 472 元，S 某、X 某在其责任范围内承担补充责任。

R 某针对其诉讼请求提交的证据材料有：

1. 身份证复印件一份，证明 R 某的主体身份。

2. W 某的身份证和死亡殡葬证复印件各一份，证明 W 某已经死亡。

3. 病历复印件两份，第一份时间是 2007 年 12 月 31 日 22 点 22 分，从这份记录可以看出，检查时，W 某处于熟睡状态，呼吸中就有酒精味，生命体征正常，皮肤等均也正常，初步印象是醉酒状态，根据医生建议转医院检查治疗，也记载了患方代表拒绝送去医院；第二份时间是同日 23 点 29 分，证明 120 随诊医生检查时发现患者呼吸心跳都已经停止了，W 某的意识丧失，皮肤青紫，心跳停止，四肢厥冷，初步印象是猝死。

4. 调查笔录一份，被调查人是 X 某，证明到宾馆后 W 某在二楼休息，Z 某在三楼休息，据建议转送医院的 120 随诊医生讲，患方考虑影响，不同意将人送到医院去。

Z 某辩称：

1. 事实部分：R 某所陈述的与实际不符：（1）W 某的死亡的性质是因公死亡。（2）Z 某在 W 某死亡前几天的行为是工作行为。（3）R 某在诉状中陈述的具体事实是不存在的，表现为：一是 W 某出差回到马鞍山未出现身体不适的任何症状。二是 W 某吃饭喝酒后并没有昏迷的事实，也没有呕吐现象。三是 Z 某没有置 W 某于不顾，出差回到马鞍山是水利局安排的工作餐，W 某和 Z 某都喝了酒，Z 某也喝酒过量。四是 Z 某没有拒绝 120 随诊医生救治 W 某，在 120 随诊医生来的时候，W 某的生命体征是正常的，是否救治不是 Z 某能决定的。五是 W 某是猝死，是自身生理特性的突发引起的意外死亡。六是 W 某作为县水利局局长，因公死亡后，县水利局对 R 某进行了工作安排，在事业单位工作，R 某不是无业，水利局还给予 W 某的父母每月 230 元的生活补助，同时承担了十几万元的补助和丧葬费，水利局作为一个单位，已经承担了补偿责任。

2. R 某的诉请是没有法律依据的。W 某是因公死亡，所以补偿责任主体应是单位，Z 某的行为是职务行为，有责任也应是单位承担，R 某依据人身损害赔偿损失的主张是没有依据的。

3. R 某作为 W 某的配偶，单独起诉，是不完全的请求权主体，诉讼主体是不完全适格的。

Z 某针对其抗辩提交的证据材料有：

1. 县人民政府关于认定 W 某因公死亡的批复复印件一份，证明：县人民政府确定 W 某是工作期间因工作行为积劳成疾突发疾病，因公死亡，并不是遭遇其他人的过错行为、损害行为而死亡，而 R 某诉请的是人身损害赔偿。关于死亡时间，批复里面确定死亡时间是 2008 年 1 月 1 日，并不是 R 某向法庭陈述的 2007 年 12 月 31 日。第二次出诊是 23 点 29 分，R 某陈述 W 某此时已经死亡是不属实的。

2. 县水利局党组文件，要求解决 W 某同志家属工作的报告，附有 R 某的申请报告，证明：水利局也是认定 W 某是在工作中积劳成疾死亡，是工作死亡，并非人身损害死亡，死亡时间是 2008 年 1 月 1 日零时 50 分，这与 120 急救中心的病历不符。R 某的申请报告中也说到 W 某是因公死亡，要求安排本人工作、解决子女和父母的抚恤问题。

3. 抚恤金的审批表复印件一份、职工生活困难审批表复印件一份，以及报销的发票，证明：W 某因公殉职后，县水利局已向其家属发放了抚恤金、W 某父母每个月 230 元的困难补助，还有 W 某的相关丧葬费用，等等，计十几万元。

S 某辩称：R 某的陈述与事实不符，我不承担任何责任。

S 某针对其抗辩未提交相关证据材料。

X 某辩称：2007 年 11 月 31 号晚上，我接到吴某电话，说县水利局有领导喝过酒来我们宾馆休息。他们来了之后，我应吴的要求去宾馆旁边的医院请医生出诊不成，便拨打了 120，120 随诊医生来了十几分钟后要走，我说人不能放在我宾馆，他们说患方考虑到喝酒人身份情况，怕影响不好，不同意转送医院。过了十几分钟我去看 W 某，发现他什么都不知道，又拨打了 120。R 某说 120 医生来时 W 某已经死亡不是事实，W 某要是在宾馆死亡的话，急救中心是不会将其带走的，我和 W 某之间是住宿服务关系，我的服务没有瑕疵，不应承担什么责任。

X 某针对其抗辩未提交相关证据材料。

庭审中，当事人双方进行了质证。

Z 某对 R 某所举证据的质证意见为：

对于证据 1 无异议。对于证据 2 无异议，提请注意的是死亡原因是猝死。对证据 3 两份病历，（1）证据形式也是属于证人证言的形式。（2）从第一份 120 的记录来看，证明 W 某经过检查是正常的，并不是 R 某诉状中说的昏迷状态，从记录可以看出，W 某当时的生命体征都属于正常人的状态，要不要进行医疗救治应由救助中心来判断。（3）记录的患方考虑身份情况拒绝转院与事实不符，Z 某没有作出这样的意思表示，而且要不要进行救治不是其他当事人就能进行判断的，第二份记录与事实不符，W 某是送往医院后死亡的。对于证据 4，（1）被调查人是 X 某，庭审中他陈述的事实与调查笔录中陈述的事实不相符，他没有提到 Z 某拒绝将 W 某送往医院。（2）X 某陈述将 W 某送到兰亭宾馆休息是郑某提出的，他是水利局副局长，当天并没有喝酒，他将 W 某送到宾馆后就回家了，并没有实施后面的行为，如醒酒等帮助行为。X 某没有亲耳听到 Z 某讲不送医院，R 某说 Z 某拒绝将 W 某送往医院是没有事实依据的。

S 某对 R 某所举证据的质证意见为：当时我在场，没有谁拒绝将 W 某送到医院，讲送到宾馆是我们一个副局长讲的，我开车，Z 某喝多了，W 某在二楼休息，我把 Z 某扶到三楼上休息。

X 某对 R 某所举证据的质证意见为：关于是否是 Z 某拒绝 120 随诊医生将 W 某转送医院的问题，我问医生为什么不将 W 某转送医院，他们说是楼上的人讲领导喝酒喝多了，到医院影响不好，当时驾驶员在 W 某身边，Z 某在三楼休息。Z 某的代理人说我没有亲耳听到谁说的不让将 W 某转送医院，我是问医生的，具体哪个讲的我就不知道了。我第二次打电话给 120 后，他们将 W 某转送到医院，之后听吴某说 W 某去世了。

R 某对 Z 某所举证据的质证意见为：

对于证据 1 真实性无异议，讲到 W 某是因工死亡，对此没有异议，但是 W 某因工死亡并不能否认 Z 某对 W 某的死亡负有责任，他说 W 某死亡不是他人过错造成的，这是与事实不符的，不论权利人是否意识到生命健康权存在，生命健康权都是存在的，在 W 某需要帮助时，被告 Z 某却予以拒绝，是侵犯了他人享有的生命健康权，Z 某的行为不是直接的侵害，而是一种过失导致侵害到他人的生命权。对于证据 2，讲死亡时间是 1 月 1 日没有科学依据，出诊病历记载得非常清楚，对于死亡证明，十七冶医院确定死亡肯定是到医院的时间。政府部门确认死亡时间没有根据。对于证据 3，W 某是因工死亡，有关部门发放抚恤金，从抚恤金的项目可以看出不包含 R 某诉状中所主张的死亡补偿金和精神抚慰金。

S 某对 Z 某所举证据的质证意见为：无异议，是事实。

X 某对 Z 某所举证据的质证意见为：无异议。

经审查，本院对 R 某、Z 某所举证据的真实性、合法性以及与本案的关联性予以确认。

根据上述认定的证据材料和当事人的陈述，查明的事实为：R 某的丈夫 W 某生前在县水利局工作。2007 年 12 月 30 日，W 某一行七人外出考察，31 日出差回来途经马鞍山，当晚用餐过后，W 某表现出饮酒过量。之后，W 某被同行的本单位副局长郑某等人安置在 X 某经营的兰亭宾馆二楼休息，Z 某、S 某留在宾馆。Z 某也因饮酒过量，被 S 某扶上兰亭宾馆三楼休息。当 X 某见到 W 某的酒后状态后，便拨打了 120 急救中心的电话，急救中心的医生对 W 某进行了检查，序号为 2007123100235 的急救病历载明："到达现场时患者处于熟睡状态，呼气中有较浓的酒精味，床旁有少许呕吐物，查体，呼吸平稳，心率齐，血压 145/85mmHg，无四肢抽搐，无大小便失禁，无中枢性面瘫。建议转医院检查治疗，患方考虑身份情况，拒绝转送医院及拒绝签字，经向 120 总台请示同意后回车。"之后，X 某担心 W 某的身体状况，又一次拨打了 120 急救中心的电话，120 急救中心医生再次来到宾馆对 W 某进行检查，序号为 2007123100245 的急救病历载明："到达现场患者呼吸心跳停止，面色紫绀，大动脉搏动消失，四肢厥冷，双侧瞳孔散大，对光反射消失；初步印象：猝死。"之后，急救中心医生将 W 某带到十七冶医院，在确认 W 某已经死亡后，S

某在病历上签字证明。

另查，将 W 某安置在兰亭宾馆休息的是该单位副局长郑某，R 某称 Z 某阻碍急救中心医生将 W 某转送医院诊治无确凿证据予以证明。R 某在庭审中确定其诉讼请求为要求 Z 某承担损失即 257 472 元的赔偿责任，S 某在责任范围内承担连带责任，放弃了对 X 某的诉请。

本院认为，R 某在庭审中放弃对 X 某的诉请，本院予以准许。R 某是 W 某的妻子，就 W 某死亡提起的侵权之诉，R 某本人作为诉讼主体并无不当。Z 某、S 某陪同 W 某在宾馆休息，是基于本单位领导的安排，出于同事之间的关心与照顾，此行为又发生在外出考察归来的途中，应认定为职务行为。根据我国相关法律规定，民事义务是指义务主体为满足权利人的利益需要，在权利的范围内为一定行为或不为一定行为的约束。义务的根本特征在于其约束性，即满足权利人的需要。义务人必须为一定行为或不为一定的行为，否则，义务人就会承担相应的法律责任。无民事行为能力人和限制民事行为能力人中均不包括醉酒的人。Z 某、S 某对与当时醉酒的 W 某来讲既不是临时监护人，也无法律上的救助义务，同时，R 某也无确凿证据证明是 Z 某阻碍急救中心医生将 W 某转送医院诊治，W 某所在单位也实际按照 W 某工亡的标准对 W 某进行了抚恤。因此，R 某要求 Z 某承担赔偿责任，S 某在责任范围内承担连带赔偿责任的诉请无事实和法律依据，本院不予支持。Z 某、S 某抗辩理由成立，本院予以采纳。据此，依照《中华人民共和国民事诉讼法》第一百二十八条、第六十四条之规定，判决如下：

驳回 R 某的诉讼请求。

案件受理费 5162 元，由 R 某负担。

如不服本判决，可在判决书送达之日起十五日内，向本院递交上诉状，并按对方当事人的人数提出副本，上诉于安徽省马鞍山市中级人民法院。

审　判　长　×××
审　判　员　×××
审　判　员　×××
2009 年 9 月 8 日
书　记　员　×××

Y 公司诉 H 公司买卖合同纠纷案

【案件介绍】

之所以选择这个案件进行专业诊断,不仅仅因为本案具有多方面的专业争议,也基于本案当事人的巨大影响力而使得案件的操作更具复杂性。

C 某为国内知名人士,有着各种荣誉称号,其实际掌控的 H 公司在业界名声卓著。C 某与合作伙伴 Z 某之间有着代持股协议,该协议约定 C 某在 H 公司中 60%的股权由 Z 某代持,Z 某在代持期间出任 H 公司总经理、法定代表人,由 Z 某承担公司的日常运行费用 400 万元,Z 某可以 H 公司名义对外承揽工程,并对承揽的工程业务实行独立核算,财务独立,自负工程盈亏。Z 某以 H 公司名义对外承揽的工程,应向 H 公司上缴 12%的净利润。2015 年 10 月,Z 某以 H 公司名义在上海宝钢承揽到一拆除工程,此工程合同签订后需支付 4500 万元给宝钢,其中 1902 万元为工程保证金,在工程结算验收后退还,剩余款项为工程拆除的废旧物资折价款项,工程拆除的废旧物资所有权归 H 公司所有。此拆除工程工期约定到 2016 年 7 月 31 日结束,约定了逾期违约责任。该拆除合同签订后,Z 某组织了资金 4500 万元,以 H 公司名义支付给了宝钢公司,并组织拆除工程队进场进行工程拆除。2016 年 3 月 21 日,C 某约谈 Z 某,提出解除双方的代持股协议书,Z 某考虑到解除代持协议可以节省自己的成本(无须再承担 H 公司每年 400 万元的运行费用),于是同意了。双方签署了解除代持协议书,该解除协议书也约定了在代持期间 Z 某承接的工程利益归 Z 某。2016 年 3 月 24 日,C 某以 Z 某涉嫌职务侵占等罪名向公安机关报案,并于 2016 年 4 月 19 日,向宝钢去函,告知 H 公司已解除了 Z 某的总经理职务,Z 某不再是 H 公司的法定代表人,不能再代表 H 公司,宝钢工程由 C 某全部接手。宝钢工程至此全部被 C 某控制。

在这里需特别交代下列几个事实:

第一，2014年8月，Z某设立了Y公司，有废旧物资的经营范围，Z某是Y公司的法定代表人。

第二，2015年11月18日，Y公司与H公司就上海宝钢拆除的废旧物资签订了一份废旧物资购销合同，约定：H公司（甲方）向Y公司（乙方）供废钢3万吨，单价950元每吨，废铜200吨，每吨3万元；结算方式为：乙方于2015年11月30日前向甲方支付4500万元整，待甲方拆除后具备交货条件时，甲方以双方签订的废旧物资购销合同上约定的价格向乙方供货，供货结束后，双方根据实际供货总量按实结算。乙方付款多出部分作为废旧物资购销合同的保证金，双方合同履行完毕，甲方于一周内将多余款项退还至乙方指定账户。该购销合同签订后，Y公司组织了货款4500万元，以电子银行承兑汇票的方式于2015年2月25日开具给收款人H公司，H公司将该承兑汇票背书给了宝钢公司。

第三，该购销合同甲方签字人为J某，J某是H公司的副总，也是宝钢拆除项目的现场工作人员。乙方签字人为Y公司的其他工作人员。

【相关证据材料】

● 材料一

委托代持股协议

甲方：C某

乙方：Z某

丙方：姚某、张某、陈某

鉴于：

1. 甲方是江苏H有限公司的实际出资人，实际持有H公司100%的股权。

2. H公司的股权目前由甲方委托姚某、张某、陈某等三人代持。

甲乙双方经协商一致，达成一致意见如下：

1. 甲方委托乙方代为持有H公司的60%股权，代持期限暂定两年，自本协议签订之日起算。

2. 丙方与乙方签订股权转让协议，将甲方委托丙方持有的H公司股

权全部转给乙方。乙方无须因此向甲方或丙方支付任何股权转让对价。

3. 代理期间，乙方应当任 H 公司的总经理兼法定代表人，非经甲方书面同意不得变更。甲方任董事长。

4. 代持期间非经甲方书面同意，乙方不得以任何形式对 H 公司股权进行处置。

5. 代持期间，由乙方全权负责 H 公司的印章管理、财务管理、日常经营等所有事项。

6. 甲乙双方均可以 H 公司名义对外承接业务。乙方以 H 公司在合法前提下单独开设账户（以下简称乙方账户），独立核算。乙方不得将 H 公司其他账户的资金转到乙方账户中。

7. 乙方应当以乙方账户之资金，维持 H 公司的水电煤气费、人员工资、招待费等费用开支（但是不包括税费在内），如果在一个会计年度内该费用开支超过 400 万元的，超过部分通过 H 公司其他账户资金进行支出。

8. 对于乙方以 H 公司名义承接的业务，乙方按照该业务净利润的 12% 向 H 公司支付挂靠费用。乙方应当妥善保管业务合同、合同履行文件以及财务记录以备核查，并应当在每笔业务合同结束后 30 日内支付该挂靠费用。

9. 对于乙方以 H 公司名义进行经营活动产生的债务及费用，由乙方自行承担，因此给 H 公司造成损失的，乙方应当予以赔偿。

10. 对于甲方以 H 公司名义进行经营活动产生的债务及费用由甲方自行承担，造成乙方或乙方账户损失的，甲方或 H 公司应当予以赔偿。

11. 对于乙方以乙方账户资金购置的车辆、机器、设备等财产，其所有权归乙方所有，但是按照本协议第 7 条支出的费用开支所购买的财产归 H 公司所有。乙方应当帮助 H 公司办理江宁区胜利路 2 号的土地房产权证的过户及相关手续事宜，产生的费用由甲方承担。

12. 任何一方违反本协议约定，给对方造成损失的，应当赔偿对方的直接损失、预期利益，以及因此而产生的律师费、调查费、公证费、差旅费等合理费用。

13. 因本协议产生的纠纷，由 H 公司所在地法院管辖。

14. 本协议自签订之日起生效，任何一方违反本协议或者存在违法行为的，另一方有权解除本协议。

15. 本协议一式四份，甲乙双方各执两份，各方应当严格保密，任何一方不得向第三方披露本协议内容。

（以下无正文）

甲方：C 某

乙方：Z 某

丙方：（未签字）

日期：2015 年 8 月 1 日

● 材料二

解除《委托代持股协议》

甲方：C 某

乙方：Z 某

丙方：姚某、张某、陈某

鉴于：

1. 甲方是 H 有限公司（简称 H 公司）的实际出资人，原持有 H 公司 100%的股权，甲方持有的 H 公司 100%股权均由姚某、张某、陈某三人代持。

2. 乙方在 2015 年 8 月 1 日之前一直担任 H 公司总经理职务；甲乙双方于 2015 年 8 月 1 日签订了《委托代持股协议》，甲方委托乙方代为持有 H 公司 60%股权。

甲乙双方经协商一致，就解除《委托代持股协议》达成如下一致意见：

1. 甲乙双方于 2015 年 8 月 1 日签订的《委托代持股协议》，自本解除协议签订之日起解除。

2. 本解除协议签订之日起，乙方代甲方持有的 H 公司 60%股权立即转让给甲方；甲方无须向乙方支付对价。

3.《委托代持股协议》解除后，乙方不再担任 H 公司的总经理兼法定代表人职务，乙方应立即办理法定代表人变更登记，并将 H 公司的印章管理、财务管理、日常经营等印章以及相关资料和所有事项转给甲方。

4. 本解除协议签订之后，乙方不得再以 H 公司名义从事任何活动。

5.《委托代持股协议》第 7 条约定的乙方代持股期间产生的水、电、

煤气费、人员工资、招待费等费用共计人民币____元由乙方承担。

6. 乙方代持股期间以 H 公司名义进行经营活动产生的债务由乙方承担，甲方或 H 公司代乙方偿还债务的，甲方或 H 公司有权向乙方追偿；因乙方以 H 公司名义进行经营活动给甲方或 H 公司造成损失的，乙方应向甲方或 H 公司赔偿。

7. 乙方于 2015 年 8 月 1 日签订的《委托代持股协议》履行期间以 H 公司名义承接的业务，乙方应按照业务合同利润的 12%向 H 公司支付费用。

8. 乙方以乙方账户资金购置的车辆、机器、设备等财产归乙方所有；乙方按照《委托代持股协议》第 7 条支出的费用所购买的财产归 H 公司所有。若 H 公司江宁区胜利路 2 号的土地房产权证的过户及相关手续事宜乙方尚未办理完成的，由甲方继续负责办理上述过户及相关手续事宜，由此产生的费用由甲方承担。

9. 任何一方违反本解除协议约定，应赔偿对方损失和合理费用。

10. 因本解除协议产生纠纷的，由 H 公司所在地人民法院管辖。

11. 本解除协议自签订之日起生效。

12. 本解除协议一式四份，甲乙双方各执两份，各方应严格保密，任何一方不得向第三方披露本解除协议内容。

（以下无正文）

甲方：C 某

乙方：Z 某

丙方：姚某、张某、陈某（签字）

日期：2016 年 3 月 21 日

● 材料三

废旧物资购销合同

甲方（供货方）：H 有限公司

乙方（购货方）：Y 有限公司

签订地点：NJ　　　　　　　签订日期：2015 年 11 月 18 日

根据《中华人民共和国合同法》和有关规定，甲乙双方在平等自愿互惠互利的原则上，经友好协商，签订以下合同：

一、品种、数量、价格及合同金额：

序号	品种	单位	数量（吨）	单价（元）	金额（元）
1	废钢	吨	30,000	950	28,500,000
2	废铜	吨	200	30,000	6,000,000
合计			30,200		34,500,000

二、交（提）货地址、方式及质量：供方厂内，自提。以实磅为准。最终扣千分之三杂质。

三、运输费用：由需方负担。

四、结算方式：乙方于 2015 年 11 月 30 日前向甲方支付 4500 万元整，待甲方拆除后具备交货条件时，甲方以双方签订的废旧物资购销合同上约定的价格向乙方供货，供货结束后，双方根据实际供货总量按实结算。乙方付款多出部分作为废旧物资购销合同的保证金，双方合同履行完毕，甲方于一周内将多余款项退还至乙方指定账户。

五、供货地点：上海 BG。

六、违约责任：按《合同法》规定。

出票人	全称	Y 有限公司	收票人	全称	H 有限公司
	账号	9729*******0605		账号	32001***********1722
	开户银行	招商银行股份有限公司 **分行		开户银行	中国建设银行股份有限公司**区支行
票据金额	人民币（大写）肆仟伍佰万元整		十亿 千 百 十 万 千 元 角 分 ￥ 4 5 0 0 0 0 0 0		
承兑人信息	全称	招商银行股份有限公司**分行	开户行行号	308851****19	
	账号		开户行名称	招商银行股份有限公司**分行	
交易合同号			承兑信息	出票人承诺：本汇票请予以承兑，到期无条件付款	
能否转让		可转让		承兑人承诺：本汇票已经承兑，到期无条件付款 承兑日期：_____	
	出票人				
	承兑人				

七、本合同一式二份，双方各执一份，自签订之日起生效至货款票据结清止。

八、以上合同未尽事宜，双方协商解决。

甲方：H 有限公司　　　　　　　　　乙方：Y 有限公司

电子银行承兑汇票

出票日：2015 年 12 月 25 日　　　　票据状态：背书已签收

到期日：2016 年 12 月 25 日

票据号码：13088510000**************8474

● 材料四

H 有限公司文件

BG 有限公司：

由我司承建的贵司"二期拆除及环境恢复工程焦 2 标"工程（下称焦 2 标工程），自开工建设以来，得到了贵司极大的支持和帮助，我司深表感谢！

我司原总经理 Z 某及蒋某、桑某等人因涉嫌伪造国家机关印章罪、职务侵占、串通投标、公司企业人员行贿案于 2016 年 3 月 22 日被市公安局江宁分局立案侦查，其中 Z 某取保候审、蒋某刑事拘留、桑某传唤调查。我司在得悉上述三人被采取刑事强制措施后，立即解除上述三人相关职务，并将此情通知相关业务单位及公司上下，Z、蒋、桑三人不再参与我司的任何经营活动。

为确保焦 2 标工程的继续履行，切实维护贵我双方的合同权益，我司特此函告如下：

自即日起，焦 2 标工程涉及的所有合同权利与义务的履行，由董事长 C 某先生代表或者经我司授权委托人代理，Z 某不再代表我司。

我司原项目经理丁某某、原施工现场安全监督管理员蒋某，自即日起予以更换。由潘某某任项目经理，李某某任施工现场安全监督管理员，望贵司确认。

自即日起，焦 2 标工程范围内的所有工程款给付、废旧物资处理、保证金返还等事项，均须凭我司出具且经我司董事长 C 某签名的书面函件办理，否则，我司不予认可。

自即日起，请贵司协助清退焦 2 标工程内曾某、曾某某、邓某、黄某某等相关管理人员（系 Z 某亲属），否则由上述人等引发的相关工程质量、纠纷等问题，我司概不负责。

特此函告。诚望贵司给予支持与协助。

董事长：C 某
H 有限公司
2016 年 4 月 19 日

【专业诊断】

如果 Z 某提出要最大限度地维护自己的合法权益，从专业评估角度我们可以提出什么样的方案？

任何的法律纠纷，如果从难度上比较，诉讼的启动方由于处于明处，而被诉方处于暗处，同时被诉方往往是针对起诉方的诉讼思路抗辩其漏洞与瑕疵，故诉讼启动方面临的难度要远远大于被诉方。因此起诉方在诉讼的启动与运行策划方面的思路尤其重要，对于这一点，我们在上面的两个案件的专业诊断分析中已经作了充分论证。

基于本案已有的案件材料与事实，如果作为案件启动方即原告的律师，我们可能提出的诉讼方案会是什么样的？我们认为，大家考虑到的诉讼方案应该有 4 个：

1. 启动代持股协议的争议诉讼，以代持股协议的合同纠纷争取 Z 某的最大利益。

2. 启动针对上海宝钢工程合同的争议诉讼，以实际施工人的身份主张施工合同利益。

3. 启动针对购销合同的争议诉讼，以买卖合同纠纷主张合同利益。

4. 启动侵权损害赔偿诉讼，以财产损失主体身份主张侵权赔偿利益。

现具体诊断分析如下。
一、诉讼方案的设计
在设计诉讼方案时，我们应当考虑到的核心要素无非是要回答好下面的问题：原告的最大实体权益是什么？诉讼的目的及诉讼可能面临的困难是什么？诉讼实效能否最大限度得以实现？

在回答第一个问题时，我们首先要充分理解并考虑原告的具体诉求的内涵，当然既不能顺着当事人的要求轻率的启动诉讼方案，当事人不是专业人士，他们的诉求自然不可能专业化，甚至可能是无理的要求；我们也不能简单地理解当事人具体要求是什么，我们必须分析这种要求的法理基础在哪里？

Z某的最大利益应该包括这么几个方面：（1）直接转入宝钢工程的资金 4500 万元。（2）宝钢工程投入的其他费用。（3）宝钢工程正常实施可预期获得的利益。（4）代持股期间的其他费用支出等等。

我们从上述介绍的案件事实可以看出，Z某代持H公司的股权后，H公司的日常运营费用是Z某支出的，宝钢项目也是其拿下的，并为此工程实际支付工程资金及其他费用，但是该工程目前的现状是已经失控，其投入的资金与费用面临打水漂的危险。由此诉讼的目的是为了最大程度的降低此风险。

二、对诉讼方案1、2、4的简略推演
方案1，代持股协议诉讼方案的推演。

代持股协议约定了双方的权利义务条款，也约定了解除代持股协议后代持方Z某对自己负责的项目享有权益。因此，本案原告为Z某，被告为C某。

具体的诉讼请求只能确定为：请求被告给付宝钢项目的相关权益。那么问题来了，宝钢项目的相关权益如何确定？必然要涉及对该项目的利润进行一个评估与鉴定。而宝钢项目已被对方完全掌控，利润取决于对方的实际运作，而且举证责任在于Z某，如果对方不配合又如何处理？最为关键的是这种诉讼一旦启动，待诉讼接近尾声，很多能够考虑的有利战机也可能被延误了。

因此，此方案一方面是举证十分困难与被动，另一方面无法达到基本的诉讼实效。

方案 2，针对工程施工合同的诉讼方案推演。

实际施工人方案的诉讼主体是 Z 某、H 公司、宝钢公司，启动此方案必须考虑到 Z 某与宝钢公司已经建立的良好关系，一旦诉讼，这种将宝钢列入被告的行为就必然打破了这一良好关系。宝钢公司被拉入诉讼之中，它不可能将 Z 某的实际诉求作为优先考虑的事项，它必然会站在 H 公司的一方共同对付作为原告的 Z 某。

这个方案不可回避的一个事实就是启动这个诉讼方案，宝钢项目合同即完全可能被认定无效，无效的法律后果是按实结算，未履行的合同不再履行，那么，结算的数额是多少？依据在哪里？如何举证？即便是结算仍有余款被退还至 H 公司账户，对于 H 公司 Z 某早已失去控制。待所有预决事项全部完成，Z 某大多数权益亦很难获得有效的救济。

因此，这一方案同样不是最优选的方案。

方案 4，侵权损害赔偿诉讼方案推演。

这个方案是以 Z 某的实际财产权益受到损害为由提起诉讼。在这里要解决这么几个问题：一是，侵权人主体是谁？是 H 公司，还是 C 某？二是，被侵犯的财产权益是否为同一类财产？如果是考虑 H 公司侵犯了 Z 某的宝钢项目权益，那么还是要回到宝钢项目合同的法律属性、效力的确认，同时也回避不了 Z 某的财产权益的实际损失如何确定的问题，同时以过错归责确定赔偿责任 Z 某是占不了任何便宜的。如果是考虑侵犯 Z 某的名誉权（因职务侵占等被采取刑事强制措施），则侵权损害赔偿属于另一个法律关系。

因此，这个诉讼方案更无法实现 Z 某的诉求目标。

三、重点推演方案 3 买卖合同诉讼方案

1. 方案的提出

如上分析，前述几个诉讼方案不可能最大限度地实现 Z 某的诉求利益，诉讼实效性较低，因此从专业角度来说是必须予以放弃的。买卖合同诉讼方案的专业诊断尤为关键。

2. 方案可行性分析

目前我们已掌握的案件基本事实如下：2015 年 11 月 18 日，Y 公司

与 H 公司就上海宝钢拆除的废旧物资签订了一份废旧物资购销合同，约定 H 公司（甲方）向 Y 公司（乙方）供废钢 3 万吨，单价 950 元每吨，废铜 200 吨，每吨 3 万元；结算方式为，乙方于 2015 年 11 月 30 日前向甲方支付 4500 万元整，待甲方拆除后具备交货条件时，甲方以双方签订的废旧物资购销合同上约定的价格向乙方供货，供货结束后，双方根据实际供货总量按实结算；乙方付款多出部分作为废旧物资购销合同的保证金，双方合同履行完毕，甲方于一周内将多余款项退还至乙方指定账户。该购销合同签订后，Y 公司组织了货款 4500 万元，以电子银行承兑汇票的方式于 2015 年 2 月 25 日开具给收款人 H 公司，H 公司将该承兑汇票背书给了宝钢公司。

我们首先考虑到的因素是 Z 某可以完全掌控 Y 公司，如果 Y 公司主张的合同利益得以实现，那么 Z 某至少在此买卖合同诉讼中可以获得：4500 万元的投入资金换得宝钢项目拆除合同中约定的废钢、废铜，合同约定的废钢、废铜再售溢价利益也是可以保障的；同时 4500 万元的投入资金中的剩余保证金的退还也是有合同约定的，可以从诉讼中予以主张。

我们同时必须考虑本纠纷的时间性，由于 H 公司已实际掌控了宝钢项目，因此最有效的诉讼必须是将抢时间放在首要位置。相对于宝钢项目，2015 年 11 月 18 日签订的购销合同是一份独立的合同，且在时间上判断是可以即时予以履行的合同。正由于此购销合同独立性，在法律关系上就可以相对绕开宝钢项目合同的制约因素，即便是 H 公司实际掌控了宝钢项目，但对于宝钢项目拆除的废旧物资的供货义务，H 公司基于此购销合同无法免除。从诉讼措施上看，在提起买卖合同诉讼的同时，我们完全可以基于此诉讼申请人民法院对宝钢项目拆除的废旧物资采取诉讼保全措施。也就是说，对宝钢项目拆除物（废钢、废铜）的有效保全措施是本案诉讼方案必须优先考虑的要素。

3. 方案的可能性法律风险与困难

买卖合同诉讼方案可能遇到的首要的法律风险是，该合同发生时，Z 某既是 H 公司的法定代表人、总经理，也是 Y 公司的法定代表人及总经理，是否会遭遇《公司法》规定的自己交易、竞业禁止等限制，进而涉及该合同的法律效力的抗辩？

买卖合同诉讼方案的困难是在诉讼中如何确定原告的具体诉讼请求。是要求解除 2015 年 11 月 18 日的购销合同，还是要求继续履行该购销合同？

如果是要求解除合同，那么完全可以主张被告返还 4500 万的货款（含保证金），也可以在起诉时申请对宝钢项目拆除的废旧物资采取查封保全措施，但是如果当被告提出查封保全异议，或者第三人（宝钢公司）提出查封保全措施异议，人民法院依法没有理由不予解除。因为，原告的具体诉讼请求是解除买卖合同，诉讼标的的指向对象是金钱给付，只要被告提供了相关价值的等价担保，则宝钢项目的拆除物资必须予以解除查封措施。这样的结果完全有可能导致原告虽赢得诉讼，但因为被告的一系列抗辩（甚至反诉）使得原告在最终诉讼实效上陷于被动。

如果我们选择的具体诉讼请求是要求继续履行该购销合同，则我们有可能达到下列诉讼预期：要求依据合同约定供货（废钢、废铜）；在供货结算后的一周内退还履约保证金。在此我们要注意这么几个关键点：其一，按合同提供的废钢、废铜这个废旧物资是基于宝钢拆除项目拆卸下来的废旧物资，此合同所约定供的货具有特质属性，是不可以以其他的废铜、废钢予以替代履行的，更不能以金钱替代履行，这就为诉讼时申请对宝钢项目工程的拆除物资进行财产保全提供了有力的事实理由，也为可能发生的被诉方及宝钢方提出财产保全异议准备了有利的抗辩理由。其二，正是因为具体的诉请是要求继续履行合同，且双方约定的单价及数量又是明确的，那么，对合同约定的供货量完成后的履约保证金的数额计算可以明确为一个具体数字，这个具体数额的履约保证金的返还即可作为一项确定的诉讼请求提出。

就本案而言，继续履行合同可能遇到的困难主要表现在三个方面：一是涉案合同的效力问题。对这一风险我们在上面已经予以预判，详尽的分析我们在下面的论述中会涉及。二是涉案合同尚未具备履行的条件。被诉方抗辩的依据是该购销合同第四条："待甲方拆除后具备交货条件时，甲方以双方签订的废旧物资购销合同上约定的价格向乙方供货……"那么如何理解"拆除后具备供货条件"就成为本争议的关键。

据我们了解，宝钢项目自 2015 年 10 月签约进场，至 2016 年 3 月已经拆除了 2/5 的工程量，且 2016 年 1 月开始已经有对外销售的记录，如果在有销售记录的举证能够实现的基础上，已具备"供货条件"是可以得到认定的。三是涉案合同履行不能。被诉方可能会强调宝钢项目拆除物不足以供货、宝钢方不同意供货，等等，对于这种可能的抗辩，我们后面予以论述。

【具体诉讼材料】

● 材料一

民 事 诉 状

原告：Y 公司

法定代表人：Z 某，总经理

住所地：南京市江宁区×××

被告：H 公司

法定代表人：C 某，总经理

住所地：南京市江宁区×××

诉讼请求：

1. 判令被告立即履行 2015.11.18《废旧物资购销合同》确定的供货义务（即：宝山公司××工程项目拆除的废旧物资交付原告，具体数量为废钢 3 万吨、废铜 200 吨）；2. 判决被告在完成供货义务后的一周内返还原告购货保证金人民币 1050 万元；3. 由被告承担本案诉讼费用。

事实与理由：

2015 年 10 月 8 日，被告获得宝山公司××拆除工程业务，2015 年 11 月 18 日，被告与原告签订了《废旧物资购销合同》一份，约定由被告将上述项目拆除的废旧物资供应给原告（其中，由被告向原告供应废钢 30 000 吨，废铜 200 吨）。废钢每吨单价 950 元，废铜每吨单价 30 000 元，上述货物总价合计为人民币 34 500 000 元。该笔货物购销的结算方式为：原告向被告支付 4500 万元（含购销合同保证金），待被告拆除后具备交货条件时向原告开始供货，按实际供货总量按实结算，多余的款项一周内退回原告账户。该《购销合同》签订后，原告依合同约定向被告支付了合同约定款项 4500 万元，但是被告却一直拒不履行供货的合同义务，其承揽的宝钢废旧工程拆除作业已近尾声，且已将上述部分废旧物资转卖他人。被告的行为已构成违约，给原告合法权益造成严重损害。现原告依据《中华人民共和国民事诉讼法》之规定，向贵院提起诉讼，恳请人民法院判如所请。

此致
南京市 X 区人民法院

具状人：Y 公司
2016 年 4 月 × 日

● 材料二

诉讼保全申请书

申请人：Y 公司
法定代表人：Z 某，总经理
住所地：南京市江宁区×××
被申请人：H 公司
法定代表人：C 某，总经理
住所地：南京市江宁区×××

保全请求事项：

依法对被申请人的宝山公司《废旧物资处置（含拆除）合同》项目中已经拆除的 2.2 万吨废旧物资以及后续拆除的废旧物资进行保全。

事实与理由：

2015 年 10 月 8 日，被申请人获得宝山公司拆除工程业务，2015 年 11 月 18 日，被申请人与申请人签订了《废旧物资购销合同》一份，约定由被申请人将上述项目拆除的废旧物资供应给申请人，其中：供应废钢 30 000 吨，废铜 200 吨，货物总价合计为人民币 34 500 000 元。申请人已向被申请人支付了 4500 万元（含购销合同保证金）。但是被申请人拿

到申请人货款后至今拒不向申请人供货，而且已将上述部分废旧物资转卖他人，已构成违约，严重损害了申请人合法权益。

现由于被申请人拆除的废旧物资已达 2.2 万吨，该废旧物资将被被申请人于 2016 年 4 月运出宝钢厂区，情况十分紧急，再不采取保全措施将造成申请人无法弥补的重大经济损失。故申请人特依据《中华人民共和国民事诉讼法》第 101 条之规定向贵院提出诉讼保全申请，恳请贵院予以准许为盼。

此致
南京市 X 区人民法院

申请人：Y 公司
2016 年 4 月 × 日

● 材料三

关于对 H 公司保全异议的意见书

X 区人民法院：

原告 Y 公司诉被告 H 公司继续履行《废旧物资购销合同》纠纷一案，依原告申请，人民法院依法对涉诉合同的标的物——宝山公司拆除工程项目已经拆除的 2.2 万吨废旧物资以及后续拆除的废旧物资进行保全。现被告提出以提供反担保的方式解除对涉诉合同的标的物的查封措施。原告对被告的申请理由与方式不能同意，请人民法院对原告的意见予以充分考虑：

（1）本案原告的诉讼请求是要求继续履行双方的《废旧物资购销合同》，履行的具体要求就是要求被告继续履行合同，即时交付宝山公司拆除项目下拆除的废旧物资。现原告为了确保日后生效判决得以执行，对涉诉合同标的物的保全申请完全符合法律规定。如果人民法院解除了对该涉诉标的物的查封措施，该涉诉标的物将完全失去控制，必然使得双方的《废旧物资购销合同》日后无法履行，原告的诉讼请求也将无法得到实现。即等同于未经审理，原告已经被驳回诉讼请求。

（2）由于本案涉诉标的物是特定物，即宝钢的废旧物资，对该特定物的保全是履行双方的《废旧物资购销合同》的基础，被告提供其他财产作为反担保物是完全不能替代涉诉的特定物的，因此原告不同意被告以提供其他反担保物的方式解除对涉案特定物的保全措施。

但是，本着采取保全措施不影响企业生产经营的原则，我司同意对涉诉保全的特定物保全方式进行变更，即将拆除的废旧物资运至原告与被告共同看管的场地予以保全查封，这样既不影响宝钢公司的正常生产，也确实保障了原告的合法诉求。或者由法院决定进行合适的保全方式变更，但标的物的查封不得解除。

此致
X区人民法院

Y公司
2016年5月×日

● 材料四

关于Y公司诉H公司买卖合同纠纷一案的事实认定及法律适用的意见书

审判长、审判员：

Y公司诉H公司买卖合同纠纷一案争议焦点可以归纳为两点，即双方2015.11.18《废旧物资购销合同》是否有效？该合同是否应当履行？现分析如下：

一、分析本案2015.11.18《废旧物资购销合同》的效力问题的关键在于三个方面：一是该合同是不是Y公司与H公司的真实意思表示？二是该合同存不存在恶意串通，损害H公司利益的情形？三是该合同存不存在违反法律、行政法规的强行性规定的情形？

（一）2015.11.18《废旧物资购销合同》是Y公司与H公司的双方真实意思表示。

1. 本案中要区分的一个概念就是2015.11.18《废旧物资购销合同》

到底是个人合同还是法人之间的合同？很明显，该合同是 Y 公司与 H 公司之间发生的买卖合同。我们不能因为本案之中牵连着 Z 某个人与 H 公司存在内部承包关系，就混淆了这一基本概念。Z 某个人与 H 公司存在内部承包关系在本案中只是在于证明 2015.11.18《废旧物资购销合同》的签署不违反《公司法》第 21 条、第 148 条的规定，即 Z 某当时作为 H 公司的高管，其基于承包关系有权决定 H 公司的宝钢项目拆除的废旧物资出售给 Y 公司。同时，Y 公司也不是 Z 某个人，它是法人公司。

2. 本案要关注的一个基本事实是：在 2016 年 3 月 21 日 C 某废止了 Z 某 H 公司总经理职务，单方面废止了 Z 某与 H 公司的承包关系，全面接手了宝钢项目后，H 公司即对法院宣称 2015.11.18《废旧物资购销合同》不是其真实的意思表示，该宣称与事实明显不符，于法无据。

其一，宝钢项目原本就不是 C 某个人的项目，是 Z 某在承包经营期间以 H 公司名义承接的工程项目，C 某个人意思与本案无关。同时，Z 某 2016 年 3 月 22 日出任 H 公司法定代表人后的意思表示不能否定此前的 H 公司做出的意思表示。

其二，被告在诉讼中辩称 2015.11.18《废旧物资购销合同》使用的公章是假章，该合同是虚假的。但是，该辩称的证据在哪里？H 公司对外经营活动原本就使用多枚公章，在工商部门备案了其中的一枚。没有法律规定未在工商部门备案的公章不得使用！更何况 H 公司一直在使用该枚公章，宝钢项目合同中也是使用该枚公章。

3. H 公司作为专业的拆除公司，其拆除工程所拆除的废旧物资处置方式就是对外销售，Y 公司购买废旧物资同样属于其依法核准的经营业务范围。且双方合意的废钢、废铜价格，完全符合当时的市场行情（注：结合 2015 年 10 月行情，废钢当时的市场净价为 953.60 元/吨）。双方合同签订后，Y 公司已经支付了 4500 万元的购货对价及保证金。

（二）2015.11.18《废旧物资购销合同》完全不存在被告辩称的"所谓"的恶意串通，损害被告利益情形。

1. 被告辩称 2015.11.18《废旧物资购销合同》的供货方（被告 H 公司）的合同签字代表为蒋某，认为蒋某在 2014 年 1 月 3 日 Y 公司工商登记资料中显示为经理职务，据此认为原告系恶意串通。此辩称的理由完全不能成立：

其一，蒋某任原告 Y 公司经理是 2014 年期间的职务，2015 年始蒋某即开始担任被告 H 公司的副总经理，并与 H 公司签订劳动合同关系，其社会保险全部由 H 公司购买。

其二，在 H 公司 2015 年 10 月 8 日的《宝钢拆除工程合同》中，第 1.9 条明确注明了蒋某为宝钢项目工程的 H 公司的负责施工现场监督的工作人员，在宝钢报备资料中显示蒋某是 H 公司的项目经理。

其三，在 2016 年 4 月 19 日，C 某以 H 公司名义给宝钢的函中，明确表示蒋某为被告 H 公司的副总经理。

其四，被告自己当庭举证的 2015 年 8 月份 H 公司工商变更资料中也显示了蒋某为被告 H 公司工商变更手续的具体经办人员。

2. 没有任何证据指向 2015.11.18《废旧物资购销合同》损害了 H 公司利益。

其一，从原告提供的《委托代持股协议》、《解除委托代持股协议》证据看，H 公司的宝钢项目是 Z 某承包经营的项目，H 公司的该项目利益只体现于该项目完成后的净利润的 12%收益，没有证据证明 2015.11.18《废旧物资购销合同》的签署，损害到了 H 公司对该项目最后结算的净利润 12%的获取，相反，H 公司最终利益的获取是需要对拆除的废旧物资销售得以实现。

其二，如上所述，Y 公司购买的废钢、废铜价格，完全符合当时的市场行情，且已经支付了 4500 万元的购货对价及保证金。

可见，被告辩称的所谓"恶意串通，损害被告 H 公司的利益"是没有任何事实及法律依据的。

（三）2015.11.18《废旧物资购销合同》没有违反法律、行政法规的强行性规定。

1. 被告援引《公司法》第 148 条规定，显然不恰当。《公司法》第 148 条第 4 款规定的是公司高管个人"违反公司章程的规定或未经股东会、股东大会同意，与本公司订立合同或进行交易"，据此条款规定，结合本案应系指 Z 某个人与 H 公司签订合同或交易，但本案系涉及 Y 公司与被告 H 公司之间的买卖合同，系二个法人之间发生的买卖合同。

2. 即使依据《公司法》，如果说本案可能涉及到某些法律问题，那也仅是关联交易的法律问题。在本案 2015.11.18《废旧物资购销合同》履行期间，Z 某是 Y 公司的总经理，也是被告 H 公司的法定代表人，但是，该关联交易并不违反法律的强行性规定。理由如下：

其一，法律并不禁止关联交易，依据《公司法》第 21 条的规定，法律限制的是"损害公司利益"的关联交易。

其二，如上所述，原告 Y 公司以支付对价的方式购买被告 H 公司的废钢、废铜并没有损害 H 公司的利益。

其三，从法律属性上讲，《公司法》第 21 条的条款规定，以及《公司法》第 148 条的条款规定本身，亦不是属于法律的强行性规定。

3. 我们再退一步讲，本案有一个关键的事实是：张某在 2015 年 8 月至 2016 年 3 月 21 日期间与被告 H 公司之间的关系是内部承包关系，依据 Z 某与 C 某 2015 年 8 月 1 日签订的《委托代持股协议》的约定，Z 某以被告 H 公司承接的宝钢工程系自主经营的项目，其与 H 公司的利益关系为向 H 公司支付净利润额的 12%，Z 某完全有权利决定宝钢工程项目拆除的废旧物资如何处置。进而言之，该工程的废钢、废铜出售给何人均属于有权处置，更何况原告 Y 公司是以 4500 万元的购货款及保证金的支付对价获得的该废旧物资。

综上所述，2015.11.18《废旧物资购销合同》无论在合同形式上还是在合同内容上，均是 Y 公司与 H 公司真实意思表示，没有违反《合同法》第 52 条的任何法定情形，当属有效。

二、2015.11.18《废旧物资购销合同》应当立即履行。

（一）既然 2015.11.18《废旧物资购销合同》当属合法有效，该合同约定的被告合同义务就应当履行！

1. Y 公司的诉讼请求是要求依据该合同履行约定的 3 万吨废钢、200 吨废铜的供货义务，并在完成供货后的一周内退还 1050 万保证金。人民法院在审理本案时应当紧紧围绕当事人的诉讼请求是否符合双方的合同约定。结合本案看，原告 Y 公司的诉请完全符合合同约定。

Y 公司支付的 4500 万元款项中，是以 3450 万用于购买被告废钢 3 万吨、废铜 200 吨，1050 万元是购货保证金。与此相对应，被告 H 公司应当向 Y 公司供货废钢 3 万吨、废铜 200 吨，在供货结束后的一周内退还 1050 万保证金。Y 公司的诉讼请求没有一项超出双方合同约定的内容。

2. 从本案的庭审查明事实看，被告 H 公司具备供货条件而不供货已明显违反合同约定的供货义务，理应立即履行合同供货义务。理由如下：

其一，《宝钢拆除工程合同》确定的拆除期限为 2015 年 10 月 20 日至 2016 年 7 月 31 日，在此期限内要完成所有的废旧物资拆除及处置工作量。

其二，被告 H 公司自 2016 年年初开始已经对外出售废钢、废铜，但未向 Y 公司交付任何的废钢、废铜。

其三，2016 年 4 月 19 日被告 H 公司现任法定代表人 C 某在取得宝钢项目控制权后，以 H 公司名义向宝钢公司发函，谎称原 H 公司法定代表人 Z 某涉嫌犯罪被采取刑事强制措施，其目的就是进一步拒绝向原告履行供货义务。

其四，目前宝钢工程拆除现场已拆除的废钢已多达 2 万余吨，被告完全具备供货条件。

综上，被告 H 公司在早已具备合同约定的供货条件时不予供货，其行为就是违约，理应立即向原告履行供货义务。

（二）Z 某个人与 H 公司的宝钢项目承包经营权利、义务关系，属于另一个不同的法律关系，与本案诉争的买卖合同无法律上的关联关系，Z 某个人及 H 公司这种承包权纠纷须通过其他诉讼程序予以救济。该承包经营关系完全不影响、也不能影响到本案的判决。

我们必须明白的基本事实是，是某个人承包 H 公司的宝钢项目，不是 Y 公司承包了 H 公司宝钢项目，Y 公司只是被告宝钢项目的废旧物资的买受人。Z 某在个人承包期间以 H 公司名义销售给其他人的废钢所产生的权利义务关系，是要依据 Z 某个人与 H 公司的承包法律关系去另诉解决（譬如：Z 某个人承包宝钢项目的人员及设备投入、项目开支、以废钢销售收入支付工程项目费用等相关经济问题、法律问题），纵使 Z 某在个人承包期间以 H 公司名义销售给其他人 8405 吨废钢，在事实上也不是销售给了原告 Y 公司，在法律上也不能作出如此认定。

（三）H 公司的宝钢项目最终在工程拆除完毕后到底能够拆现出多少吨废钢、废铜，从技术上讲不仅涉及拆除工程的拆现技术与技巧，更重要的是该最终拆现的废钢、废铜吨位数绝不是人民法院判决支持原告 Y 公司诉讼请求与否的考量因素。理由如下：

1. 与 2015.11.18《废旧物资购销合同》履行相关联的宝钢二期焦炉拆除工程的拆除物即为废旧物资，废旧物资（包括拆除的设备、电机等）主要的分解物为废钢与废铜，依据《宝钢拆除工程合同》，宝钢工程项目拆除的废钢总量为 4.7 万吨，足以履行原、被告 2015.11.18《废旧物资购销合同》约定的供货量。

2. 从原告 Y 公司的第一项具体诉讼请求的内容看，原告是要求被告立即履行 2015.11.18《废旧物资购销合同》确定的供货义务，即废钢 3 万吨、废铜 200 吨的供货义务。依据《合同法》规定，该诉讼请求的性质是继续履行合同之诉请，支持与否是基于被告是否存在应当继续履行合同而不予履行合同的行为。而在继续履行合同约定的供货义务过程中，即便是被告最终无法按照合同完成约定 3 万吨废钢、200 吨废铜的供货量，原告完全可以再次另行启动损失赔偿的救济程序（以 3 万吨废钢、200 吨废铜的对应货款 3450 万元为额度，要求被告退还多余货款）。该再次选择权属于原告，取决于被告实际履行合同确定的供货义务状况。依据法律规定，人民法院不应超出当事人的诉讼请求之范围审理案件，代替原告行使选择权。况且，在本案中没有证据证明被告无法履行对 3 万吨废钢、200 吨废铜的供货义务。

目前 H 公司已进入司法执行程序，H 公司的资产已资不抵债，被告 H 公司对原告已经支付的 4500 万元是无法清偿的，如果人民法院对原告完全有事实及法律依据的诉讼请求不予支持，那么原告的 4500 万元将打水漂，原告合法的财产权益将面临重大损害而无法救济。

综上所述，被告 H 公司在应当履行约定的合同义务的情形下恶意不履行合同，已严重损害了原告 Y 公司的合法权益，特别是 Y 公司恪守合同约定向被告支付了 3450 万元购货款及 1050 万元保证金，如果支持 H 公司不予履行，不仅仅是对诚信社会基石的践踏，更是对恣意毁约者的纵容。

原告的诉讼请求于事实及法律有据，请予以支持。

2016年6月×日

【法院判决】

南京 X 区人民法院
民事判决书

[2016]苏 0115 民初×××号

原告 Y 公司，住所地在南京市江宁区×号×街。

法定代表人 Z 某，公司总经理。

委托代理人杨军，江苏×××律师。

被告 H 公司，住所地在南京市江区×路×号。

法定代表人 C 某，公司董事长。

委托代理人 Z 某，江苏×××律师。

委托代理人聂某，男，公司员工，住南京市×区×路×号。

原告 Y 公司与被告 H 公司买卖合同纠纷一案，本院于 2016 年 4 月 25 日立案受理后，依法适用普通程序，分别由审判员孙某、王某担任审判长，与代理审判员朱某、邹某组成合议庭，于 2016 年 6 月 13 日、6 月 27 日、7 月 14 日三次公开开庭进行了审理。原告 Y 公司的委托代理人、被告 H 公司的委托代理人到庭参加诉讼。本案现已审理终结。

原告 Y 公司诉称：2015 年 10 月 18 日，被告 H 公司与宝钢公司签订《拆除合同》。同年 11 月 18 日，其与 H 公司签订《购销合同》，约定：1. H 公司向其供应上述项目拆除的废旧物资（包括废钢 3 万吨，废铜 200 吨），废钢 950 元/吨，废铜 3 万元/吨，合同总价为 3450 万元；2. 结算方式为，其向 H 公司支付 4500 万元（含保证金），待 H 公司拆除后具备供货条件时向其供货，按实际供货总量按实结算。后其依约向 H 公司交付了 4500 万元，现宝钢废旧工程拆除项目已近尾声，H 公司却一直未履行合同约定的供货义务。请求法院判令：1. 被告立即履行 2015 年 11

月 28 日《购销合同》确定的供货义务，即 H 公司向 Y 公司交付废钢 3 万吨（单价 950 元/吨），废铜 200 吨（单价 3 万元/吨）；2. 被告在完成供货义务后的一周内返还其购货保证金人民币 1050 万元（4500 万–3450 万）。

被告 H 公司辩称：一、原被告签订的《购销合同》系原告的法定代表人 Z 某利用在被告公司担任法定代表人的职务之便单方制作的合同，违反公司法第一百四十八条的规定。二、购销合同所盖公章（尾号为 0577）是虚假的，与被告在工商部门登记的公章（尾号为 0572）不符。故《购销合同》无效，要求驳回原告诉讼请求。

经审理查明：2015 年 10 月 8 日，张某以被告 H 公司名义与宝钢签订《拆除合同》，约定：1. 由 H 公司承包宝钢二期焦炉拆除及环境恢复工程焦 2 标的拆除业务（包含废钢、废铜等废旧物资约 4.7 万吨）。2. H 公司在中标日至拆除工程开工前一周，向宝钢指定的账户支付废旧物资处置（含拆除）保证金 4500 万元。同年 11 月 18 日，原被告签订《购销合同》（以下简称购销合同），约定：1. H 公司向 Y 公司供应废旧物资（包括废钢 3 万吨，废铜 200 吨），废钢 950 元/吨，废铜 3 万元/吨，合同总价为 3450 万元；2. 结算方式为，Y 公司于 2015 年 11 月 30 日向 H 公司支付 4500 万元（含购销合同保证金），待 H 公司拆除后具备供货条件时向 Y 公司供货，按实际供货总量按实结算，Y 公司付款多出部分作为购销合同保证金，双方履行合同完毕，H 公司一周内将多余款项退还至 Y 公司指定账户。2015 年 12 月 25 日，Y 公司将 4500 万元的银行承兑汇票交付给 H 公司，后 H 公司将该承兑汇票背书转让给宝钢公司。

另查明，2015 年 8 月 1 日，H 公司 C 某（甲方）与 Z 某（乙方）及 H 公司股东姚某、张某某、陈某某（该三人为合同丙方，但均未签字）签订《委托代持股协议》，约定：1. C 某委托 Z 某代持 H 公司 60%的股份。2. 代持期间，由 Z 某担任 H 公司总经理兼法定代表人。3. 代持期间，由 Z 某全权负责 H 公司的印章管理、财务管理、日常经营的所有事项。4. C 某、Z 某均可以 H 公司名义对外承接业务，独立核算。5. 乙方以 H 公司名义承接业务，应当按照业务净利润的 12%向 H 公司支付挂靠费用。同年 8 月 20 日，H 公司法定代表人由姚某变更为 Z 某。

再查明，2016 年 3 月 21 日，C 某、Z 某、姚某、张某某、陈某某签订《解除〈委托代持股协议〉》，解除了上述《委托代持股协议》。同年 3 月 22 日，H 公司董事长由 Z 某变更为 C 某。

上述事实，有拆除合同、汇票、代持股协议、解除委托代持股协议等证据证实，本院依法予以确认。

本案争议焦点：一、原被告双方于 2015 年 11 月 18 日签订的购销合同是否有效。二、如购销合同有效能否继续履行。三、若继续履行，1050 万元的保证金是否应予返还。

Y 公司为证明购销合同有效，以及已拖走的废旧物资不应在购销合同中扣除，提供了如下证据：

1. 购销合同、拆除合同各 1 份。拟证明：（1）两份合同上盖章的是同一枚尾号为 0577 公章，购销合同为有效合同。（2）拆除工程施工开始后 H 公司就应当供货，拆除合同中载明至 2016 年 7 月 31 日将拆除的物资处置完毕，故宝钢项目中的废钢、废铜应当在上述期限内供货完毕。宝钢项目拆除的废旧物资，可以达到 4.7 万吨，其中废铜可以达到 250 吨，根据行业测算，购销合同完全可以得到有效履行。（3）购销合同中约定的货款总量是 3450 万元，Y 公司支付的货款总额是 4500 万元，购销合同的第四条明确约定双方合同履行完毕后，H 公司应当于一周内将多余的款项退至 Y 公司指定账户，故 H 公司应当返还 1050 万元（4500 万–3450 万）。H 公司的质证意见为：（1）对两份合同之间的关联性不予认可，上列二合同中的尾号为 0577 的公章系 Z 某私刻，合同效力需要得到 H 公司的追认，H 公司追认与宝钢的拆除合同，但不追认与 Y 公司的购销合同，购销合同中代表 H 公司的蒋某是 Y 公司的总经理，Y 公司的董事长暨股东 Z 某当时还是 H 公司的总经理，因此 Z 某和蒋某违背公司法中的高管忠实义务，与自己的公司签订交易合同，违反公司法规定，同时存在恶意串通，属于合同法规定的合同无效情形。（2）拆除合同中估算的废旧物资是 4.7 万吨，但并非全部是废钢、废铜，且部分种类物资的价值远超废钢的价值。购销合同中没有约定废钢、废铜必须是拆除合同中的废钢、废铜，且购销合同中载明的 3 万吨废钢以及 200 吨废铜只是预算数量，购销合同中明确是按实际供货结算，并没有约定履行期限。（3）1050 万元不是确定的数字，而是按实结算多出的部分，Y 公司

已经从施工现场运走 3000 万元左右的货物，如果要主张，应当对现场的货物进行清点后按实结算。

2. 南京社保个人缴费证明 1 份。拟证明自 2015 年 10 月至 2016 年 5 月，为蒋某缴纳社保的一直是 H 公司，蒋某是 H 公司员工。H 公司的质证意见为，对真实性不予认可，社保如何缴纳，不影响蒋某是 Y 公司总经理的事实。

3. 委托代持股协议 1 份、解除委托代持股协议 1 份。拟证明 2015 年 8 月 1 日至 2016 年 3 月 21 日期间，Z 某可以 H 公司名义对外承揽工程，购销合同有效，涉案拆除工程是 Z 某承揽的，H 公司没有任何投入，Z 某只需按照委托代持股协议的约定，将净利润的 12%支付给 H 公司即可，其他经营自主权当然归 Z 某，但是 H 公司单方剥夺了 Z 某在上海宝钢项目的经营权，导致宝钢项目已经被 H 公司完全控制。H 公司质证意见为：对代持股协议及解除代持股协议的真实性予以认可，但协议不能证明 Y 公司的主张，从协议中可以看出 C 某是实际股东，Z 某只是名义股东和总经理，实际就是 H 公司的高管。在代持股协议中确实约定 Z 某可以 H 公司的名义对外承接业务，但不能将 H 公司的财产卖给 Y 公司。解除委托代持股协议中约定，Z 某代持股期间以 H 公司名义经营活动所产生的债务由 Z 某承担，故 Z 某作为实际承包人以 H 公司名义与自己设立的公司进行交易，应当自己承担责任。

4. 2015 年 7 月宁海大厦二楼食堂拆除施工合同书、2016 年 4 月的中止劳动合同的证明。拟证明在该合同书及证明中加盖的均是尾号为 0577 的公章，在 Z 某代持股阶段的前后，H 公司均使用过尾号为 0577 的公章，该公章是真实的公章，且一直由 H 公司使用。H 公司的质证意见为：上述合同落款处加盖的是 H 公司的合同专用章，仅在封面上加盖尾号为 0577 的公章，且上述合同及证明中的印章均由 Z 某事后补盖，该组证据不能达到 Y 公司的证明目的。

5. H 公司供货单。拟证明 H 公司已经对外销售了废钢，说明 H 公司已经完全具备供货条件。H 公司质证意见为：对证据的真实性不予认可。

6. 函件（由 H 公司出具给宝钢）1 份。拟证明 2016 年 4 月 19 日，H 公司董事长 C 某单方面终止了 Z 某在 H 公司的法定代表人身份，致使 Z

某承包经营的项目无法履行对 Y 公司的供货义务。H 公司质证意见为：对证据的真实性不予认可。

7. 银行电子承兑汇票打印件 1 份。拟证明 Y 公司支付了 4500 万元，该款付给 H 公司，由 H 公司背书给了宝钢，H 公司没有为拆除合同支付任何费用。H 公司的质证意见为：对电子汇票真实性不予认可，但认可 Z 某以 H 公司名义向宝钢支付了 4500 万元，该 4500 万元并非由 Y 公司支付，应当基于代持股协议由 H 公司和 Z 某结算后处理。

H 公司为证明购销合同无效，提交了如下证据：

1. H 公司备案的工商登记资料。拟证明 H 公司在工商部门备案的是尾号为 0572 的公章，H 公司仅此 1 枚公章，2009 年前的公章没有编号，从 2014 年开始有编号，即 3201020900572，现 H 公司不予追认购销合同效力，故该合同无效。Y 公司的质证意见为：拆除合同和购销合同用的是同一枚公章，Z 某与 C 某签订代持股协议时，约定由 Z 某管理 H 公司印章，C 某交付给 Z 某的公章就是案涉尾号为 0577 的公章，故购销合同是有效的。

2. Y 公司的工商登记资料。拟证明蒋某是 Y 公司的总经理，股东是 Z 某、邓某某，该二人是夫妻关系，可以认定 Y 公司就是 Z 某的公司，故 Z 某与蒋某存在恶意串通的情形。Y 公司质证意见为：Y 公司非 Z 某个人公司，二股东虽为夫妻，但夫妻个人财产是独立的。登记资料中反映的是蒋某办理了 Y 公司登记，但并没有登记为总经理，且该登记发生在 2014 年 1 月 3 日，签订购销合同时，蒋某已不是 Y 公司的总经理，而是被 H 公司聘任为副总经理。

3. 拆除合同。合同单价表中明确了各类废旧物资的价格，购销合同中载明的废钢、废铜价格明显较低，且低于市场价，同时在废旧物资的种类上也有差异，证明购销合同的内容损害了 H 公司的利益。Y 公司的质证意见为：购销合同中约定的单价没有低于市场价，H 公司陈述与事实不符。

审理中，本院前往宝钢调查，宝钢出具《焦炉押运汇总表》，确认截至 2016 年 7 月 4 日，案涉拆除项目出厂物资为 9727.47 吨（含废钢 8600.4 吨，废铜 66.28 吨及不锈钢、阀门、废铝、耐火砖等）。Y 公司对

该调查材料的质证意见为：真实性没有异议。Y公司没有在宝钢工程现场拖走任何的废钢、废铜，该批数量的废旧物资系Z某在承包宝钢项目期间对外销售的数量，所得用于项目施工费用支出。H公司对该调查材料的意见为：真实性没有异议，但对其记载的内容有异议，该材料只能证明Z某至少运走了9727.47吨废旧物资，还有一些出厂的物资没有登记。

审理中，本院依法向H公司释明，如果支持Y公司的诉请，要求继续履行合同，H公司是否主张将已经拖走的物资从购销合同中扣除。H公司坚持认为合同无效，未予明确答复。

本院认为：合法的买卖合同关系应予保护。关于本案争议焦点一：原被告双方于2015年11月18日签订的购销合同是否有效。本院认为，购销合同应当认定为有效，理由如下：1.拆除合同、购销合同中加盖的H公司的公章一致，根据委托代持股协议，在代持股期间，Z某负责管理H公司公章，Y公司陈述Z某担任法定代表人时，负责管理的公章即案涉尾号为0577的公章。本院依法明确举证责任后，H公司未能举证实际交付给Z某的公章与Z某所持公章不一致，故应采信Y公司的陈述。2.公章系持有者具有代理权限的表征，是否持有公章对代理权限本身并不构成影响。购销合同签订时，Z某系H公司法定代表人，根据委托代持股协议，在代持股期间，Z某有权以H公司名义承接业务，故Z某有权代表H公司与其他民事主体签订合同。经查本案并不存在H公司辩称的恶意串通情形。3.拆除合同中，H公司并未实际出资，其利益并未受到损害；H公司的可得利益，可依据代持股协议向Z某主张。4.公司法第一百四十八条第一款第（四）、（五）项规定，董事、高级管理人员不得有下列行为：违反公司章程的规定或者未经股东会、股东大会同意，利用职务便利为自己或者为他人谋取属于公司的商业机会，自营或者为他人经营与所任职公司同类的业务；该条第二款规定，董事、高级管理人员违反前款规定所得的收入应当归公司所有。根据上述规定，公司高管违反对公司的忠实义务，与本公司订立合同或者进行交易，公司可依法行使归入权，并不当然导致合同无效；本案购销合同系Y公司与H公司签订合同，并非原H公司高管Z某个人与H公司签订合同，故不适用公司法第一百四十八条的规定。

关于争议焦点二：购销合同能否继续履行。本院认为，购销合同可以继续履行。理由如下：1. 购销合同标的物数量、单价等主要内容约定明确。2. 按照拆除合同中对废旧物资量的估算，应为 4.7 万吨，如全部拆除，可以满足购销合同的供货需求。3. 购销合同的履行期限约定不够明确，依据法律规定，债权人在给予对方必要准备时间后可以随时要求债务人履行。4. 购销合同不存在法律规定的法律上或事实上不能履行，债务的标的不适于强制履行或者履行费用过高的其他情形。

关于争议焦点三：若继续履行，1050 万元的保证金是否应予返还。购销合同中约定了货物单价、数量，并明确货物总价为 3450 万元，待供货结束，双方按实际供货结算后，Y 公司付款多出部分作为购销合同保证金，H 公司一周内将多余款项退还至 Y 公司指定账户。从该约定可知，1050 万元并非确定数额，应当以实际供货量为依据，但合同同时约定了供货数量及单价，保证金数额应当在 1050 万元左右浮动。原告请求被告在完成供货义务后一周内返还购货保证金 1050 万元，符合原被告合同约定，本院依法应予支持。

关于已经从拆除工程现场拖走的部分废旧物资是否应当在案涉购销合同项下予以扣除的问题。审理中，Y 公司法定代表人 Z 某陈述：1. 拆除工程系其个人以 H 公司名义承包经营，其与 H 公司之间是签订了委托代持股协议的；2. 在其承包期间，其有权代表 H 公司，但该批废旧物资已经销售给 Y 公司以外的案外人，所得用于拆除工程的相关支出，H 公司并未履行购销合同中的供货义务。故该批物资不能在购销合同项下予以扣除。H 公司经本院依法释明后，未对该批废旧物资的处理予以明确回复、亦未要求扣除。故本院依法确定，该批废旧物资不在案涉购销合同项下予以扣除。

综上，原告 Y 公司与被告 H 公司签订的购销合同系双方真实意思表示，合法有效，应受法律保护，双方当事人应当按照协议约定全面履行合同义务。原告诉讼请求符合法律规定，依法应予支持；被告辩解意见不能成立，本院依法不予采纳。据此，依照《中华人民共和国合同法》第一百三十条、第一百三十九条、第一百五十三条、第六十条、第六十

二条第（四）项、第一百零七条、第一百一十条、第五十二条，《中华人民共和国公司法》第一百四十八条，《中华人民共和国民事诉讼法》第六十四条之规定，经本院审判委员会研究决定，判决如下：

一、被告 H 公司于本判决发生法律效力之日起 10 日向原告 Y 公司履行 2015 年 11 月 28 日双方签订的《购销合同》确定的供货义务，即 H 公司向 Y 公司交付废钢 3 万吨（单价 950 元/吨），废铜 200 吨（单价 3 万元/吨）。

二、被告 H 公司在完成供货义务后的一周内返还原告 Y 公司购货保证金人民币 1050 万元。

如果被告未按本判决指定的期间履行给付金钱义务，应当依照《中华人民共和国民事诉讼法》第二百五十三条之规定，加倍支付迟延履行期间的债务利息。

本案应收案件受理费 261 800 元，保全费 5000 元，合计 266 800 元，由被告 H 公司负担（此款已由原告垫付，被告在给付上述款项时应加付此款额）。

如不服本判决，可在判决书送达之日起十五日内向本院递交上诉状，并按对方当事人的人数提出副本，上诉于江苏省南京市中级人民法院。同时应向南京市中级人民法院预交上诉案件受理费（户名：江苏省南京市中级人民法院；开户行：中国工商银行南京市汉口路支行；账号：43010113291002450l8）。

审　判　长　孙　某
代理审判员　朱　某
代理审判员　邹　某
二〇一六年七月×日
书　记　员　朱　某

殷某涉嫌玩忽职守罪案

【公诉材料】

●材料一

泰州医药高新技术产业开发区人民检察院
起 诉 书

泰高新检诉刑诉〔2016〕242号

被告人殷某，男，1961年3月18日生，身份证号码××××××××××××××××××××，汉族，高中文化，系泰州医药高新区野徐镇拆迁办公室负责人兼政法综治办公室副主任，曾任泰州医药高新区野徐镇城管中队中队长、野徐镇违法建设防治工作领导小组办公室主任，住泰州医药高新区野徐镇野徐中路163号（户籍地泰州医药高新区野徐镇殷蒋村四组18号）。被告人殷某因涉嫌玩忽职守罪、受贿罪，于2015年11月21日经本院决定刑事拘留，同日由泰州市公安局医药高新区分局执行刑事拘留，同年11月27日经本院决定取保候审，次日由泰州市公安局医药高新区分局执行取保候审。

被告人殷某涉嫌玩忽职守罪、受贿罪一案，由本院侦查终结，于2016年5月5日移送审查起诉。本院于同日已告知被告人殷某有权委托辩护人，依法讯问了被告人殷某，听取了辩护人唐可勋的意见，审查了全部案件材料。其间，因案情复杂，于2016年6月6日、8月21日分别延长审查起诉期限半个月。因部分事实不清、证据不足，于2016年6月20日退回补充侦查1次，并于同年7月20日重新收案。

经依法审查查明：

被告人殷某分别于2010年4月2日、2010年7月12日至2013年7

月，作为泰州医药高新区野徐镇城管中队中队长、违法建设防治工作领导小组办公室主任，具有对辖区内的违章建筑责令停止建设、信息上报、限期组织拆除等职责。

2011年9月7日，泰州医药高新区野徐镇政府擅自以招投标拍卖的形式将该镇老庄社区原老庄学校土地11.42亩及房产1383.42m²以人民币315万元转让给泰州鸿安消防设备有限公司（以下简称鸿安公司）。鸿安公司实际负责人蒋志忠在未取得国有土地使用权证、规划许可证、建设许可证的情况下，于2012年4月开始在上述土地上违规建设办公室。

2012年5月，野徐镇城管中队工作人员日常巡查时发现该违章建筑已动工兴建并向被告人殷某汇报，被告人殷某未按规定向泰州市城市管理行政执法局医药高新区分局（以下简称区城管分局）汇报，亦未发出停工通知书，或采取有效措施予以制止并组织拆除，仅口头要求蒋志忠停工。

2012年6月，泰州市规划局医药高新分局工作人员日常巡查时发现该违章建筑已建至三四层，被告人殷某受领导指派至现场查看，亦未按照相关规定向区城管分局书面汇报、仍未发出停工通知书，更没有采取有效措施予以制止并组织拆除。

2012年6月26日，泰州经济开发区整治违法建设工作领导小组办公室针对该违章建筑向野徐镇发出督办通知，要求野徐镇责令蒋志忠停止施工，并组织拆除、限期于同年7月2日前报送结果。被告人殷某仍未按要求执行，而于8月20日以"相关手续正在办理中"为由回复上级部门，致使该违章建筑的施工未能得到及时制止和拆除，建成违法建筑面积达4323.74m²。

其间，被告人殷某就巡查的违章建筑情况在向区城管分局日报、月报、年度总结报告时，均未报送已发现该违章建筑的情况。

2014年9月，该办公楼被列入泰州市东风路快速化改造工程的拆迁范围，在洽谈补偿及实施拆迁过程中，引发该村群众报警。2014年至2016年，群众多次向省市区多部门集体上访，引起省市区领导重视和协调处理。因群众阻止拆除该违章建筑，严重影响了市重点工程建设进程。经江苏慧源房地产土地价格评估有限公司评估，该违章建筑重置价值人民币 5 596 562.58 元。

认定上述事实的证据如下：

1. 本院职务犯罪侦防局依法调取的违章建筑等物证照片；

2. 本院职务犯罪侦防局依法调取的被告人身份证、任职资料、职责制度资料、拆迁资料、信访及召开协调会的相关资料等书证；

3. 证人张玉成、蒋志忠等人的证言；

4. 被告人殷某的供述和辩解；

5. 江苏慧源房地产土地价格评估有限公司出具的评估报告等鉴定意见。

归案后，被告人殷某如实供述了上述犯罪事实。

本院认为，被告人殷某身为国家机关工作人员，不认真履行职责，致使国家利益遭受重大损失，情节特别严重，且造成恶劣社会影响，其行为已触犯《中华人民共和国刑法》第九十三条第一款、第三百九十七条第一款的规定，犯罪事实清楚，证据确实充分，应当以玩忽职守罪追究其刑事责任。被告人殷某归案后如实供述了自己的犯罪事实，根据《中华人民共和国刑法》第六十七条第三款的规定，可以从轻处罚。根据《中华人民共和国刑事诉讼法》第一百七十二条的规定，提起公诉，请依法判处。

此致
泰州医药高新技术产业开发区人民法院

代理检查员：朱小燕

2016 年 9 月 2 日

附：

1. 被告人殷某现取保候审于住所地。

2. 全部案件材料 7 册。

3. 被告人殷某退出的违法所得人民币 12 000 元暂存本院。

●材料二

主要起诉证据
卷宗一　目录

序号	日期	编号	文件名称	页次	备考
1	20150724	泰高新检反渎立[2015] 1号	立案决定书	001	
2	20151121	泰高新检反渎侦委辩/申援[2015] 2号	侦查阶段委托辩护人申请法律援助告知书	002	
3	20151121	泰高新检反渎拘[2015] 2号	拘留决定书（副本）	003	
4	20151122		拘留决定书（回执）	004	
5	20151122	高新公（检）拘字[2015] D02号	拘留证	005	
6	20151122		拘留通知书	006	
7	20151121	泰高新检反渎传[2015] 2号	传唤证	007	共3次
8	20151121	泰高新检反渎传通[2015] 2号	传唤通知书	010	共3次
9	20151122		提讯提解证	013	
10	20151127	泰高新检反渎保[2015] 1号	取保候审决定书（副本）	015	
11	20151127		决定释放通知书（回执）	016	
12	20151127	泰高新检反渎释[2015] 1号	决定释放通知书（副本）	017	
13	20151127		取保候审执行通知书（回执）	018	
14	20151127		被取保候审人义务告知书	020	
15	20151127		保证书	021	
16	20151121	泰高新检反渎搜[2015] 2号	搜查证	022	
17	20151121		搜查笔录	023	
18	20151130	泰高新检反渎扣决[2015] 4号	扣押决定书（副本）	024	
19	20151130		扣押财物清单	025	

续表

序号	日期	编　号	文件名称	页次	备考
20			现金交款单	026	中信
21	20151218	泰高新检反渎勘〔2015〕1号	委托勘验书（副本）	027	
22			调取证据通知书	028	
23	20151028		调取证据通知书（回执）	029	
24	20151028		调取证据清单	030	
25			询问通知书	037-088	

本卷宗连底带面共计 <u>093</u> 页　　附证物___袋

卷宗二　目录

序号	日期	编　号	文件名称	页次	备考
1	20150801		殷某询问笔录	001	
2	20151111		殷某询问笔录	021	
3	20151112		殷某询问笔录	032	
4	20151113		殷某询问笔录	054	
5	20151116		殷某询问笔录	082	
6	20151118		殷某询问笔录	097	
7	20151120		殷某询问笔录	106	
8	20151121		犯罪嫌疑人权利义务告知书	110	
9	20151121		殷某讯问笔录（第1次）	112	
10	20151123		殷某讯问笔录（第2次）	119	
11	20151124		殷某讯问笔录（第3次）	137	
12	20151125		殷某讯问笔录（第4次）	148	
13	20151126		殷某讯问笔录（第5次）	154	
14	20151127		殷某讯问笔录（第6次）	161	
15	20151130		殷某讯问笔录（第7次）	165	
16	20151223		殷某讯问笔录（第8次）	176	
17	20151124		殷某自书材料	188-192	

本卷宗连底带面共计 <u>196</u> 页　　附证物___袋

卷宗三　目录

序号	日期	编号	文件名称	页次	备考
1	20151130		殷某主体身份证明	001	
2			任免通知文件	020	
3	20090818		泰州市人民政府文件	046	
4	20080716		野徐镇城管中队工作职责制度	052	
5	20120127		2012年1—12月野徐镇违法建设月报表	090	
6	20120621		泰州市野徐镇城管中队违法建设巡查记录	102	
7	20120514		泰州市野徐镇城管中队违法建设巡查记录	103	
8			内部管理制度	105	
9	20151218	泰公（网安）勘〔2015〕146号	电子物证检验检查工作记录	141	
10	20151222		提取电子证据清单	151	
11			封存电子证据清单	152	
12	20151222		原始证据使用记录	153	
13			勘验附件光盘	155	
14	20120626	泰开治违领办发〔2012〕39号	违法建设处罚督办通知	156	
15	20120625		在建项目巡查登记表	157	
16	20120820		关于违法建设处罚督办单的情况回复	158	
17	20141125		《违法建设查处申请书》答复意见	159	
18			违法建设卷内目录	160	
19	20141205		江苏省人民政府办公厅政府信息公开申请答复告知书	168	
20			相关书证（涉嫌受贿的职责证据）	169-176	

本卷宗连底带面共计 181 页　　附证物___袋

卷宗四 目录

序号	日期	编号	文件名称	页次	备考
1	20150730		证人诉讼权利义务告知书	001	
2	20150730		张玉成询问笔录	003	
3	20150803		证人诉讼权利义务告知书	012	
4	20150803		刘缨询问笔录	014	
5	20150803		相关书证	022	
6	20150727		证人诉讼权利义务告知书	024	
7	20150727		唐锡军询问笔录	026	
8	20150727		证人诉讼权利义务告知书	037	
9	20150727		冯国璋询问笔录	039	
10	20150727		证人诉讼权利义务告知书	047	
11	20150727		徐斌询问笔录	049	
12	20150727		证人诉讼权利义务告知书	056	
13	20150727		李欣询问笔录	058	
14	20150724		证人诉讼权利义务告知书	065	
15	20150724		胡华书询问笔录	067	
16	20151117		证人诉讼权利义务告知书	072	
17	20151117		蒋志忠询问笔录	074	共2次
18	20151126		祁峰询问笔录	087	
19	20151125		证人诉讼权利义务告知书	092	
20	20151125		陈金山询问笔录	094	
21			相关书证	100	
22	20151119		宗家明询问笔录	103	
23	20151125		证人诉讼权利义务告知书	110	
24	20151125		范红娣询问笔录	111	
25	20151125		证人诉讼权利义务告知书	115	
26	20151125		殷志杰询问笔录	117	
27	20151125		证人诉讼权利义务告知书	121	
28	20151125		石国庆询问笔录	123	
29	20151027		徐进询问笔录	127	共3次
30			相关书证	143	
31	20160106		证人诉讼权利义务告知书	147	
32	20160106		徐剑询问笔录	149-152	

本卷宗连底带面共计 157 页　　附证物___袋

卷宗五　目录

序号	日期	编　号	文件名称	页次	备考
1	20150902		证人诉讼权利义务告知书	001	
2	20150902		陈立新询问笔录	003	共2次
3	20150729		证人诉讼权利义务告知书	025	
4	20150729		张群德询问笔录	027	共2次
5	20150806		证人诉讼权利义务告知书	042	
6	20150806		胡万贵询问笔录	044	共2次
7	20150725		证人诉讼权利义务告知书	061	
8	20150725		陈桂宏询问笔录	063	
9	20150725		证人诉讼权利义务告知书	071	
10	20150725		徐华军询问笔录	073	共2次
11	20150730		证人诉讼权利义务告知书	083	
12	20150730		王秀华询问笔录	085	共2次
13	20150728		证人诉讼权利义务告知书	103	
14	20150728		张书华询问笔录	105	
15	20150725		证人诉讼权利义务告知书	111	
16	20150725		杨连根询问笔录	113	
17	20150723		证人诉讼权利义务告知书	120	
18	20150723		陈小华询问笔录	122	
19	20150728		证人诉讼权利义务告知书	130	
20	20150728		褚平春询问笔录	132	共2次
21	20150724		证人诉讼权利义务告知书	147	
22	20150724		周伟询问笔录	149	共4次
23	20150725		证人诉讼权利义务告知书	165	
24	20150725		徐千群询问笔录	167	共2次
25	20150729		证人诉讼权利义务告知书	185	
26	20150729		陈文勤询问笔录	187	
27	20150724		证人诉讼权利义务告知书	194	
28	20150724		吉宁询问笔录	196-201	

本卷宗连底带面共计 206 页　　附证物___袋

卷宗六　目录

序号	日期	编号	文件名称	页次	备考
1			区城管分局调查老庄村违法建筑相关书证	001	
2			相关书证	057	
3	20151027		证人诉讼权利义务告知书	068	
4	20151027		证人询问笔录（任志强）	070	
5	20151027		证人诉讼权利义务告知书	074	
6	20151027		证人询问笔录（乔传刚）	076	
7	20151027		证人诉讼权利义务告知书	081	
8	20151027		证人询问笔录（江华）	083	
9			相关书证	087-155	

本卷宗连底带面共计 159 页　　附证物___袋

【辩护思路】

辩　护　词

尊敬的审判长，审判员：

江苏东域律师事务所接受被告人殷某的委托，指派杨军、唐可勋律师担任殷某涉嫌玩忽职守罪一案殷某的辩护人，杨军、唐可勋律师通过会见被告人，听取其陈述，并查阅本案的案卷，对本案有了全面的了解。通过今天的公开开庭审理，辩护人对本案的事实认定及法律适用发表以下辩护意见。

我们总体辩护意见是：依据本案已查明的事实，本案被告人殷某不构成玩忽职守罪，具体理由如下：

依据《中华人民共和国刑法》第三百九十七条规定，玩忽职守罪是指国家机关工作人员严重不负责任，不履行或者不认真履行职责，致使公共财产、国家和人民利益遭受重大损失的行为。本罪的客观构成要件上主要有二点：一是严重不履行工作职责；二是该严重不履行工作职责之行为造成了公共财产、国家和人民利益遭受重大损失的严重后果。这

两要件缺一不可。

一、玩忽职守犯罪的前提条件之一是违反法定职责，严重不履职之行为。公诉机关指控被告人未履行限期组织拆除违法建筑的职责，但是，本案中殷某没有限期组织拆除违法建筑的法定职权。

根据《城乡规划法》，拆除违法建筑应当按照以下程序进行：首先应当由规划部门对违章建筑进行调查取证，当调查取证结束后，由规划部门依据法律法规对涉案建筑作出是否属于违章建筑的认定。规划部门认定违章后，对确需拆除的违章建筑，作出责令限期拆除的决定，决定生效后当事人又未在指定期限内拆除的，由县（区）政府责令城管执法部门实施强制拆除的，城管执法部门作为牵头单位组织实施，涉及的部门予以配合。

本案中，殷某在2010年4月2日、2010年7月12日至2013年7月期间，虽然被野徐镇政府任命为野徐镇城管中队中队长、违法建设防治工作领导小组办公室主任，虽然有多份证词中相关领导陈述以及殷某自制的城管中队的职责等显示其作为中队长有拆违的职责，但辩护人认为，依据职权法定原则，相关职权的行使必须要依据法律、法规之规定，不以相关领导、当事人的意志为转移。本案中，违章建筑被认定的时间在2015年，那么在殷某2010—2013年7月担任上述职务期间，即使野徐镇城管中队对违章建筑有拆除的权利，但是也没有拆除的法律依据，若此时拆除，也属于违法拆除。况且，拆除违章建筑，依据法律之规定也属于泰州市城市管理行政执法局医药高新区分局（以下简称区城管分局）职责，野徐镇城管中队并无拆除的权力。

二、本案中被告人殷某没有向区城管分局汇报的法定职责，被告人直接受镇政府领导，直接对镇政府负责。

（一）野徐镇城管中队的人、财、物由野徐镇人民政府负责，当时殷某的分管领导是胡万贵、张群德，依据法律之规定，野徐镇城管中队的上级机关应当是野徐镇镇政府，殷某若需汇报，在法律上，其也只需向野徐镇领导汇报，并无向城管分局汇报的法定义务。

（二）违法建设的信息采集是由村、城管中队队员采集，采集后汇报至城管中队内勤周伟处，周伟制作报表报中队长殷某查阅，殷某再向分管领导张群德汇报，张群德查阅无误后，代表野徐镇政府最终决定是否上报，所以说，最终有权决定信息上报的是野徐镇政府而不是殷某或者野徐镇城管中队。

三、殷某履行了对辖区内违法建筑责令停止建设的义务。

根据公诉机关提供的证人张群德、储平春、蒋志忠等人的证言可以证明，殷某在担任相关职务期间，多次口头要求蒋志忠停工并责令相关人员前往蒋志忠施工地点要求停工。

公诉机关认为殷某仅口头告知没有下书面的责令停工通知书就是没由采取有效措施制止，辩护人认为，公诉机关的认定不合理，主要是因为野徐镇城管中队是野徐镇政府的内设机构，并不是区城管分局的派出机构，镇城管中队无下达书面责令停工通知书的权力。

本案中，殷某得知违建后，口头要求蒋志忠停工、派储平春前往制止，以及向分管领导张群德等汇报，已经在其法定职权范围内做了其作为乡镇城管中队中队长有效制止违法建设的工作。

即便是在本案中，被告人履行工作职责有不到位的地方，但在法律上我们必须区分一般的工作不到位及失误与严重的渎职行为之间的法律界限。本案中，被告人的履职行为不足以认定为严重渎职的犯罪行为。

四、涉案违法建筑得以建成的原因不在于被告人的行为，其责任应由下列部门及人员承担：

（一）涉案违法建筑得以建成根本原因在于土地的违法买卖。

涉案违章建设上的土地，是由野徐镇政府组织进行招投标的，该土地部分为划拨的国有土地、部分为集体土地。划拨的国有土地为教育用地，根据相关法律之规定，教育用地禁止买卖。另，根据相关法律之规定，野徐镇镇政府也无权拍卖该块土地。所以说，涉案土地买卖严重违法。这是违章建筑得以建成的根本原因。

（二）相关部门及领导承诺协助办理手续。

土地经过违法出让给蒋志忠后，老庄村与蒋志忠签订了相关协议，根据协议之约定，老庄村协助办理相关手续。根据张群德、储平春、胡万贵、徐千群等证人证言能够证实，协助办理相关手续包含了建房手续，另根据证人证言能够证明，此案中，王秀华承诺帮助蒋志忠办理相关手续也是违建得以建成的一个重要原因。

（三）相关部门的推诿。

另外，区城管分局、规划局每天也有巡查人员在涉案建筑附近巡查，在得知蒋志忠违法建设后，其相对于镇城管中队而言，更具有执法权，不但没有作出相应的反应，反而是采取默认以及以督办单的形式向镇城管中队推卸责任，这一点也是违法建设得以建成的原因。

（四）镇政府领导的默认。

当殷某向分管领导张群德等汇报时，张群德对违章建筑的态度却是默认，对违章建设的处理不拿出处理意见。

（五）野徐镇有先建后办手续甚至没手续就建房的现象，且该现象普遍存在。

正是由于土地违法买卖、老庄村与蒋志忠的协议以及王秀华承诺办理相关手续，镇政府领导之间对蒋志忠建房的默认以及区城管分局等对于蒋志忠违建处理的相互推诿等原因，最终才导致了违建的产生，但是不管什么原因，本案被告人殷某不是导致违建得以建成的原因。

五、关于涉案督办单相关责任应由当时的镇政府负责人承担。

2016年6月26日，泰州市经济开发区整治违法建设工作领导小组办公室向野徐镇发出督办通知，根据证人张群德证词，可以证实该督办通知其是首先收到的，但是何时收到、何时交给城管中队就不清楚了。根据证人周伟的证言，其是在2012年8月才看到这张督办单的，回复的时候早已过了督办单要求回复的时间。根据被告人殷某的供述，其一直没有看到这张督办单，现在公诉机关认为事后殷某以手续正在办理之中来回复，属于未按要求执行，是一种渎职行为。辩护人认为，公诉机关在无证据能够证明该张督办单是何时、何地、何人签收的情况下，当然推定殷某在明知督办单的情况下，故意不按督办单的要求履行，对殷某极不公平，理由如下：

（一）殷某在上述期限内忙于拆迁，其工作重心在拆迁上。

（二）以手续正在办理当中回复是由于王秀华承诺帮助蒋志忠办理相关手续，且事实上手续也一直在办理过程中。这一点有多名证人证言以及土地权属已经在2014年由高港教育局办理至老庄村名下这些情况可以证实。

（三）以手续正在办理之中回复，最终是由分管领导张群德确认的，并不是殷某私自决定的。

六、本案中，即使被告人在工作上有些许失误，也未造成国家利益的损失，不具备我国刑法规定的玩忽职守犯罪的法定构成要件。公诉机关指控被告人的行为造成国家利益重大损失，没有任何事实及法律依据。

（一）公诉机关指控被告人的行为造成国家利益重大损失，是以评估机构所谓的违法建设的房屋重置价 5 596 562.58 元为依据，这一观点严重错误。这一违法建设的建成并不是由于殷某个人原因造成的，故而所谓的房屋重置价格也与公诉机关所谓的殷某玩忽职守行为无法律上的因果关系。

（二）依据法律规定，违法建设的拆除不存在任何补偿！同时根据泰州市政府文件以及相关法律之规定，违法建筑拆除一律不得补偿。本案中，既然涉案房屋被区规划局认定为违法建筑，那么违章建筑被拆除后就得不到国家的补偿。高新区政府若对违法建筑拆除进行补偿，本身就是一种严重的滥用职权行为，既然违章建筑不能补偿，那么也就没有造成国家损失这一说了。违法建筑的责任理应由违法建设者自己承担，公诉机关居然违反法律的直接规定，认为应当对涉案违法建筑进行补偿，此观点本身就是严重错误的，如若补偿亦是另一种严重的渎职行为，其结果是变相纵容违法建设这种行为！

所以，本案中违法建筑的拆除并未造成公诉人指控的国家利益的损失，评估机构作出的违法建设房屋重置价与殷某的行为无任何法律上的因果关系。

七、引发群众多次上访及报警的恶劣影响，与本案被告人无因果关系。

本案中，根据任志强等证人证言显示，村民多次上访并非针对殷某玩忽职守行为，村民多次上访主要是因为老庄村土地的非法出让以及2014 年涉案厂房突击违建问题（注意，该厂房违建时殷某已不担任镇城管中队中队长及防违领导小组办公室主任职务），这些才是上访的根本原因。所以说，该恶劣影响与殷某无法律上的因果关系。将村民上访造成的恶劣社会影响强加于殷某之上，不仅不合理更不合法。

八、其他。本案被告人殷某，为国家呕心沥血工作几十年，多次获得政府表彰，平时表现一贯良好，无前科劣迹。在本案公诉机关询问、讯问以及法院开庭过程中，一直都积极配合调查、庭审同时也认识到了自己的错误，表示希望以后工作中将更加努力，为社会作出更大贡献。

虽然殷某被公诉机关指控犯罪，但截止到开庭，其仍然坚守在拆迁工作一线，兢兢业业，为泰州市的建设作出了巨大贡献。

综上，辩护人认为殷某的行为完全不符合玩忽职守罪的构成要件，殷某的行为不构成玩忽职守罪，恳请贵院依法宣告殷某无罪，对殷某作出无罪的判决。

此致
泰州市医药高新区人民法院

辩护人：杨军　唐可勋
2017 年 4 月 10 日

【法院判决】

江苏省泰州医药高新技术产业开发区人民法院
刑事判决书

［2016］苏 1291 刑初 259 号

公诉机关：泰州医药高新技术产业开发区人民检察院。

被告人殷某，男，1961 年 3 月 18 日出生于江苏省泰州市，居民身份证号码××××××××××××××××，汉族，高中文化，泰州医药高新区野徐镇项目指挥部办公室主任兼政法综治办公室副主任，曾任泰州医药高新区野徐镇城管中队中队长、野徐镇违法建设防治工作领导小组办公室主任，住泰州医药高新区野徐镇殷蒋村四组 18 号。因本案于 2015 年 11 月 21 日被刑事拘留，后分别于 2015 年 11 月 27 日、2016 年 9 月 9 日被取保候审。

辩护人杨军，江苏东域律师事务所律师。

辩护人唐可勋，江苏东域律师事务所律师。

泰州医药高新技术产业开发区人民检察院以泰高新检诉刑诉

[2016] 242号起诉书指控被告人殷某犯玩忽职守罪，于2016年9月9日向本院提起公诉。本院依法组成合议庭，公开开庭审理了本案。泰州医药高新技术产业开发区人民检察院指派代理检察员朱小燕、朱云出庭支持公诉，被告人殷某及其辩护人杨军、唐可勋到庭参加诉讼。现已审理终结。

公诉机关指控：被告人殷某分别于2010年4月2日、2010年7月12日至2013年7月，作为泰州医药高新区野徐镇城管中队中队长、违法建设防治工作领导小组办公室主任，具有对辖区内的违章建筑责令停止建设、信息上报、限期组织拆除等职责。

2012年4月，泰州鸿安消防设备有限公司（以下简称鸿安公司）开始在野徐镇老庄社区原老庄学校土地上违规建设办公楼。同年5月，野徐镇城管中队工作人员日常巡查时发现该违章建筑已动工兴建并向被告人殷某汇报，被告人殷某未按规定向泰州市城市管理行政执法局医药高新区分局（以下简称区城管分局）汇报，亦未向鸿安公司发出停工通知书，或采取有效措施予以制止并组织拆除，仅口头要求蒋志忠停工。同年6月，泰州市规划局医药高新区分局（以下简称区规划分局）工作人员日常巡查时发现该违章建筑已建至三四层，被告人殷某受领导指派至现场查看，仍未按照相关规定向区城管分局书面汇报、向鸿安公司发出停工通知书，更没有采取有效措施予以制止并组织拆除。

同年6月26日，泰州经济开发区整治违法建设工作领导小组办公室向野徐镇发出督办通知，要求野徐镇责令鸿安公司停止施工，并组织拆除，限期于同年7月2日前报送结果。被告人殷某仍未按要求执行，而于8月20日以"相关手续正在办理中"为由回复上级部门，致使建筑面积达4323.74m^2的违章建筑建成。其间，被告人殷某就巡查的违章建筑情况在向区城管分局日报、月报、年度总结报告时，均未报送已发现该违章建筑的情况。

2014年9月，该办公楼被列入泰州市东风路快速化改造工程的拆迁范围，该村群众集体上访，阻止拆除该违章建筑，严重影响了市重点工程建设进程。经江苏慧源房地产土地价格评估有限公司评估，该违章建筑重置价值人民币5 596 562.58元。

被告人殷某归案后如实供述了自己的罪行。

为证实以上指控，公诉人当庭宣读并出示了被告人供述、证人证言、相关书证等证据材料，公诉机关认为，被告人殷某身为国家机关工作人员，不认真履行职责，致使国家利益遭受重大损失，情节特别严重，且造成恶劣社会影响，其行为已触犯《中华人民共和国刑法》第九十三条第一款、第三百九十七条第一款的规定，应当以玩忽职守罪追究其刑事责任。其归案后如实供述了犯罪事实，可以从轻处罚。

被告人殷某对起诉指控的事实无异议，认为其就鸿安公司的违建问题向有关领导作了口头汇报，工作有一定失误，负有一定的责任，但是否构成玩忽职守罪，请求法院依法认定并从轻处罚。

辩护人杨军、唐可勋提出如下辩护意见：1. 被告人殷某没有限期组织拆除违法建筑的法定职权；2. 被告人殷某直接受野徐镇人民政府领导，没有向区城管分局汇报的法定职责；3. 野徐镇城管中队是野徐镇人民政府的内设机构，并非区城管分局的派出机构，无权下达书面停工通知书，被告人殷某多次口头要求蒋志忠停工并责令相关人员前往蒋志忠施工地点要求其停工，已履行了对辖区内违法建筑责令停止建设的义务，即便其履行职责有不到位的地方，也不足以认定为犯罪行为；4. 涉案违章建筑得以建成的原因不在于被告人殷某的行为，而在于涉案土地的违法买卖，还有相关部门及领导承诺协助鸿安公司办理手续，区城管分局、规划分局在巡查发现鸿安公司的违章建筑后采取默认、推诿的方式，野徐镇普遍存在先建房后办手续甚至未办手续就建房的现象等原因；5. 对督办单以"相关手续正在办理中"回复是由于王秀华承诺帮助蒋志忠办理相关手续，且事实上手续也一直在办理过程中，且该回复是经过分管领导张群德确认的，并非被告人殷某私自决定的；6. 即使被告人殷某在工作上有些许失误，也未造成国家利益的损失，违章建筑的建成并不是由于被告人的行为造成的，且依法拆除违法建设也不存在任何补偿，公诉机关以违章建筑的房屋重置价 5 596 562.58 元为依据指控被告人殷某的行为造成国家利益重大损失，无任何事实和法律依据；7. 引发群众多次上访及报警的恶劣影响，主要是因为老庄村土地的非法出让以及 2014 年鸿安公司突击违法建设厂房问题，与被告人殷某无因果关系。建议宣告被告人殷某无罪。

经审理查明：

一、主体身份

被告人殷某于 2008 年 2 月 28 日任野徐镇村镇建设管理服务站站长，于 2010 年 4 月 2 日兼任泰州市野徐镇城管中队中队长，于 2010 年 7 月 12 日至 2013 年 7 月兼任野徐镇违法建设防治工作领导小组办公室主任，负责违法建设的巡查、处理、信息上报等。

以上事实，被告人殷某及其辩护人在开庭审理过程中亦无异议，且有公诉机关提交，并经庭审举证、质证的证人张玉成、徐斌、李欣、陈立新、张群德、褚平春等人的证言，被告人殷某的身份证、人事档案、任命文件、事业单位工作人员工资变动审批表、事业单位工作人员年度考核登记表、事业单位人员花名册、野徐镇党委 2011 年 6 月 23 日会议记录、《泰州市市区违法建设防治工作意见》等证据证实，足以认定。

二、玩忽职守

2011 年 9 月 7 日，泰州医药高新区野徐镇人民政府擅自以招投标拍卖的形式将该镇老庄社区原老庄学校 11.42 亩土地及建筑面积为 1383.42m² 的房产以人民币 315 万元转让给蒋志忠（鸿安公司的实际负责人）。鸿安公司在未取得国有土地使用权证、规划许可证、建设许可证的情况下，于 2012 年 4 月开始在上述土地上违规建设办公楼。同年 5 月，野徐镇城管中队工作人员日常巡查时发现该违章建筑后，向被告人殷某汇报，被告人殷某口头要求蒋志忠停工，但未按规定向区城管分局书面汇报。同年 6 月，区规划分局工作人员日常巡查时发现该违章建筑已建至三四层，被告人殷某受领导指派至现场查看，仍未向区城管分局书面汇报。

同年 6 月 26 日，泰州经济开发区整治违法建设工作领导小组办公室针对该违章建筑向野徐镇发出督办通知，要求野徐镇责令鸿安公司停止施工，并组织拆除，限期于同年 7 月 2 日前报送结果。被告人殷某在未认真核实的情况下，向相关领导建议以"相关手续正在办理之中"回复，经镇分管领导同意后，于同年 8 月 20 日以上述内容回复泰州经济开发区整治违法建设工作领导小组办公室。其间，被告人殷某就巡查的违章建筑情况在向区城管分局日报、月报、年度总结报告时，均未报送鸿安公司违章建筑的情况。

2014年9月，鸿安公司的上述办公楼被列入泰州市东风路快速化改造工程的拆迁范围，因土地权属纠纷等引发了老庄村村民多次上访阻工，造成了恶劣社会影响。

2015年4月8日，泰州市规划局认定鸿安公司的上述五层办公楼属违法建设。

被告人殷某归案后如实供述了自己的罪行。

上述事实，有公诉机关提交并经庭审举证、质证，本院予以确认的下列证据证实：

1. 书证

（1）野徐镇老庄村委会办公用地、房产出让协议书及成交确认书、高新区教育局出具的情况说明等，证实2011年9月4日，蒋志忠和老庄村委会签订土地、房产及其他标的物出让协议书，约定拍卖价格为315万元，村委会协助蒋志忠办理相关手续等。

（2）违法建设处罚督办通知，在建项目巡查登记表、关于违法处罚督办单的情况回复，证实2012年6月26日，泰州经济开发区整治违法建设工作领导小组就鸿安公司在老庄村原村部违法建设，向野徐镇发出督办通知，2012年8月20日野徐镇人民政府回复：该企业工程建设的相关手续正在办理之中。

（3）野徐镇城管中队2012年年终总结，证实2012年野徐镇城管中队向区城管分局上报辖区内当年每月违法建设的发现和处理情况，未对鸿安公司违法建设的办公楼统计及上报。

（4）国有土地使用权证，证实2014年2月25日，老庄居民委员会取得老庄社区5441.9m²地块的国有土地使用权（即上述11.42亩中的8.163亩国有土地）。

（5）区规划分局答复意见，证实区规划分局于2014年11月25日对薛桂喜等37人的《违法建设查处申请书》作出答复：已建成的五层大楼及施工中的建筑未领取建设工程规划许可证，属于违法建设，根据相关规定，已将两处违法建设告知泰州市城市管理行政执法局。

（6）区城管分局调查老庄村违法建筑的立案审批表、现场检查笔录、照片、询问笔录、处理审批表等相关材料，证实2015年2月4日，泰州市城市管理行政执法局受理该案。经查，鸿安公司未经许可，从2012年6月开始在野徐镇老庄学校进行建设，共建两处，一是五层办公大楼（局部六层），面积为4323.74m²，2012年10月，区规划、城管部门曾到施工现场要求停工，该五层大楼2013年5月已完工；二是从2014年5月2日开始在五层办公大楼西北侧建设厂房，面积为879.97m²，未完工。2015年4月8日，泰州市规划局认定上述建筑均属于违法建设。建议依法查处。2015年4月15日，区城管分局决定给予当事人限期拆除的行政处罚。

（7）野徐派出所接警记录，证实2015年10月13日群众报警称，当日上午，东风路拆迁改造工程在野徐镇老庄段受到村民阻拦，政府多部门在现场处理。

（8）野徐派出所所长江华等人的个人笔记复印件，证实2015年7月21日高新区政法委召开协调会，会议内容包括老庄社区违法建设的问题。

（9）江苏省信访局转交市、市转区办理信访事项的材料，证实野徐镇老庄村群众上访，引起省市区领导的重视。

（10）泰州医药高新区信访工作联席会议办公室《关于处理野徐镇老庄村民阻工问题的专题会议纪要》等，证实泰州医药高新区有关部门对老庄社区群众上访问题的处理过程。

2. 证人证言

（1）证人蒋志忠的证言，证实2011年9月，其参加野徐镇的招投标取得了位于老庄村村部的土地和部分房屋，后解卫东和胡华书曾协助其办理土地和规划手续，但一直没有办到，土地所有权证到2014年才办到老庄村名下。其和解卫东去找过钱艺兵、刘缨，都说手续办不到，其将该情况告诉了殷某。2012年5~6月，其组织人员在该土地上建设办公楼，在地基建好后不久，殷某到鸿安公司，责怪其没有手续建房，口头要求其停工。当时地基已经打好，正在保养期，确实停了一段时间才继续建的。建到四层时，区规划分局的工作人员到施工现场要求停工，后来殷某也去了现场，口头让其停工。停工一天后又继续施工，最终建成该办公楼。

（2）证人张群德的证言，证实 2012 年 5 月，殷某向其汇报蒋志忠在老庄村违法建设，殷某制止过蒋志忠，但未取得效果。2012 年 6 月底，开发区整治违法建设领导小组发出关于鸿安公司违建办公楼的督办单，其要求办公室转城管中队处理。后殷某向其提议回复"手续正在办理之中"，其要求殷某看到建房手续才能回复。同年 8 月中旬，殷某在拆迁现场告诉其，王秀华书记说手续正在办理之中，是否就这样答复开发区整治违法建设领导小组，其同意先这样答复，以后有什么事情再按开发区整治违法建设领导小组的要求处理。野徐镇城管中队没有权力对违章建设进行拆除，要经过泰州市城管局批准。因为王秀华事实上在帮鸿安公司办理手续，城管中队在执法时也充分考虑到这个情况，于是边执法边等待他们办手续，最终导致办公楼得以建成。

（3）证人陈立新的证言，证实鸿安公司大概是 2012 年开始建房的。当时王秀华讲她在找人跑手续，所以在建办公楼时，其也没有明确提出反对意见，没有安排镇村建、国土等部门去查处。鸿安公司建房没有办理规划及施工许可证，属于违章建筑，城管中队应该去现场口头制止，城管中队没有处罚权，要报告区城管分局，由区城管分局下达停止施工通知书和限期拆除通知书，该给予行政处罚的还应该给予行政处罚。但当时考虑到相关部门对此都是默认的，所以其也没有要求相关科室前去处理，也没有要求城管中队向区城管分局报告。

（4）证人刘缨的证言，证实区规划分局巡查小组在巡查中发现鸿安公司在老庄村村部违法建设，其到现场时，该楼已经建到五层，唐锡军将该违法建筑情况报送给了区城管分局。

（5）证人王秀华的证言，证实 2012 年 4 月，鸿安公司在老庄村圈围墙，5 月动工建办公楼。区规划分局巡查发现该违建办公楼后，发出了停工通知书。蒋志忠在该办公楼封顶后，请其协助办理手续，其找国土所解卫东一起协助办理土地手续，但直到 2014 年，该土地使用权才办到老庄村名下，没有办理到其他任何手续。

（6）证人褚平春的证言，证实 2012 年上半年，城管队员徐千群向其汇报鸿安公司在老庄村建房，其去现场后发现地基已经快建完，其向王秀华咨询有没有建房手续，王秀华答复正在办理。其向殷某汇报该情况后，殷某口头提出要让对方停工。

（7）证人徐千群的证言，证实2012年，其和陈文勤巡查发现鸿安公司在老庄村村部打地基建房，他们去村部，王秀华说鸿安公司正在办建房手续，镇里都知道，宗家明也说手续正在办。其当天口头汇报给队长殷某，殷某答复说对方在办手续，镇里也知道。

（8）证人周伟的证言，证实2012年6月，开发区整治违法建设领导小组向野徐镇发出督办单，不是殷某就是褚平春让其回复"手续正在办理之中"。盖章之前，其拿给中队长殷某、分管领导张群德审阅，经过同意后才去盖章的。

（9）证人陈文勤的证言，证实2012年，其和徐千群巡查发现鸿安公司在老庄村村部打地基建房，他们就一起去找老庄村的干部，徐千群找的是当时的村支书王秀华、村主任宗家明。

（10）证人唐锡军的证言，证实2012年5~6月份，其和冯国章在野徐镇巡查中发现老庄村村部有一栋在建楼房，其按照工作流程对该在建楼房拍了照片，这栋楼当时已经建到了四层，还没有完工。当天回去后唐锡军登记了该违建情况，制作在建项目巡查登记表，并通过QQ发送给了区城管分局徐斌。

（11）证人冯国章的证言，证实2012年6月25日，其和唐锡军巡查经过老庄学校附近时，看到一栋在建的四层楼，二人看了现场，将该情况拍照并做了在建项目巡查登记表，移送给了区城管分局。

（12）证人徐斌的证言，证实2012年6月，区规划部门巡查发现了鸿安公司在老庄村原村部的违法建设，并将该情况向其反馈，其制作了违法建设处罚督办单，送到了野徐镇人民政府。其没有收到过野徐镇城管中队上报的关于鸿安公司违章建设的情况。

（13）证人李欣的证言，证实2012年8月20日，区城管分局法规科收到了野徐镇人民政府关于鸿安公司违法建设问题的回复：该企业工程建设相关手续正在办理之中。其把回复函交给了张玉成副局长。

（14）证人张玉成的证言，证实2012年6月，区规划分局巡查中发现老庄学校内的违法建设，并把该线索移送给区城管分局，区城管分局将督办单派遣给野徐镇人民政府。2012年8月20日，野徐镇人民政府回

复了督办单。

（15）证人陈金山的证言，证实大约 2012 年 5 月，其和殷某一起去老庄村村部，其看到鸿安公司在原村部的土地上建房，听说野徐镇人民政府在帮助该公司跑手续。

（16）证人宗家明的证言，证实鸿安公司建办公楼没有任何手续。在打地基期间，野徐镇城管中队的殷某、徐千群、褚平春都来过，但印象中城管人员没有要求蒋志忠停工。

（17）证人祁峰的证言，证实祁峰中标承建鸿安公司的办公楼工程。在办公楼基础建好，准备建一层排架时，有城管队员来现场要求停工，其停了两天，后继续组织施工。

（18）证人张书华的证言，证实 2012 年 8 月，周伟将督办通知单的回复拿给其盖章，其联系分管城管工作的领导张群德后，加盖了公章。

（19）证人胡华书的证言，证实大约四五年之前的一天，殷某安排其和蒋志忠一起去区规划局，但蒋志忠没有找到他想找的人。其没有协助蒋志忠跑过任何手续。

（20）证人胡万贵的证言，证实鸿安公司拍得老庄村的土地后，就在该土地上建房。镇政府允许鸿安公司无建房手续建房，是因为鸿安公司要拆迁，需要尽快建新厂，将设备、产品搬迁过来，所以镇政府答应边建房边办手续。镇上的领导都清楚这件事，相关职能部门的负责人也很清楚。

（21）证人任志强的证言，证实鸿安公司拆迁过程中，因土地非法转让及违法建设的问题引发群众集体上访，造成的负面影响比较大，影响了高新区重大项目推进，为息访多次召开协调会，牵扯了很多人力、物力。

（22）证人乔传刚的证言，证实东风路快速化改造项目在老庄村老庄组被村民阻止，延误工期约 7 个月。原因是老庄学校土地拍卖的遗留问题，鸿安公司的房子拆不掉。

（23）证人江华的证言，证实东风路快速化改造项目涉及拆迁，老庄村相关村民因为鸿安公司的厂房拆迁，多次上访阻工，野徐派出所为此多次出警。

（24）证人徐华军的证言，证实在对鸿安公司办公楼拆除时，由于老庄村相关村民不满原老庄学校土地转让的相关事项，对拆卸公司阻工，一直到 2015 年 8 月，才将该栋办公楼拆除。

3. 被告人殷某的供述和辩解

证实其第一次看到鸿安公司这栋办公楼时，已经建到了三四层，当时一起到现场的还有王秀华、刘缨以及区城管分局的一个人，其记得刘缨表示要回去发督办单。后听说区规划分局发了一份督办单给区城管分局，区城管分局发了一份督办单给野徐镇人民政府。后来周伟打电话告诉其督办单的事情，其就跟张群德联系，告知关于鸿安公司建房的事情，之前钱艺兵、刘缨也同意边建房边办手续，故建议答复"手续正在办理之中"，张群德同意了，事实上当时也确实正在办手续。后其让周伟把拟好的回复送给张群德审阅，并且加盖了镇政府的公章给了区城管分局。在鸿安公司建办公楼这件事上，其有责任。虽然镇领导胡万贵说蒋志忠买土地就是用来建房的，老庄村也在协助蒋志忠跑手续，野徐镇也有边建边跑手续的例子，但其还是有错误，有工作不到位的地方，平时对查处违建工作过问不多，总觉得查处违建得罪人，就睁一只眼闭一只眼，总认为镇政府领导知道鸿安公司建办公楼的事，但是该其承担的责任，其不推卸。

本院认为，被告人殷某身为国家机关工作人员，在任职期间不认真履行职责，发现鸿安公司违章建设后，未按规定向区城管分局书面汇报，导致鸿安公司违章建筑得以建成，在后来的拆迁中引发了老庄村村民多次集体上访，造成恶劣社会影响，其行为已构成玩忽职守罪。公诉机关指控被告人殷某犯玩忽职守罪的主要事实清楚，证据确实、充分，指控的罪名正确，本院予以支持。由于涉案的是违章建筑，依法应当予以拆除，公诉机关将该违章建筑的重置价人民币 5 596 562.58 元认定为被告人殷某的行为致国家利益遭受重大损失，情节特别严重，指控依据不足，本院不予支持。本案的恶劣社会影响，是多种原因共同作用下形成的，既有被告人不认真履行职责的主观原因，也有涉案土地的违法买卖、政府相关职能不明确等客观原因，系多因一果。根据被告人殷某的犯罪事实、犯罪的性质、情节及对于社会的危害程度，并考虑到被告人平时表现一贯良好，在案发后和庭审中认罪悔罪态度较好，可以认定其

犯罪情节轻微，不需要判处刑罚，故对其免予刑事处罚。关于辩护人提出的"被告人没有向区城管分局汇报的法定职责；引发群众多次上访及报警的恶劣影响，与被告人殷某无因果关系，建议宣告被告人殷某无罪"的辩护意见，经查与事实不符，本院不予采纳。对辩护人提出的其余合理辩护意见，本院予以采纳。依照《中华人民共和国刑法》第三百九十七条第一款、第九十三条第一款、第六十七条第三款、第三十七条之规定，判决如下：

被告人殷某犯玩忽职守罪，免予刑事处罚。

如不服本判决，可在接到判决书的第二日起十日内，通过本院或者直接向江苏省泰州市中级人民法院提出上诉。书面上诉的，应当提交上诉状正本一份，副本二份。

审　判　长　王春华
审　判　员　吴宝春
人民陪审员　刘彩霞
二〇一七年五月九日
书　记　员　陶　璇

附录法律条文：

《中华人民共和国刑法》

第三百九十七条　国家机关工作人员滥用职权或者玩忽职守，致使公共财产、国家和人民利益遭受重大损失的，处三年以下有期徒刑或者拘役；情节特别严重的，处三年以上七年以下有期徒刑。本法另有规定的，依照规定。

国家机关工作人员徇私舞弊，犯前款罪的，处五年以下有期徒刑或者拘役；情节特别严重的，处五年以上十年以下有期徒刑。本法另有规定的，依照规定。

第九十三条　本法所称国家工作人员，是指国家机关中从事公务的人员。

国有公司、企业、事业单位、人民团体中从事公务的人员和国家机关、国有公司、企业、事业单位委派到非国有公司、企业、事业单位、社会团体从事公务的人员，以及其他依照法律从事公务的人员，以国家工作人员论。

第六十七条 犯罪以后自动投案，如实供述自己的罪行的，是自首。对于自首的犯罪分子，可以从轻或者减轻处罚。其中，犯罪较轻的，可以免除处罚。

被采取强制措施的犯罪嫌疑人、被告人和正在服刑的罪犯，如实供述司法机关还未掌握的本人其他罪行的，以自首论。

犯罪嫌疑人虽不具有前两款规定的自首情节，但是如实供述自己罪行的，可以从轻处罚；因其如实供述自己罪行，避免特别严重后果发生的，可以减轻处罚。

第三十七条 对于犯罪情节轻微不需要判处刑罚的，可以免予刑事处罚，但是可以根据案件的不同情况，予以训诫或者责令具结悔过、赔礼道歉、赔偿损失或者由主管部门予以行政处罚或者行政处分。

陈某二人与新疆某集团公司、冶某股权转让国际仲裁案

【涉案协议书】

合作协议书

本协议由以下各方于 2009 年 9 月 15 日在中国北京市签署：

陈某（以下简称"甲方"），系香港某电器有限公司合法股东；

住所地：香港北角英皇道××××××××；

身份证号：××××××；

陈某某（以下简称"乙方"），系香港某电器有限公司合法股东；

住所地：香港北角英皇道×××××；

身份证号：××××××；

冶某（以下简称"丙方"）；

住所地：乌鲁木齐市×××××；

身份证号：××××××××××；

新疆某实业（集团）有限公司（以下简称"丁方"）；

住所地：乌鲁木齐市××××××××××；

法定代表人：冶某。

上述各方一致同意，甲方和乙方以下合并简称为"出让方"，双方之间互相承担连带责任；丙方和丁方以下合并简称为"受让方"，双方之间互相承担连带责任。

鉴于：

1. 出让方拥有香港某电器有限公司（以下简称"香港公司"）的全部股权，香港公司拥有中外合作企业北京某房地产开发有限公司（以下简称"合营公司"）的 62%股权并且有权处置该公司的资产（包括土

地使用权）和房地产开发项目（以下简称"崇文项目"）的项目开发权；

2. 本协议各方同意通过出让方向受让方转让香港公司全部股权的方式，使受让方实际拥有合营公司 62%的股权并且有权处置该公司的资产（包括土地使用权）和项目开发权；

3. 本协议各方同意由出让方负责使受让方能够收购合营公司中方股东的全部股权，且香港公司放弃优先购买权；

4. 本协议各方一致同意以实际现状完成对香港公司的全部股权以及合营公司全部股权的交易并且有权处置该公司的资产和项目开发权；本协议各方一致同意以实际现状完成对合营公司中方股东全部股权的交易。

为此，本协议各方就香港公司股权和合营公司全部股权以及相关的合营公司资产和项目开发权转让事宜，经平等友好协商，一致同意达成如下约定：

第一条 声明、保证和承诺

1.1 出让方向受让方声明、保证和承诺：

（1）出让方对其各自所出让的股权拥有合法的和完整的所有权；

（2）出让方各自拥有签订和履行本协议项下所有义务的充分权利/权力，并将促使其各自在合营公司中的董事依合营公司的章程表决同意本股权转让协议；

（3）出让方已分别授予其各自代表充分的权力/权利代表其签署本协议并接受本协议各项条款的约束。

1.2 受让方向出让方声明、保证和承诺：

（1）受让方各自拥有合法充裕的资金和充分的资格、能力履行本协议；

（2）受让方各自均已履行中国法律所必需的申报和核准程序，获得了签订和履行本协议项下所有义务的充分权利/权力；

（3）受让方已授予其各自代表充分的权力/权利代表其签署本协议并接受本协议各项条款的约束。

第二条 股权与对价

2.1 本协议各方同意依据合营公司 2008 年的《资产负债表》确认如下事实（该事实需合同签订后由第三方审计进行确定）：

（1）合营公司的资产为：资产为 62 713 230.99 元（其中：流动资产

4 964 810.25 元，固定资产 486 100.00 元，在建工程 35 409 770.74 元，无形资产 24 328 000.00 元，其他资产–2 475 450.00 元）；

（2）合营公司的负债为：负债为 25 828 357.08 元（其中流动负债 25 828 357.08 元）。

2.2 本协议各方同意并确认。除上述资产和负债外，合营公司还拥有崇文项目的项目开发权：崇文项目位于北京市崇文区崇文门外大街 68-76 号，东、西、北分别是两广路、崇文门外大街、手帕胡同。北距地铁约 200 米，西侧与新世界建筑隔路相望。总占地面积约 0.3861 公顷。崇文项目已取得如下文件：（1）北京市发改委可行性研究报告的批复，文号为：京计基字［93］×××；（2）规划意见书，文号为：2004 年规意字×××；（3）国有土地使用证文号为：市崇中外国［93］×××；（4）北京市发改委年度建设计划任务 2006 年建设计划项目表。崇文项目用地现状为：项目用地为未拆迁用地，达到"三通一平"，需要动迁，用地内现有居民及一个单位。

2.3 受让方在签署本协议之前对崇文项目的现有事实和法律状况已基本知晓。

2.4 本协议各方同意以合营公司的现状为基础完成本协议项下的股权转让和相关交易事宜。

2.5 出让方承诺没有在拟转让的香港公司和合营公司的全部股权上设有任何留置权、抵押权或他项权利。

2.6 为获得香港公司的全部股权以及为实际拥有合营公司的控股权及合营公司的中方股东的股权，并且有权处置该公司的资产（包括土地使用权）和项目开发权，受让方同意向出让方支付股权转让金 5500 万元人民币。

2.7 本协议各方同意并确认：

出让方和受让方应当在符合本协议规定的前提下，依据香港特别行政区法律，尽快完成工商登记变更手续。香港公司股权转让依本协议完成后，合营公司将成为受让方实际拥有的公司；合营公司原有合作合同及公司章程保持不变，受让方依法并依公司章程自行决定合营公司的各项事宜。

2.8 本协议各方同意，下述资产不属于本协议项下香港公司和合营公司股权所及资产范围之内：

（1）乡村俱乐部会员证；

（2）三立电气（中国）有限公司的股权；

（3）钓鱼台国宾馆俱乐部会员证；

（4）位于朝阳区小营路 10 号阳明公寓 B 座 1102 的房产一套（尚无产权证）。

上述四项资产可以由出让方在股权转让过程中自行处置或由受让方以合理价格收购。

第三条 股权转让

3.1 本协议项下的股权转让为现状交付转让。现状条件以受让方完成对香港公司及合营公司的尽职调查报告所载内容为准，出让方不需再为股权转让为受让方承担或付出任何其他开支或费用。受让方的尽职调查以审核公司现状和相关文件为准，只要调查结果与出让方已出具的文件相符即视为符合受让方要求。

3.2 出让方中的任何一方均放弃对其他方出让股权的优先购买权，合营公司的股东亦放弃对另一股东出让股权的优先购买权。

3.3 在本协议生效并完成香港公司的股权转让后，香港公司的公司章程由受让方修订。

3.4 本协议各方应当互相配合办理完成在香港的股权转让必需手续以确保受让方对合营公司的资产和控股权及项目开发权顺利取得。

3.5 在本协议生效当日，出让方委托甲方代表出让方向受让方移交香港公司和合营公司二家公司各自的证照文件原件。

3.5.1 香港公司：

（1）章程；

（2）营业执照；

（3）年报（股东、董事资料）；

（4）公司印章。

3.5.2 合营公司：

（1）批准证书；

（2）营业执照；

（3）公司印章；

（4）法人代码；

（5）项目批复；

（6）规划意见书；

（7）国有土地使用权证；

（8）国有土地出让合同；

（9）公司年检报告；

（10）公司原始账册；

（11）公司对外合同。

受让方委托丙方代表受让方接收上述物品。

3.6 在本协议生效日之前的合营公司债权债务，由出让方连带承担；在本协议生效日之后的合营公司债权债务，由受让方连带承担。

3.7 自本协议签署之日起，香港公司和合营公司停止一切形式的商业活动。

3.8 出让方在本协议项下出让股权的承诺是不可撤销的，受让方在本协议项下受让股权并支付本协议项下的股权转让金的承诺也是不可撤销的。本协议各方应尽各自最大努力并提供最大便利完成本协议项下的股权转让。

第四条 股权转让金

4.1 本协议项下的有关香港公司股东全部股权以及合营公司中方股东全部股权的股权转让总金额为人民币 5500 万元。

4.2 在本协议签署之日起七（7）日内，受让方应当向出让方支付股权转让金人民币 500 万元，由受让方直接汇入甲方书面指定的账户并归属甲方所有，在本协议签署之日起三十（30）日内支付 1500 万元。其中 800 万元应当且只能用于受让方收购合营公司中方股东的全部股权。

4.3 在出让方收到上述 800 万元股权转让金后，出让方与受让方共同合作，由受让方或其指定的中资公司以人民币 800 万元价格收购合营公司中方股东的全部股权；出让方应当负责协调受让方与合营公司中方股东的关系，使受让方或其指定的中资公司以 800 万元价格顺利合法完成上述股权受让事宜。出让方在香港接受 1200 万元股价款的同时转让其香港公司的全部股权给受让方。

4.4 在出让方与受让方受让香港公司 100%股权和合营公司中方股权并依据第 3.5 条办理公司证照等文件交接的同时，受让方应当向甲方支付股权转让金人民币 3500 万元。该笔转让金应当汇入甲方书面指定的账户内并归属甲方所有。

4.5 非因不可抗力，受让方的付款不应以任何理由延迟。对于应付而未付的款项，在受让方提供合法有效且具担保能力的担保之后，出让方可给予受让方三个月的宽限期，受让方不需为此三个月宽限期向甲方支付违约金；如果受让方在三个月的宽限期外仍不能付清应付款项的，出让方可再给予受让方六个月的宽限期，但受让方应当按日息万分之三的比例另行向甲方支付违约金；如果受让方在上述二次宽限期满后仍不能按期足额付款，则出让方有权要求担保人立即履行担保责任，同时，受让方还应当就宽限期满后仍不能付清的应付款项，按日息万分之六的比例另行向甲方支付违约金，计算期限直到应付而未付的款项得到实际清偿之日为止。

4.6 受让方中的丙方和丁方对本协议项下的股权转让金的按时足额支付承担连带责任。

4.7 因股权转让而产生的税费由各方自行承担；但是，任何一方均有义务在法律允许范围内协助另一方获得税收优待或合法地规避税赋。

4.8 就本协议项下的受让方付款义务，受让方应当向出让方提供合法有效且具担保能力的连带担保责任。

第五条 违约责任

5.1 本协议各方不可撤销地并无条件地保证对因其违反本协议中所规定的义务、声明、保证或承诺而给另一方造成的或使另一方遭受的所有损害和损失进行赔偿。

5.2 基于合理的原因而非严重的违约行为，守约方应当给违约方纠正行为的宽限期，期限为十（10）天。如在宽限期内违约行为得以纠正且未发生损害或损失，则守约方不追究违约方的违约责任。

第六条 不可抗力

6.1 由于地震、火灾、战争以及其他不可预见并且对其发生和结果不能防止和避免的不可抗力事件，致使直接影响本协议的履行或者不能按本协议规定的条件履行时，遇有上述不可抗力的一方，应尽快用电传、传真或挂号空邮信件通知其他一方，并在其后的十五（15）天内提供不可抗力详情及本协议不能履行或部分不能履行，或需要延期履行的理由及有效证明文件；在可能的条件下，此项证明文件应由不可抗力发生地区的公证机关出具，按照不可抗力对履行本协议的影响程度，由各方协商决定是否终止本协议，或部分免除履行本协议的责任，或者延期履行本协议，或以变更形式履行本协议。对于由不可抗力所造成的损失，任何一方均无权提出赔偿要求。

第七条 适用法律

7.1 本协议的订立、效力、解释及履行，本协议双方的任何争议的解决，均须遵从现行的中华人民共和国的法律及中国中央人民政府公开颁布的法规。

7.2 如果上述法律和法规对与本协议有关的某一具体事项没有明确规定或虽有规定但有冲突解释而无法适用时，则该事项应该按照国际惯例处理。

第八条 争议的解决

8.1 凡因执行本协议所发生的或与本协议有关的一切争议，双方应通过友好协商解决。如果在一方向另一方发出要求协商的书面通知的二十（20）天内协商不能解决双方之间的争议，任何一方均有权将有关争议提交中国国际经济贸易仲裁委员会，根据该仲裁机构的仲裁规则进行仲裁。仲裁地点在北京。此仲裁的裁决是终局的，对本协议双方均有约束力。仲裁费用除上述仲裁机构另有决定外，应由败诉一方负担。

8.2 在仲裁过程中，除双方有争议正在进行仲裁的部分外，本协议应当继续履行。

第九条 协议的文字

9.1 本协议以中文书就，本协议的有效文字为中文。

第十条 协议的生效

10.1 本协议经各方签署后，自受让方按本协议第 4.2 条规定完成付款之日起生效，其中合营公司的股权转让需要原审批部门批准生效。如受让方未按第 4.2 条规定支付应付款项，出让方给予受让方七（7）个工作日的宽限期；如在宽限期内出让方应至少支付 500 万元给出让方，否则本协议在该宽限期届满时终止。

10.2 本协议取代各方在本协议签署之前各自彼此或共同达成的与本协议项下股权以及股权相关的资产、负债和项目开发权等权益处置事项有关的所有口头形式或书面形式的承诺、协议、合同、约定，所有相关事项以本协议的规定为准。

第十一条 一般规定

11.1 通知：

（1）所有通知可用传真、挂号邮件或通过快递服务公司发出。双方相互发出的通知及书信须按照下列双方的地址发出：

甲方：同首页所载地址

乙方：同首页所载地址

丙方：同首页所载地址

丁方：同首页所载地址

（2）每一方在任何时候变更其通信地址时，应用传真或挂号邮寄方式通知另一方。

（3）任何用传真发出的重要通知或书信应该使用挂号邮件加以确认（但未能发出此种确认不应使以传真发出的通知或书信失效）。

（4）任何传真发出的每一通知或书信，发出传真并由传真报告加以证明，传真发出后的第二（2）个工作日应视为收到时间；如用信件发出，在人手交递时，或在邮寄后的第七（7）个工作日应被视为收到时间；如用快递服务公司递交信件，则信件交给速递服务公司后的第七（7）个工作日应被视为收到时间。

11.2 如果本协议的任何条款或规定失效或无法执行，本协议的其余部分不得因此而受影响，并且应在法律允许的最广的范围内继续有效及可以执行。

11.3 任何一方对于另一方违反本协议所载的任何条件或责任放弃追究，或者任何一方未能行使本协议项下的任何权利，不得构成对其他一方任何随后的违约行为追究的一项弃权，或者构成对随后行使有关权利的一项禁止。

11.4 未经本协议其他方事先书面同意，任何一方不得转让其在本协议项下的任何权利和/或义务。

11.5 本协议的各项附件（如果有，如非法定代表人签字时授权代表的授权委托书、公司账册和债权债务清单）是本协议不可缺少的组成部分。

11.6 对本协议的变更或修改只有在经本协议各方授权代表签署并经审批机构批准之后方为有效。

11.7 本协议一式五（5）份，各方各持一（1）份，其余一（1）份交合营公司存档备查；前述五（5）份文书具有同样的法律效力。

（以下无正文）

签字盖章页：

陈某

陈某某

冶某

新疆某实业（集团）有限公司

【仲裁申请书及证据材料】

●仲裁申请书

仲裁申请书

申 请 人：陈某（中国香港公民，身份证复印件见附件1-1）

中国香港居民身份证号：××××××××

住　　所：香港北角英皇道××××××××

电　　话：×××××××

申 请 人：陈某某（中国香港公民，身份证复印件见附件1-2）

中国香港居民身份证号：×××××××

住　　所：香港北角英皇道×××××××

申请人代理人：江苏某律师事务所 杨某律师（授权委托书见附件2）

通信地址：南京市鼓楼区××××

邮政编码：210000 电子信箱：××××

电　　话：×××××

被申请人：冶某，中华人民共和国公民

中国居民身份证号码：×××××××××

住　　所：中国新疆维吾尔自治区乌鲁木齐市水磨沟区××××××
×××××

被申请人：新疆某实业（集团）有限责任公司

住　　所：中国新疆维吾尔自治区乌鲁木齐市××××××××××
××××

法定代表人：冶某某　　职务：董事长

申请仲裁所依据的仲裁协议：

申请人陈某、陈某某与被申请人冶某、新疆某实业（集团）有限责任公司于2009年9月15日签订的《合作协议书》（见附件3）中的仲裁条款——该协议书第八条第8.1款约定："凡因执行本协议所发生的或本协议有关的一切争议，双方应通过友好协商解决。如果在一方向另一方发出要求协商的书面通知二十（20）天内协商不能解决双方之间的争议，任何一方均有权将有关争议提交中国国际经济贸易仲裁委员会，根据该仲裁委员会的仲裁规则进行仲裁。仲裁地点在北京。此仲裁的裁决是终局的，对本协议双方均有约束力。仲裁费用除上述仲裁机构另有决定外，应由败诉一方负担。"

案情与争议要点：

案情：

1. 申请人为香港某电器有限公司（下简称香港公司）原股东，持有香港公司100%公司股权。1993年7月24日，香港某公司与北京某技术发展公司（下简称北京某公司）共同投资设立了北京某房地产开发有限公司（下简称北京某房地产公司），香港三立公司在北京某房地产公司持有62%的股权份额（见附件4）。

2. 2000年3月30日，在北京某公司与香港公司因合作合同履行纠纷的仲裁案件的审理过程中，经中国国际贸易仲裁委员会仲裁庭主持调解，双方达成《和解协议》（见附件4），该《和解协议》经2000年4月××日中国国际经济贸易仲裁委员会（北京）第［2000］贸仲裁字第 011×号裁决书裁决确认"合法有效,各方应遵照执行"。该《和解协议》主要约定的条款为:香港某公司和北京某公司双方同意终止北京某房地产公司;双方决定终止后,由香港公司全面负责北京某房地产开发有限公司所有财产的各项处置事务;北京某公司同意从合作公司剩余财产中提取的利益的总额不超过 1000 万元人民币;在其收取 1000 万元人民币之后,香港某电器有限公司将拥有北京某房地产开发有限公司的其他资产和或财产权益。在签署《和解协议》的同年,申请人陈某先生履行了第011×号裁决书,已向北京某公司支付了人民币 500 万元。

3. 2005 年 7 月 14 日香港公司法定代表人,即申请人陈某先生与北京某公司签订了《协议书》(见附件 5),约定双方根据 2000 年 3 月 30 日在北京达成的《和解协议》决定:由北京某公司同意并授权香港公司自 2005 年 7 月 14 日起全权负责处置与北京某房地产公司相关的所有财产的工作。该授权直至完成该项处置之日止。

4. 2009 年 9 月 15 日申请人与被申请人在北京签订了《合作协议书》(见附件 3),约定:1)申请人向被申请人转让香港公司的全部股权并以该转让使被申请人实际拥有北京某房地产公司的 62%股份且有权处置该公司的资产(包括土地使用权)和公司项下的崇文项目开发权。2)股权转让对价为人民币 5500 万元(注:其中申请人应得的股权转让价款为人民币 4700 万元)。3)股权转让金的支付为:协议签署之日起的 7 日内支付 500 万元;协议签署之日起的 30 日内支付 1500 万元(其中 800 万元为合营公司中方股权转让金);在受让方受让香港公司 100%股权和合营公司中方股权并办理公司(香港公司、北京某房地产公司)证照等文件交接的同时支付 3500 万元。非因不可抗力,受让方不应以任何理由迟延。迟延付款要支付日万分之三、日万分之六的违约金。4)两被申请人对本协议项下的股权转让金的足额支付承担连带责任。5)申请人和被申请人共同合作,由申请人负责协调被申请人和合营公司中方股东(北京某公司)的关系,使其或其指定的中资公司完成对合营公司中方股权的受让。6)三立电气(中国)有限公司股权、乡村俱乐部会员证、钓鱼台国宾馆会员证不在双方转让的资产范围。

5.《合作协议书》是申请人依据第 011×号裁决书以及北京某公司的

授权签署的，在签署该协议书之前，申请人与北京某公司进行了充分的协商并达成支付北京某公司人民币 800 万元后续分配价款的约定（见附件 6）。

该《合作协议书》也是申请人与被申请人建立在第 011×号裁决书的忠实履行基础上而签署的，但是，令人遗憾的是被申请人及北京某公司均背离了这一基础，被申请人后续的行为违反了双方《合作协议书》的基本约定。

争议要点：

如上所述，目前产生一系列争议的根源是中国国际经济贸易仲裁委员会（北京）第［2000］贸仲裁字第 011×号裁决书没有得到应有的尊重与遵守。

2009 年 9 月 15 日《合作协议书》签署后，申请人于 2009 年 10 月 8 日，提前已将香港公司的全部股权以及香港公司和北京某房地产开发有限公司的印章、证照、土地使用证、财务账册以及其他文件和财物移交给被申请人（见附件 7），据此被申请人已经完成香港公司的股权受让，并已实际掌控了北京某房地产公司。

但是，被申请人并未按照双方 2009.9.15《合作协议书》约定的股权转让款的付款时间及付款方式向申请人支付款项，而是仅分别支付了 500 万元、700 万元。对双方协议书约定的应向申请人支付的用于收购合作公司中方股东（北京某公司）的 800 万元款项，被申请人违反合同约定迟迟不予支付。

而且，被申请人绕开申请人，违背 2009.9.15《合作协议书》条款约定，利用已取得的香港公司股东身份以及对北京某房地产公司的实际掌控，单方面与合作公司中方股东接触洽谈，协商中方股权的处置方案（见附件 8），并于 2010 年 7 月 1 日向合营公司的中方股东北京某公司出具股权转让确认书（见附件 9），此后，北京某房地产公司根据该确认书开始办理股权变更手续。所以，至此时，被申请人已经在事实上实现了 2009.9.15《合作协议书》确定的受让、受领权益，被申请人应当即时向申请人支付股权转让款的剩余款项：人民币 3500 万元，但时至今日，被申请人经申请人多次催款，均未履行付款义务。

仲裁请求：

1. 两被申请人连带向申请人支付股权转让金 3500 万元人民币；

2. 两被申请人连带向申请人支付延期付款的违约金 33 705 万元人民币（自 2010 年 10 月 2 日起计算至 2015 年 7 月 16 日，其中 2010 年 10 月 2 日—2011 年 5 月 1 日，按日万分之三计算；2011 年 5 月 2 日—2015 年 7 月 16 日，按日万分之六计算）；

3. 将三立电气（中国）有限公司股权转移登记至申请人名下；

4. 将乡村俱乐部会员证、钓鱼台国宾馆会员证转移登记至申请人名下；

5. 两被申请人共同承担本案仲裁费。

仲裁请求所依据的事实和理由：

1. 依据前述的案件事实，申请人对香港公司所持有的股权转让合法有效，同时依据中国国际经济贸易仲裁委员会（北京）第［2000］贸仲裁字第 011×号裁决书以及 2005 年 7 月 14 日香港公司法定代表人陈某先生与北京某公司签订的《协议书》，申请人完全具备对北京某房地产公司的财产及权益的处置权，2009 年 9 月 15 日申请人与被申请人签署的《合作协议书》完全合法有效，该协议是申请人与被申请人双方真实意思的表示，该协议书不仅对申请人及被申请人双方当事人具有法律拘束力，依据《中华人民共和国合同法》第 402 条之规定，对作为委托人的北京某公司也具有法律拘束力。

2. 2009.9.15《合作协议书》实质上是股权转让协议，其股权转让的标的包括三个部分，分别是申请人所持有的香港公司的 100%股权、香港公司在北京某房地产公司所持有的 62%股权份额以及香港公司有权处置的北京某房地产公司中方合作方的股权。上述股权转让标的项下同时包括了转让标的公司的各项权益，包括项目开发权益。因此双方约定的股权转让对价为人民币 5500 万元。在股权转让对价 5500 万元中，申请人与被申请人明确约定了申请人的股权及权益转让应得的价款为人民币 4700 万元，另对北京某房地产公司中方合作方股权转让价款的约定为人民币 800 万元。

3. 2009.9.15《合作协议书》签署后，申请人已依合同约定转让了香港公司的 100%股权，该股权转让的完成即同时实现了合同约定的被申请人对北京某房地产公司 62%股权份额的享有，且申请人向被申请人移交了合同约定的香港公司和北京某房地产开发有限公司的印章、证照、土地使用证、财务账册以及其他文件和财物等，并于 2010 年 1 月 26 日通知了北京某房地产公司中方合营公司，告知并协调了股权转让的相关关系，严格履行了合同义务（见附件 10）。但被申请人在该合同履行过程中存在着明显违约行为：

1）依据 2009.9.15《合作协议书》，被申请人应于协议签署之日起的 30 日内支付 1500 万元（其中 800 万元为合营公司中方股权转让金），且协议书明确约定该笔转让款"在香港接受"，但被申请人只支付了其中的 700 万元，用于给付合营公司中方股权转让款项的 800 万元并未按双方合同约定向申请人支付，而且该 800 万元款项被申请人也未直接向合营公司的中方支付，属明显的违约行为。该违约行为的直接后果是在客观上直接严重影响了申请人按合同约定协调合营公司中方的股权转让的办理手续。

2）按 2009.9.15《合作协议书》4.3 条约定："在出让方收到上述 800 万元股权转让金后，出让方与受让方共同合作，由受让方或其指定的中资公司以人民币 800 万元价格收购合营公司中方股东的全部股权；出让方应当负责协调受让方与合营公司中方股东的关系，使受让方或其指定的中资公司以 800 万元价格顺利合法完成上述股权转让的事宜。"一方面，被申请人非但未支付该 800 万元，另一方面，被申请人更是违反合同约定的由申请人"负责协调受让方与合营公司中方股东的关系"的约定，私自、单方面与北京某房地产公司中方合营公司接触、洽谈，并自己同意了中方合作方股权事项的处置：其一，被申请人在不履行支付应付的 800 万元的合同义务的前提下，于 2009 年 12 月 26 日向申请人发函，称："申请人陈某两周内应答复何时履行转让中方股份到其名下。若无答复，则在两周后主动代申请人陈某履行义务同中方直接谈判，直至完成股份转让。并表示中方股份转让费力争控制在 800 万元之内，超出由申请人陈某承担。"该行为不仅仅是单方面变更合同条款的行为，同时在法律上也是无效的民事行为。其二，2010 年 7 月 1 日被申请人以其已掌控的香港公司向合营公司的中方股东北京某公司作出同意其以 2000 万转让股权的确认书，该行为在法律效果上不仅仅是对 2009.9.15《合作协议书》的违背，是损害申请人合法利益的恶意行为，该行为也表明被申请人已放弃对合营公司的中方股东股权的直接受让，被申请人依法理应对该行为自己买单。至此，被申请人应按 2009.9.15《合作协议书》约定向申请人支付剩余股权转让款。

基于上述事实，申请人已经完成了将 2009.9.15《合作协议书》中约定的己方应转让的股权及相关权益交付给被申请人的合同义务，并依合同约定办理了相关变更手续。申请人对 2009.9.15《合作协议书》的履行既没有违约，亦没有过错。被申请人理应向申请人支付剩余转让款 3500 万元。

由于被申请人拒不履行《合作协议书》约定的付款义务，已经严重损害了申请人合法权益。申请人多次通过电话、律师函（见附件 11）等方式向被申请人催要《合作协议书》涉及的剩余 3500 万元股权转让款，一直未果，双方已不能通过协商方式解决双方之间争议，申请人特依法向贵会提起仲裁，请予支持。

此致
中国国际经济贸易仲裁委员会

申请人：陈某　陈某某
2015 年 7 月 16 日

● 证据目录

陈某、陈某某与冶某、新疆某实业（集团）有限公司仲裁案件证据目录

提供人：申请人

序号	名　称	证　明　对　象	页码
附件 1	陈某、陈某某香港居民身份证	申请人身份。	1-2
附件 2	授权委托书	代理关系。	3-10
附件 3	2009.9.15《合作协议书》	1. 仲裁管辖； 2. 股权转让的合同关系： 1）转让的价款及构成； 2）付款方式及期限； 3）迟延付款的违约责任； 4）其他相关合同约定等。	11-20

续表

序号	名 称	证 明 对 象	页码
附件4	中国国际经济贸易仲裁委员会（北京）第［2000］贸仲裁字第011×号裁决书	1. 香港公司在北京某房地产公司持有的股权份额； 2. 2009.9.15《合作协议书》签署及履行的基础事实。	21-29
附件5	2005.7.14《协议书》	申请人享有全权处置北京某房地产公司财产的权利事实。	30
附件6	北京某公司原法定代表人的情况说明	申请人与北京某公司进行了充分的协商，对方认同人民币800万元转让股权事实。	31-32
附件7	香港公司、北京某房地产开发有限公司的印章、证照、土地使用证、财务账册以及其他文件和财物移交资料	申请人履行2009.9.15《合作协议书》合同义务事实。	33-39
附件8	2009.12.26 被申请人函	被申请人单方面与合作公司中方股东接触、洽谈，协商中方股权的处置方案事实。	40-41
附件9	股权转让确认书、承诺书	1. 被申请人同意北京某公司股权处置方案； 2. 被申请人应支付剩余转让款的时间节点。	42-43
附件10	2010.1.26 致北京某公司薛总函	申请人协调北京某房产公司中方股权转让的事实。	44
附件11	2011.6.27，2014.3.16 律师函	申请人协商处理纠纷、催款事实。	45-51

● 证据材料一（附件4）

中国国际经济贸易仲裁委员会
裁 决 书

申请人：北京市某公司

地址：北京市崇文区崇外大街×××

法定代表人：邢某

仲裁代理人：北京市某律师事务所　张某、马某律师

被申请人：香港公司

地址：香港北角英皇道×××

法定代表人：陈某

仲裁代理人：某律师事务所　林某、王某律师

北京

2000 年 4 月××日

裁决书

[2000] 贸仲裁字第 011×号

中国国际经济贸易仲裁委员会（原名中国国际贸易促进委员会对外经济贸易仲裁委员会，以下简称仲裁委员会）根据申请人北京市某公司（以下简称申请人）与被申请人香港公司（以下简称被申请人）以及北京市某工业总公司建设开发公司于 1993 年 6 月 8 日签订的《北京某房地产开发有限公司合同书》中的仲裁条款和申请人向仲裁委员会提交的仲裁申请书，受理了上述合同项下的争议仲裁案。案件编号为 V9908×。

1999 年 5 月 6 日，仲裁委员会主任根据仲裁规则（1998 年 5 月 10 日起施行文本，以下简称仲裁规则）的规定指定的首席仲裁员王某与申请人选定的仲裁员尹某和被申请人选定的仲裁员李某组成仲裁庭，共同审理本案。后因尹某仲裁员公务繁忙，无法继续担任本案的仲裁员，申请人重新选定金某为仲裁员，替代尹某。金某与首席仲裁员王某和仲裁员李某继续审理本案。

本案的基本情况是：

申请人与被申请人以及北京市某工业总公司建设开发公司于 1993 年 6 月 8 日签订了《北京某房地产开发有限公司合同书》（以下简称合作合同）。合同中规定：在北京市崇文区崇外大街 68-76 号原北京市电子商场及周围 0.45 公顷的土地范围内开发建设，总建筑面积为 25 340 平方米，其中 A 楼 13 340 平方米，B 楼 12 000 平方米。合作公司投资总额为 2200 万美元，注册资本为 880 万美元。申请人出资 280 万美元作为注册资金，以土地地上物处理及"三通一平"折合美元投入；被申请人出资 600 万美元作为注册资金，以外汇现金形式投入。注册资金与投资总额的差额部分作为合作企业贷款，由申请人解决 386 万美元；被申请人解决 934 万美元。

1993 年 6 月 25 日，北京市对外经济贸易委员会批准了合作合同及章程。1993 年 7 月 24 日，合作公司领取了企业法人营业执照。

在履行合作合同的过程中，双方发生纠纷，经协商未果，申请人遂向仲裁委员会提起仲裁。

申请人的仲裁请求是：

1. 终止《北京某房地产开发有限公司合同书》，解散合作企业，依法进行清算；

2. 确认清算时的分配原则，申请人与被申请人按 47.40:52.60 的比例分配剩余资产；

3. 确认 A 楼增加面积折合人民币 1078.44 万元和超出合同约定多征的土地面积 1770 平方米归申请人；

4. 本案仲裁费用由被申请人承担。

仲裁庭审阅了申请人和被申请人分别提交的仲裁申请书、答辩书及其各自所附具的证据材料，并于 1999 年 8 月 16 日在北京对本案进行了第一次开庭审理。申请人和被申请人均派代表和仲裁代理人出庭，对本案事实作了口头陈述，进行了辩论，并回答了仲裁庭提出的问题。

开庭后，申请人和被申请人均向仲裁庭提交了书面补充意见和证据。

在本案仲裁程序进行的过程中，由于首席仲裁员王某教学任务繁忙，不能继续担任本案的首席仲裁员，故仲裁委员会主任根据仲裁规则的规定于 1999 年 10 月 12 日重新指定陆某替代王某担任本案的首席仲裁员。首席仲裁员陆某与仲裁员金某和李某继续审理本案。

仲裁庭审阅了申请人和被申请人分别提交的全部书面材料后，于 1999 年 11 月 24 日在北京对本案进行了第二次开庭审理。申请人和被申请人均派代表和仲裁代理人出席上述庭审，对本案事实再次作了口头陈述，对法律问题进行了辩论，并回答了仲裁庭提出的问题。

第二次开庭后，申请人和被申请人又分别向仲裁庭提交了书面补充材料。

2000年1月17日，仲裁庭对本案进行了第三次开庭审理。申请人和被申请人再次派代表和仲裁代理人出庭，对本案的有关问题作了进一步的陈述。仲裁庭在征得双方同意后，对本案进行了调解，庭上调解没有成功。双方表示回去以后继续进行和解工作。

鉴于本案双方正在进行和解，经仲裁庭申请，仲裁委员会秘书长于2000年1月19日决定将本案仲裁庭作出裁决书的期限延长至2000年5月6日。

仲裁庭于2000年3月30日在北京对本案进行了第四次开庭审理。申请人和被申请人均派代表和仲裁代理人出庭。经双方同意，仲裁庭再次对本案进行了调解。在仲裁庭的主持下，双方当庭达成和解协议，该协议的主文如下：

本协议由北京市某公司（以下简称"甲方"）与香港公司（以下简称"乙方"）于2000年3月30日在北京订立。

鉴于甲方是中国国际经济贸易仲裁委员会 V9908×号仲裁案的申请人，乙方是前述案的被申请人；

鉴于在 V9908×号案仲裁庭的调解之下，甲乙双方进行了富有成效的和解谈判；

鉴于甲乙双方目前均认为以和解方式解决双方现在所有的争议是最好的办法，为此，甲乙双方达成如下一致意见：

1. 甲乙双方同意提前终止合作公司，甲乙双方应为此指令各自在合作公司的董事依据合作公司的合同、章程的有关规定完成相关的合作公司的权益转让及其他手续。

2. 甲方应当负责办理合作公司终止的所有法律手续，乙方应当配合。

3. 自合作公司董事会决定终止合作公司之日开始，甲乙双方应当指派至少一名人士共同负责协助处理合作公司终止后的日常事务。

4. 合作公司董事会决定终止合作公司之后，应当由乙方全面负责合作公司终止后合作公司所有财产的各项处置事务，甲方应当为此提供所有需要的协助和支持。

5. 甲乙双方将共同努力最大限度地收回合作公司的财产和权益（包

括但不限于现扣留于北京市房地产管理局的土地出让金的滞纳金、合作公司 A 楼拍卖款、拟建的 B 楼 4050 平方米的土地及其他财产权益等）。

6. 在合作公司实际收回第五条款项后，在每项款项实际收回 15 日内，甲方将按 30%的比例提取。甲方同意，甲方从合作公司剩余财产中所提取的利益的总额不超过一千万元（10 000 000.00）人民币。

7. 甲方同意在其收到总额一千万元人民币之后仍应向乙方或合作公司提供一切必要的协助以支持乙方最大限度地回收合作公司所可能获得的一切资产和/或财产权益。

8. 如果由于任何一方的原因致使合作公司不能顺利收回合作公司的资产和/或财产权益，均应当为此承担相应的法律责任。

9. 甲方同意，在其从合作公司收取一千万元人民币之后，乙方将独自拥有合作公司的其他资产和/或财产权益。鉴于合作企业终止后，甲方保证在依据本协议获得相关权益后不再以任何形式或基于前后发生的任何事实向乙方追索任何权益。

10. 甲乙双方在依据本协议行使各自权利和义务时所发生的款项及其他费用应当各自承担。

11. 为最大限度地使合作公司的各种各项资产兑现，甲乙双方承诺将相互给予最有效的支持；同时，由此而发生的各种各项费用应当首先从合作公司现有的存款中支付。甲乙双方为此而垫付的费用，如确为合理的实际发生的，亦应当从合作公司后续收回的现金中支付。

12. 甲乙双方同意由仲裁庭确定 V9908× 号仲裁案费用的各自应承担比例。

13. 甲乙双方同意将向对方如实提供各自所持有的与合作公司相关的各种各项文件档案。

14. 本协议甲乙双方授权代表或法定代表签署后生效。因本协议而发生的任何纠纷应提交中国国际经济贸易仲裁委员会依据该会的仲裁规则予以解决。

15. 本协议一式 3 份，甲乙双方各执 1 份，第 3 份交由中国国际经济贸易仲裁委员会存档备案。

甲方：北京市某公司

代表：（签字）

（授权委托书附后）

乙方：香港公司

代表：（签字）

（授权委托书附后）

二〇〇〇年三月三十日于北京

根据仲裁委员会仲裁规则第四十九条的规定以及双方的上述和解协议，仲裁庭作出裁决如下：

1. 确认申请人和被申请人于 2000 年 3 月 30 日签订的和解协议书合法有效，申请人和被申请人均应遵照执行。

2. 本案仲裁费为人民币 499 536 元，由申请人承担 50%，即人民币 249 768 元；由被申请人承担 50%，即人民币 249 768 元。申请人已向仲裁委员会预交人民币 499 536 元，与本案仲裁费全部冲抵。故被申请人还应向申请人支付由申请人为其垫付的人民币 249 768 元。

本裁决为终局裁决。

首席仲裁员：陆某

仲 裁 员：金某

仲 裁 员：李某

二〇〇〇年四月××日于北京

● 证据材料二（附件5）

协 议 书

2005 年 7 月 14 日，北京某房地产开发有限公司（以下简称"合作公司"）的股东北京市某公司（以下简称"甲方"）、香港三立电器有限公司（以下简称"乙方"），根据双方于 2000 年 3 月 30 日在北京订立的《和解协议》，经平等友好协商，一致同意做出如下决定：

1. 同意并授权乙方自前述之日起全权负责处置与合作公司相关的所有财产的工作。

2. 本协议经双方签字并自 2005 年 7 月 14 日起生效，至本协议所约定事项完成之日终止。

3. 本协议一式两份，双方各执一份，具有同等效力。

甲方：北京市某公司　　　　　乙方：香港公司

法人代表：邢某　　　　　　　法人代表：陈某

2005 年 7 月 14 日　　　　　　2005 年 7 月 14 日

● 证据材料三（附件6）

情 况 说 明

2007 年在我任职北京某公司经理（法定代表）期间，多次与香港××公司董事长陈某先生通过面谈、电话和 Email 洽谈我方在北京某房地产开发有限公司股权转让中的股价金额问题，因 2000 年国际仲裁委员会仲裁裁定书，裁定我公司享有 500 万权益。我公司认为从 2000 年又经过了七八年的时间，500 万的权益价值不行了，应依时间的推移提高。最后于 2009 年年初，我和陈某约定，最终达成为中方股权作价为 800 万元向第三方转让。此价格当时也曾向上级单位某电子集团领导请示，并经领导同意。

特此说明。

田某

2011 年 6 月 15 日

● 证据材料四（附件7）

印章封存协议

甲方：陈某

乙方：冶某

经双方协商，为了保证双方更好地履行合同，保证过渡期间印章的合理使用，双方同意就北京某房地产开发有限公司公章和财务章两枚（下称"该印章"）封存事宜达成以下一致：

一、印章封存

甲乙双方同意将印章进行封存，由甲乙双方授权代表当面签字封存，并交由北京市某律师事务所张某律师保管。

二、封存期限

从2009年9月25日至2009年10月31日，封存期限届满之日，甲方同意将该印章移交给乙方，由乙方负责使用处理。如双方协商同意可以调整封存期限，如发生合作协议终止，该印章由甲方取回，所有印章、移交、取回、使用均需双方到场。

三、印章使用

根据项目的进展需要，在封存期间，如需使用该印章，须由甲乙双方第四条指定的授权代表，同时到场，当场开封使用，具体使用用途由双方协商，使用后由双方当场签字封存，使用过程由保管人见证。

四、双方指定代表

甲方指定授权代表：陆某

乙方指定授权代表：张某

五、甲方应对该印章封存该印章所产生的一切行为和责任负责。保管人对该印章的使用所产生的一切行为和责任不负任何责任，双方任何一方不得对保管人提出任何主张和索赔。

六、违约责任

双方应在实际履行本协议，因任何一方不当行为给对方造成损失，应赔偿相应损失。

七、本协议自双方签字之日起生效。本协议一式六份，甲方两份，乙方三份，见证人一份。

甲方：陈某　　　　　　　　　　乙方：冶某

授权代表：陆某　　　　　　　　授权代表：张某

见证人：林某

2009年9月25日

北京某房地产开发有限公司移交清单

一、营业执照原件正本（注册号 110000410054883）

二、企业法人营业执照副本（2-1、2-2）

三、国有土地使用证（市崇中外国用［93］字第 00051 号）

移交人：陈某　　　　　　　接收人：张某

见证人：林某

2009 年 9 月 25 日

收　条

今收到北京市规划委员会规划意见书（A 类）原件一份。

文件名：2004 规意字 013×号，发件日期：2004 年 2 月 10 日。

接收人：张某

2009 年 9 月 29 日

北京某房地产开发有限公司财务账册移交清单

1. 2000 年度总分类账、现金日记账、银行日记账、明细账各一册，共四册。

2. 2001 年度总分类账、现金日记账、银行日记账、明细账各一册，共四册。

3. 2002 年度总分类账、现金日记账、银行日记账、明细账各一册，共四册。

4. 2003 年度总分类账、现金日记账、银行日记账、明细账各一册，共四册。

5. 2004 年度总分类账、现金日记账、银行日记账、明细账各一册，共四册。

6. 2005 年度总分类账、现金日记账、银行日记账、明细账各一册，共三册。

7. 2006 年度总分类账一册，现金日记账、银行日记账、明细账一册，共二册。

8. 2007 年度会计账簿一册。

9. 2008 年度会计账簿一册。

移交人：陆某　　　　　　接收人：张某

交接日期：2009 年 9 月 29 日

北京某房地产开发有限公司文件移交清单

一、项目批复文件：

1. "关于合作成立北京某房地产开发有限公司项目建议书的批复"。

原件一份（京计基字［1993］第 463 号）。

2. "关于北京某房地产开发有限公司可行性研究报告的批复"。

原件一份（京计基字［1993］第 0809 号）。

3. "关于合作企业北京某房地产开发有限公司合同章程及董事会组成的批复"。

复印件一份〔(93) 京经贸［资］字第 932 号〕。

二、批准证书复印件一份（外经贸京作字［1993］123 号）。

三、组织机构代码证书正、副本原件各一份（证书号：10149834-6）。

四、税务登记证正、副本原件各一份（号码：110103101498346）。

五、外汇登记证原件一份（号码：93030491759）。

六、财政登记证正、副本原件各一份（号码：1101030207）。

七、国有土地出让合同复印件一份〔京房地出让［合］字（93）第 286 号〕。

八、2008 年度年检报告书打印件一份。

九、审计报告原件 12 份（1994、1996、1997、1998、1999、2000、2001、2002、2003、2005、2007、2008 年度）。

十、验资报告原件一份。

十一、公司对外合同：

1. 租赁合约原件二份（国宾大厦 803 室）；

2. 建设工程设计合同原件一份；

3. 北京崇文门综合楼设计合同原件一份。

移交人：陆某　　　　　　　　　　接收人：张某

交接日期：2009 年 9 月 29 日

关于印章使用的备忘

一、见证人对甲乙双方于 2009 年 11 月 5 日使用印章的行为进行了见证，同时三方确认：

1. 封存的印章完好；

2. 开封后，使用印章办理在交通银行开户等事宜；

3. 盖章后又将印章封存完好。

二、见证人只是对印章的使用进行了见证，因使用该印章所产生的一切行为和责任与见证人无关。

三、本备忘自双方签字之日起生效。本备忘一式三份，甲方、乙方、见证人各执一份，具同等法律效力。

四、本备忘由双方于 2009 年 11 月 5 日在北京签订。

甲方：陈某　　　　　　　　　　　乙方：冶某

授权代表：陆某　　　　　　　　　授权代表：张某

见证人律师：魏某

●证据材料五（附件 8）

新疆某实业集团

新南实字［2009］第 27 号　　　　　　　签发：冶某

尊敬的陈某先生：

您好！

2009 年 12 月 4 日在北京香港马会，冶某先生代表我方与您就中方股份转让事宜进行了友好地商谈。您向冶先生表示：将在两周内（即 2009 年 12 月 18 日前）完成与中方的谈判，并达成一致意见。现在时间已过去将近四周，我方一直等待着您的正面答复。

贵方在合同谈判过程中反复强调已获得中方的代为转让股份的授权委托书，只要合同签订后，我方将资金准备好，可以随时转让中方股份。在此前提下，2009年9月15日，贵我双方签订了项目合作协议，约定贵方最主要的义务就是将北京某房地产开发有限公司100%股份转让到我方名下。2009年9月21日我方支付第一笔款项人民币500万元到贵方指定账户。2009年10月9日，我方支付第二笔款项人民币700万元到贵方指定账户。自第一笔款项支付之日起至今已经三个多月了，而中方股份转让的事情不仅没有落实，反倒没有任何进展，这种局面令我方感到十分失望。

我方已投入大量资金却寸步难行，除了承担巨大的资金压力，还要面临着项目的不确定性的风险、错过良好的开发时机的风险、开发费用和拆迁费用的增加、利润空间的减少，甚至政府收回土地的风险等。

据《中国国际经济贸易仲裁委员会裁决书》，中方理应配合港方工作，如果由于任何一方的原因致使合作公司不能顺利收回公司的资产和财产权益，均应当为此承担相应的法律责任。据此，我方建议贵方采取法律手段办理此事。并请您在两周内书面明确答复我方何时能够转让中方股份到我方名下。如无明确的答复，两周后我方将代为履行贵方义务同中方直接谈判，谈判不成将正式启动法律程序，直至处理完毕此事，彻底完成股份转让。在谈判中我方将尽量压低中方股份转让的费用，将该费用控制在800万元之内，但如果该费用确实超出800万元，该超出部分由贵方承担。

合作中难免遇到困难，但我方依然希望通过努力共同解决问题并合作友好顺利地进行下去。

顺颂商祺！

新疆某实业（集团）有限责任公司
冶某
2009年12月26日

● 证据材料六（附件9）

股权转让确认书

北京市某公司：

　　我公司作为北京市某房地产开发有限公司的控股股东，考虑到贵公司的切身利益和实际现状，本着与人为善的精神，同意贵公司将在北京市某房地产开发有限公司所有权益转让于北京某装饰工程有限公司，特此确认。

香港公司
2010 年 7 月 1 日

承 诺 书

　　本人向李某承诺：以 427 万元人民币购买北京某装饰工程有限公司在北京某房地产开发有限公司的 6.82%股份。如果该股份转让给香港公司，由香港公司支付转让款，如果该股份转让给本人或香港公司的实际股东，由该受让人支付转让款。该股权转让款在工商变更登记后 3 个月内支付，无须支付利息。

　　若超过 3 个月，按照 5%月利率支付利息，在一年内付清。

　　　　承诺人：冶某
　　　　见证人：袁某

2010 年 11 月 11 日

● 证据材料七（附件10）

2010 年 1 月 26 日

致：薛总/北京某公司
　　并送某集团韩某总经理及田某先生
自：陈某/香港公司
薛总：您好！
　　首先再次恭贺薛总荣升北京公司总经理！

1月18日上午，我们进行了富有成效的会谈。本人对贵公司尊重并遵守国际仲裁裁决以及尊重历史的立场深表敬意！同时，我们也对以您为领导的贵公司继续遵守既往的承诺表示由衷的敬意！

　　根据仲裁裁决，为了达成合作公司利益的最大化，我们双方选择（实际上是唯一可行的方案）以转让合作公司各方全部股权来终止合作公司，并且获得了贵公司的授权。几年来为了继续履行仲裁裁决中的义务，实现合作公司利益的最大化，我们公司积极寻找接手合作公司的合作者。在与多家境内外及各类企业进行过多轮协商谈判之后，我们终于与来自新疆的一家地产公司达成了共识，该公司接受我们的条件，同意以5500万元的价格（我们对此价格的真实性承担法律责任）收购合作公司中外股东的全部股权来获取合作公司的剩余资产，有关股权转让的文件早已准备好，并于两个多月前送交贵公司，此后我本人还当面向某集团韩某总经理、田某先生说明了情况，并要求贵公司尽快答复。

　　为抓住此次商机，我们再次向您送交相关股权转让文件，请贵公司尽快提出意见。这个股权转让协议是完全按照以往我们双方达成的股权转让协定和共识为基础起草的，其中最为重要的是股权转让金的第一笔800万元的款项将首先由受让方直接支付给贵公司，以完全照顾及保障贵公司的全部剩余利益。

　　根据在国际仲裁裁决中的和解协议，我们双方应当互相配合、支持，最大限度地实现合作公司的价值。为此，请贵公司及时书面回复确认有关文件，以顺利完成本次股权转让。

　　目前由于国际金融危机和国家宏观政策调整，国内地产形势复杂多变。而且，此次与新疆地产公司的合作也是经过多番努力方才实现，实属不易，请贵公司珍惜本次难得机会。

　　附上股权转让协议书一份，有关具体条件和我们的权利义务均明列其中，请予支持为盼！

　　我们期待着贵公司的及时回复。

　　敬礼！

香港公司
陈某

● 证据材料八（附件 11）

协商解决争议通知书

致：冶某先生　新疆某实业（集团）有限公司
　　中国新疆维吾尔自治区乌鲁木齐市×××
自：北京市某律师事务所林某律师
尊敬的冶某先生并新疆某实业（集团）有限公司：

受陈某先生和陈某某先生委托，北京市某律师事务所林某律师就冶某先生并新疆某实业（集团）有限公司至今未能如约履行各方之间于 2009 年 9 月 15 日签订的《合作协议书》一事，现书面协商解决争议如下：

经查，《合作协议书》第 10.1 条规定：本协议经各方签署后，自受让方按本协议第 4.2 条规定完成付款之日起生效。《合作协议书》第 4.2 条规定：在本协议签署之日起 7 日内，受让方应当向出让方支付股权转让金人民币 500 万元，由受让方直接汇入甲方书面指定的账户并归属甲方所有，在本协议签署之日起三十（30）日内支付 1500 万元。《合作协议书》第 4.5 条规定：非因不可抗力，受让方的付款不应以任何理由延迟。

事实上，我的委托人只是在 2009 年 9 月和 10 月收到冶某先生并新疆某实业（集团）有限公司（以下简称"贵方"）付款合计 1200 万元，贵方一直没有按照协议规定付清合同生效所必备的 2000 万元，尚欠 800 万元。时到本函出具之日，贵方仍未支付。

2009 年 9 月，我的委托人为表示自己的诚意，在贵方没有完成付款义务的情况下，向贵方提供了北京某房地产开发有限公司的公司印章、营业执照、土地使用证、财务账册以及其他公司文件。但是，贵方在实际控制香港公司和北京某房地产开发有限公司期间，未经我方同意，私自处置了公司股东权益。这是严重的侵权行为。

我的委托人出于诚意提前将香港公司股权和北京某房地产开发有限公司的实际控制权交付给贵方。贵方得到实际控制权后本应当按照诚实信用原则将应付之款项及时清结，遗憾的是贵方至今只支付了 1200 万

115

元，尚欠4300万元。

贵方拒不付款并私自处置股东权益之行为已严重损害了我的委托人的利益，并且造成了严重损失。为保护委托人的合法权益，本律师受权特此请贵方在收到本函之日起十日内，实际完成如下义务：

1. 付清协议生效所需的欠款800万元；

2. 付清其余股权转让金3500万元；

3. 另行赔偿损失1200万元。

如果在本函发出20日后贵方没有完成上述付款事宜，本律师将受权采取法律措施，以维护委托人的合法权益。

本律师特别提示，贵方及贵方委托的人士所获得香港公司股权以及北京某房地产开发有限公司权益所依据的是一个尚未生效的协议。在未得到我的委托人书面同意之前，贵方应当保护上述二家公司权益不发生变化。否则，受中国大陆法律和中国香港法律所辖而产生的一切不利（法律）后果及责任全部由贵方承担。

我们恭候贵方的及时书面回复。

顺祝商祺！

北京市某师事务所

律师：林某

2011年6月27日

抄送：陈某、陈某某

备注：1. 本书面通知将以快递方式送达

2. 本函备查文号：GNW-香港-仲裁-商函001#-110621

回　函

林某律师：

来函收悉，贵方要求协商解决，我们没有意见，依法应当履行的义务我们会履行，该由陈某、陈某某履行的，两位先生也应履行，由于两位先生没有将某公司中方股权转到我方，导致项目开发无法进行，有关协商的方式、参加人员、地点请贵方提出，欢迎贵方来新疆协商。

  致礼

新疆某房地产开发有限公司

冶某

2011 年 7 月 5 日

北京市某律师事务所
律师函

G&W 民商 XSZ［2014］0306 号

冶某先生、新疆某实业（集团）有限责任公司：

  北京市某律师事务所接受陈某、陈某某先生的委托，指派许某律师就陈某、陈某某先生与冶某先生、新疆某实业（集团）有限责任公司的香港公司股权出让及北京某房地产开发有限公司权益的后继事宜致函冶某先生及贵公司。

  本律师查阅了你们双方签署的《合作协议书》及与合作协议相关内容交接有关文件、香港公司的注册登记资料等相关文件，确信新疆某实业（集团）有限责任公司、冶某先生已经实际取得了香港公司及北京某房地产开发有限公司的控制权。

  本律师查阅了香港公司出具的《股权转让确认书》、冶某先生出具的《承诺书》、北京某房地产开发有限公司的中方股东与北京某装饰工程有限公司签订的《股权转让协议》等相关文件，确信新疆某实业（集团）有限责任公司、冶某先生实际指定的人员控制香港公司后，同意北京某房地产开发有限公司的中方股东出让其股权给北京某装饰工程有限公司、放弃优先购买权，事先并未告知陈某、陈某某先生，有关履约事宜也未与陈某、陈某某先生协商。

  鉴于新疆某实业（集团）有限责任公司、冶某先生至今未按《合作协议书》约定支付陈某、陈某某先生的余款（尚应支付合同约定款项人民币 4300 万元整），故本律师致函新疆某实业（集团）有限责任公司、冶某先生，书面协商处理款项支付及违约责任分担、《合作协议书》2.8 条相关权益处置等相关事宜。

本律师希望双方能够通过协商，妥善地解决争议，并请贵方确定协商的方式及协商的时间。本律师诚挚地欢迎贵方来京协商。

顺祝商祺！

北京市某律师事务所
许某律师
2014 年 3 月 16 日

本函抄送：陈某、陈某某先生

【被申请人答辩书】

答 辩 书

答辩人：新疆某实业（集团）有限责任公司，住所地新疆维吾尔自治区乌鲁木齐市×××。

法定代表人：冶某，公司董事长。

答辩人：冶某，男，回族，1953 年 12 月 24 日出生，住址新疆乌鲁木齐市×××，系新疆某实业（集团）有限责任公司董事长。

兹就陈某、陈某某申请仲裁与我方合作协议纠纷一案答辩如下：

一、中国国际经济贸易仲裁委员会［2000］贸仲裁字第 011× 号裁决书与我方无关，我方与申请人签署《合作协议书》系双方平等协商的结果，不可能如申请人所述是建立在第 011× 号裁决书的忠实履行基础上，我方只按照《合作协议书》的约定履行自己的义务；协商过程中申请人口称有北京某公司的委托书，到签署合同时也未出示过，申请人所举委托书的内容为资产处置，申请人以 2000 年的裁决书及某公司的书证作为其要求我方付款的依据，显然是不对的。裁决书是就香港公司作为北京某房地产开发有限公司（简称某房产公司）的股东与北京某公司的争议作出的，申请人与我方的协议并未约束北京某公司，只是确定申请人的合同义务是负责协调将北京某公司持有的某房产公司股权以 800 万元转让给我方，至于申请人与北京某公司如何协商的、北京某公司又是如何做的概与我方无关，不能成为要求我方付款的依据；再者，申请人所称委托书是否属于授权办理股权转让或包含股权转让的内容,是由申请人与北京某公司双方确定,我方对此无权发表任何意见,只看申请人承诺转让北京某公司的股权是否办到。

二、《合作协议书》约定:股权转让金 5500 万元,协议签署之日起 7 日内我方支付申请人 500 万元,30 日内我方支付 1500 万元,其中 800 万元支付北京某公司,申请人收到 1200 万元时转让香港公司全部股权,申请人负责协调北京某公司持有的某房产公司股权转让我方后,我方支付 3500 万元;协议签署后,我方依申请人指定函支付申请人 500 万元、700 万元两笔股权转让金,申请人向我方办理了香港公司股权变更,移交了香港公司证照、印章和某房产公司证照、印章,但在约定的期限直至今日,也未将某房产公司持有的股权转让至我方,因付款条件不具备,我方未再支付剩余款项。

三、申请人称我方违约的事实均不能成立:其一,800 万元款是特定支付给北京某公司的,协议约定的一个月内申请人未做到股权转让给我方,超过期限至今也未做到,申请人也出具不了付款指定,我方如何付款?其二,申请人自认是北京某公司的受托人,那就更清楚了,申请人认为北京某公司违约未转让股权,申请人应当与北京某公司理论,不应当与我方在仲裁庭理论北京某公司是否委托、是否违约;其三,我方 2009 年 12 月 26 日的函系催促申请人履行义务,同时告知拟直接商谈亦是针对申请人怠于履行合同义务,函的内容符合合同法的规定;其四,香港公司于 2010 年 7 月 1 日向北京某公司出具同意转让股权的函是在申请人逾期半年之后,我方已实际持有香港公司的全部股权,依照公司法规定,有限责任公司股东向股东外的人转让股权,股东有优先权,不同意转让则必须以通知的转让价款支付,我方不同意支付北京某公司 2000 万元,故出具同意北京某公司转让股权的函完全符合公司法的规定,亦是申请人在约定的履行期内不履行合同义务所导致,[2012] 中国贸仲京裁字第 017× 号裁决书对此已做了明确的认定。

综上所述,申请人违反合同约定不能全面履行合同义务,要求支付 3500 万元的付款条件不具备,在此问题上申请人应该积极履行,不应重复采取绕口令的方法回避义务的履行;申请人的仲裁请求不能成立,请予驳回。
此致
中国国际经济贸易仲裁委员会

答辩人：新疆某实业（集团）有限责任公司

答辩人：冶某

2016 年 4 月 18 日

【仲裁代理意见书】

申请人代理人
关于陈某、陈某某诉冶某、新疆某实业（集团）有限公司股权转让纠纷仲裁案的代理意见书

尊敬的首席仲裁员、仲裁员：

江苏某律师事务所接受陈某、陈某某诉冶某、新疆某实业（集团）有限公司股权转让纠纷仲裁案的申请人方的委托，指派我作为申请人的仲裁代理人参加本案的仲裁活动。下面本代理人就本案的争议焦点的事实认定及法律适用发表以下几方面代理意见，恳请仲裁庭予以充分考虑，谢谢！

一、本案争议最核心的焦点是：申请人主张的股权转让余款本金 3500 万是否应当支付？本代理人认为，该 3500 万股权转让余款应当支付，且支付的时间节点的起始点为 2010 年 7 月 2 日。理由如下：

申请人与被申请人 2009.9.15《合作协议》4.4 条款约定了三个支付条件，即：在被申请人受让香港公司 100%股权、被申请人受让北京某房地产公司（合营公司）的中方股权、办理公司证照等文件交接的同时支付 3500 万元。

上述条件中的第一个条件、第三个条件在双方 2009.9.15《合作协议》签署后不久均已实现。关于第二个条件被申请人受让合营公司的中方股权已实际成就。

1. 被申请人未按 2009.9.15《合作协议》的约定，在 2009 年 10 月 15

日前支付 800 万元收购中方股权专用款予申请人，该违约行为在客观上影响了被申请人受让合营公司的中方股权的条件成就。

申请人与被申请人 2009.9.15《合作协议》约定的合营公司的中方股权的受让价格为 800 万元，且约定该 800 万元应于《合作协议》签署之日起的 30 日内支付与申请人（协议 4.2、4.3），专款用于收购合营公司的中方股权。但是，被申请人违约对于该 800 万元一直未予支付。

2. 被申请人《合作协议》履行过程中，单方面变更了被申请人受让合营公司的中方股权的条件成就的方式。

申请人与被申请人 2009.9.15《合作协议》4.3 条款明确约定：在出让方（即申请人）收到上述 800 万元用于收购合营公司的中方股权专用款后，是由"出让方与受让方（即被申请人）"共同合作，来完成被申请人对合营公司的中方股权的受让。且该条款明确约定了申请人在这种共同合作中的责任是"负责协调被申请人与合营公司的中方股东的关系"，以便顺利完成上述中方股权的收购事宜。因此，从双方《合作协议》对合营公司的中方股权的收购事项的意思表示内容看，我们至少可以确认以下事实：

1）合营公司的中方股权受让事项的完成，不是申请人单方的合同义务，该义务的完成是申请人与被申请人"共同"作为，申请人的义务表述为：协调合营公司中方股东的关系。

2）"共同合作"的前提是被申请人应于 2009 年 10 月 15 前支付 800 万元收购中方股权专用款与申请人，对该款的支付也是申请人负责协调中方股东关系的基础。

但是，被申请人 2009 年 12 月 26 日发与申请人陈某的函件，从内容上看足以表明，被申请人已自愿把双方的"共同合作"完成中方股权受让的方式变更为：其单方面完成该中方股权的受让，只是对超出 800 万元的受让款项部分要求申请人承担。

3. 被申请人于 2010 年 7 月 1 日以香港公司名义向合营公司中方股东发函确认其股权转让予北京某装饰公司，并于 2010 年 11 月 11 日作出以 427 万元回购北京某装饰公司李某在合营公司的 6.82%股份的行为，实质上应当视为被申请人以自己的实际行为放弃了以 800 万元受让合营公司的中方股权。

同时，该行为对于申请人而言，应当进一步认定为：被申请人以

自己的行为阻却了申请人与被申请人约定的被申请人受让合营公司的中方股权的条件成就。理由非常简单，申请人依约将香港公司的全部股权转让予被申请人后，申请人就失去了对合营公司的实际控制，被申请人应当忠实维护申请人对合营公司的中方股东的权益主张（该权益主张已被［2000］年贸仲裁字011×号裁决书予以确定），但被申请人为了自己不当的利益，不当地行使了股东权利，对被申请人的实际权益造成损害。

因此，被申请人《合作协议》履行过程中，不仅单方面变更了被申请人受让合营公司的中方股权的条件成就的方式与内容，而且以违约行为实际阻却了该条件的成就，依据《合同法》第45条之规定，属于当事人为自己的利益不正当地阻止条件成就的，视为条件已成就。

二、关于违约金计算的依据及数额，本代理人认为申请人主张符合双方的合同约定。

依据申请人与被申请人2009.9.15《合作协议》4.5项的约定了违约责任的违约金计算方法，申请人自2010年10月2日（给了三个月宽限期）始计算，至2011年5月1日止按日万分之三计算，为220.5万元，自2011年5月2日始，至2016年7月1日止，为3958.5万元，合计违约金数额为4179万元（详见申请人增加违约金数额的申请书）。

此致
仲裁庭

申请人仲裁代理人：
江苏某律师事务所律师　杨某
2016年7月1日

【申请人庭审发言】

申请人陈某书面发言

尊敬的庭上诸位仲裁员：

本案的最初起因是25年前，北京市人民政府赴港招商引资，当时属于我的香港公司响应政府，以一千多万美元投入到北京市人民政府介绍的房地产项目。

令人遗憾的是，当时负责该项目实际运营的中方，以党委书记岳某为首的高管层集体贪污，致使香港公司的几乎所有投入不知去向，虽然后来中方高管层集体获刑，但项目公司却因中方合作者的种种违约违法行径而陷于瘫痪。

16年前，根据中国法律和中外合作合同，特别是第三方的审计报告，贵仲裁庭主持了公道，实际上将项目保护性地判给了没有任何过错过失的香港公司，而仅给违约违法的中方留下总数不得超过1000万元的权益，同时，有香港公司负责项目的实际操作。

此后，在实际操作中，香港公司按仲裁的规定，向中方支付了500万元，并且在项目卖给新疆某集团、冶某方（以下简称"新冶方"）之前，由于中方的请求，香港公司十分仁道地同意将中方剩余的500万元权益提升到800万元。

近7年前，我方依据仲裁裁决，在实际操作中与新冶方合作，以转让香港公司股权的方式转让合作项目并以5500万元成交。

到了协议执行时新冶方又出问题了。在按双方协议规定支付转让款时，新冶方并未向我方支付预备给原来中方合作者的800万元。出于对新冶方的信任，出于对原中方合作者新领导的信任，出于对原仲裁裁决的信任，我方在人家只给了1200万元的情况下，便将香港公司股东权益实际上全部交给了新冶方！

令人深深遗憾的是，其余的钱新冶方在实际收到、占有、控制、行使香港公司股东权益的情况下，却以种种理由拖了近7年分文不给！

我实在看不出新冶方长期拖欠转让款的道理在何处！我虽不懂法但知道公理，知道做人做事要守信的契约精神。以下是我作为直接当事人所认识的事实和道理讲出来供庭上考虑、评判：

只要对香港公司投资这个项目的历史稍有了解的人都清楚本人是个厚道守法的商人，在执行我方与新冶方的合作协议上，我方是诚心诚意的，同时也因为冶某先生本人的穆斯林宗教信仰背景，使我方陡增对合作方的信任。因此，我方在对我方掌握的权益和相关文件的移交过程中毫无保留，甚至是早于协议约定进行各种转移，但始料未及的是，在对方从我方获得香港公司的掌控权和实际上掌控"北京某公司"（以下称"项目公司"）后竟开始偏离"协议"行事，先是违约拒不向我方支付由我方支付给中方的 800 万元，导致我方百般无奈"赤手空拳"去协调中方关系，没有拿到钱的中方自然不给鼻子不给脸！后来在我方硬着头皮正在与中方协调的过程中，新冶方却突然通过函件的形式再一次单方面违背"协议"剥夺了我方的协调权（责任），说是要自己与中方谈。按理说：剥夺我方的协调权是对方单方面的违约行为，是新冶方以实际行动放弃了协调原中方合作者的条件，这与我方无关，责任应该由对方自己承担。在我方的责任已经无事可做或无事该做的情况下，付款的条件应该已经成就了，但对方却置之不理。近 7 年过去了，此间每当我方追要款项，对方总是强调他们内部的问题，冶某先生一会儿说他们准备卖项目，等卖了项目就会付款，让我方等等，安宽慰我，"放心吧！不会少你一分钱的"，一会儿又说他们内部矛盾闹得很凶，袁某要打他，总之东拉西扯就是不给钱，但从来没有提到所谓的付款条件成就问题。不曾想这次我方通过仲裁庭追讨款项，对方竟然在答辩词中硬是提出了我方没有完成将中方的股权向对方的转移，付款条件尚未成就。这就更让人不明其中道理了，该给的东西我方都给了，拿了东西硬是不给钱这是哪家的道理？具体地说：先是对方违背协议既不给我方钱又要不近情理地让我方做事，后又剥夺我方的协调权，再后来，对方自己干脆连中方股权都不要了，还放弃了香港公司在 2000 年的仲裁裁决上获得的权益，可到头来现在还在说我方没有尽责，本人真不知道对方是没有道理硬讲道理还是在欺负厚道人！事实上，我方该做的和应当做的，我们都做了，而新冶方在实际履约过程中，不仅该做的没做，连应当做的也没做，但是却把不该做的做了。

这里我还要提一下以 800 万元获得转移接受中方股权的问题。对方在这个问题上的所作所为让人感到莫名其妙！实际上，对方在已经完全掌控香港公司和项目公司以后的合理作为应当是，尊重并遵守 2000 年仲裁裁决（总数不超过 1000 万元）和香港公司原来与中方约定的 800 万为依据，把 800 万元支付给对方，如果中方拒不执行股权转移，香港公司就可以依据 2000 年的仲裁裁决直接向法院申请强制执行即可。但，对方却反正道而行之,直接违反原仲裁裁决,主动放弃了中方的股权,把本不应当做的事情也做了,其中道理着实令人费解!

中国 30 多年的开放改革,国家的方方面面都有很大的进步,但是商场上不愿意守信、无视契约和贪婪无度的事情却屡见不鲜。本人在这个项目中前后所遇到的两拨人都具有几乎相同的毛病。如果以前原中方合作者的高管团队不谋非分之财,如果他们愿意守约,恐怕大家都赚到钱,也不会有后来与新冶方的事;而新冶方如果愿意守约按规矩做事,今天的仲裁又怎么有可能发生呢?

我本人是有信仰的人,我相信并坚守公理、常理和善良、良心。我一直在秉持公理遵守法律、坚守信用的做事。在本案中,我认为我方没有违法、没有违约、没有过错过失。如果有过错过失,也是过于相信了二家中方合作伙伴。作为守约守信没有过失的一方,我方的合法权益理应得到充分的维护,而对方的无端违反仲裁裁决,无端违约和长期拒付我方的款项理应承担相应的违约责任并受到相应的惩罚,否则没有公理!特别是对方得到的项目地处北京崇文门黄金地段,这里的地价近 7 年多来已经涨了数倍,对方以区区的 1200 万元控制了这个项目达近 7 年之久,其中获益远高于我方仲裁诉求中计算对方违约金的数倍有多,新冶方这种通过违约拿着别人的钱大发其财的行径不应得到支持!

因此,我方强烈请求仲裁庭依协议、依法理、依事实、依情理,本着维护契约的精神,做出公正、公平、合理的裁决!在中华的大地上不能让守法守信的人吃亏应该成为社会的共识!也是国际仲裁庭的神圣光荣的职责所在!

以上言论若有不当敬请赐教!

陈某敬上

2016 年 7 月 1 日

【仲裁裁决书】

中国国际经济贸易仲裁委员会
裁 决 书

第一申请人:陈某(中国香港居民身份证号:××××××)

住　　　所：中国香港北角英皇道××××××××

第二申请人：陈某某（中国香港居民身份证号：××××××）

住　　　所：中国香港北角英皇道××××××××

仲裁代理人：杨某　江苏某律师事务所

第一被申请人：冶某（身份证号：××××××××××××）

住　　所：中国新疆维吾尔自治区乌鲁木齐市
　　　　　××××××××××

第二被申请人：新疆某实业（集团）有限责任公司

住　　所：中国新疆维吾尔自治区乌鲁木齐市
　　　　　××××××××××

仲裁代理人：×××××××

北京

二〇一七年三月××日

裁　决　书

[2017] 中国贸仲京裁字第 041× 号

中国国际经济贸易仲裁委员会（以下简称"仲裁委员会"）根据第一申请人陈某（以下简称"第一申请人"）、第二申请人陈某某（以下简称"第二申请人"，并与第一申请人合称为"申请人"）与第一被申请人冶某（以下简称"第一被申请人"）、第二被申请人新疆某实业（集团）有限责任公司（以下简称"第二被申请人"，并与第一被申请人合称为"被申请人"）于 2009 年 9 月 15 日签订的《合作协议书》（以下简称"本案协议"）中仲裁条款的约定，以及申请人向仲裁委员会提交的书面仲裁申请，在申请人完备了相关手续后，受理了申请人与被申请人在合作协议书项下的争议仲裁案。本案案号为 S2016020× 号。

本案仲裁程序适用自 2015 年 1 月 1 日起施行的《中国国际经济贸易仲裁委员会仲裁规则》（以下简称《仲裁规则》）。

2016 年 3 月 4 日，仲裁委员会仲裁院（以下简称"仲裁院"）按照申请人提供的地址，以特快专递方式向申请人、被申请人寄送仲裁通知、《仲裁规则》和《仲裁员名册》，并同时向被申请人附寄了申请人提交的仲裁申请书及其附件。

2016年3月23日，仲裁院以特快专递方式将被申请人提交的身份证明材料和授权委托手续转寄申请人。

2016年4月21日，仲裁院以特快专递方式将被申请人提交的答辩书转寄申请人。

申请人共同选定白某先生担任本案仲裁员，被申请人共同选定浦某先生担任本案仲裁员。由于双方未在规定期限内共同选定或共同委托仲裁委员会主任指定首席仲裁员，仲裁委员会主任根据《仲裁规则》之规定指定刘某女士担任本案首席仲裁员。上述三位仲裁员在签署了声明书后，于2016年5月6日组成仲裁庭，审理本案。同日，仲裁院以特快专递方式向申请人、被申请人寄送组庭通知及其所附声明书。

仲裁庭商仲裁院，决定于2016年6月23日在北京开庭审理本案。2016年5月13日，仲裁院以特快专递方式向申请人、被申请人寄送开庭通知。

2016年6月23日，仲裁庭如期在北京对本案进行了开庭审理，第一申请人本人和双方当事人委派的仲裁代理人参加了庭审。庭审前，申请人提交了代理意见书，并由仲裁院转交被申请人。被申请人提交了证据，申请人确认其手中有相应的证据副本，不需要另行向其提供。庭审中，双方当事人陈述了本案案情，进行了举证质证，回答了仲裁庭的提问，并就有关事实和法律问题进行了辩论。经征求双方当事人意见，仲裁庭就庭后程序及书面质证事宜作出安排。

2016年7月7日，仲裁院以特快专递方式将申请人提交的关于增加及撤回仲裁请求的申请书、被申请人提交的代理词分别转寄对方，并通知双方当事人仲裁庭决定受理申请人关于变更仲裁请求的申请。

2016年7月21日，仲裁院以特快专递方式将申请人提交的代理意见书（新）和第一申请人的书面发言转寄被申请人。

因仲裁程序进行需要，经仲裁庭请求，仲裁院院长同意并决定将本案裁决作出期限延长至2017年4月6日。

本案审理过程中的所有仲裁文件均已由仲裁院按照《仲裁规则》的相关规定送达双方当事人。

本案现已审理终结。仲裁庭经合议，根据现有书面材料以及开庭审理调查确认的事实，作出本仲裁裁决。

现将本案案情、仲裁庭意见和仲裁裁决分述如下：

一、案情

（一）申请人的仲裁请求及其主要意见

1. 背景情况

（1）申请人为香港公司原股东，持有香港公司100%公司股权。1993年7月24日，香港公司与北京某公司（以下简称"北京某公司"或"合作公司中方股东"）共同投资设立北京某房地产开发有限公司（以下简称"北京某房地产公司"），香港公司在北京某房地产公司持有62%的股权份额。

（2）2000年3月30日，在北京某公司与香港公司因合作合同履行纠纷仲裁案件审理过程中，经仲裁庭主持调解，双方达成《和解协议》，该《和解协议》经2000年4月12日［2000］贸仲裁字第011×号裁决书（以下简称"011×号裁决书"）裁决确认"合法有效，各方应遵照执行"。该《和解协议》主要约定的条款为：香港公司和北京某公司双方同意终止北京某房地产公司；双方决定终止后，由香港公司全面负责北京某房地产公司所有财产的各项处置事务；北京某公司同意从合作公司剩余财产中提取的利益的总额不超过1000万元（币种为人民币，以下均同——仲裁庭注）；在其收取1000万元之后，香港公司将拥有北京某房地产公司的其他资产和/或财产权益。在签署《和解协议》的同年，第一申请人履行了011×号裁决书，已向北京某公司支付了500万元。

（3）2005年7月14日，香港公司法定代表人，即第一申请人与北京某公司签订《协议书》，约定双方根据2000年3月30日在北京达成的《和解协议》决定：由北京某公司同意并授权香港公司自2005年7月14日起全权负责处置与北京某房地产公司相关的所有财产的工作。该授权直至完成该项处置之日止。

（4）2009年9月15日，申请人与被申请人在北京签订本案协议，约定：① 申请人向被申请人转让香港公司的全部股权并以该转让使被申请人实际拥有北京某房地产公司的 62%股份且有权处置该公司的资产（包括土地使用权）和公司项下的崇文项目开发权。② 股权转让对价为 5500 万元（注：其中申请人应得的股权转让价款为 4700 万元）。③ 股权转让金的支付为：协议签署之日起的 7 日内支付 500 万元；协议签署之日起的 30 日内支付 1500 万元（其中 800 万元为合营公司中方股权转让金）；在受让方受让香港公司 100%股权和合营公司中方股权并办理公司（香港公司、北京某房地产公司）证照等文件交接的同时支付 3500 万元。非因不可抗力，受让方不应以任何理由迟延。迟延付款要支付日万分之三、日万分之六的违约金。④ 被申请人对本协议项下的股权转让金的足额支付承担连带责任。⑤ 申请人和被申请人共同合作，由申请人负责协调被申请人和合营公司中方股东（北京某公司）的关系，使其或其指定的中资公司完成对合营公司中方股权的受让。⑥ 三立电气（中国）有限公司股权、乡村俱乐部会员证、钓鱼台国宾馆会员证不在双方转让的资产范围内。

（5）本案协议是申请人依据 011×号裁决书以及北京某公司的授权签署的，在签署该协议书之前，申请人与北京某公司进行了充分的协商并达成支付北京某公司 800 万元后续分配价款的约定。

本案协议也是申请人与被申请人建立在 011×号裁决书的忠实履行基础上而签署的，但是令人遗憾的是被申请人及北京某公司均背离这一基础，被申请人后续的行为违反了本案协议的基本约定。

2. 争议要点

根据前述，目前产生一系列争议的根源是 011×号裁决书没有得到应有的尊重与遵守。

本案协议签署后，申请人于 2009 年 10 月 8 日，提前已将香港公司的全部股权以及香港公司和北京某房地产公司的印章、证照、土地使用证、财务账册以及其他文件和财务移交给被申请人，据此被申请人已经完成香港公司的股权受让，并已实际掌控了北京某房地产公司。

但是，被申请人并未按照本案协议约定的股权转让款的付款时间及付款方式向申请人支付款项，而是仅分别支付了 500 万元、700 万元。对本案协议约定的应向申请人支付的用于收购合作公司中方股东（北京某公司）的 800 万元款项，被申请人违反合同约定迟迟不予支付。而且，被申请人绕开申请人，违背本案协议条款约定，利用已取得的香港公司股东身份以及对北京某房地产公司的实际掌控，单方面与合作公司中方股东接触、洽谈，协商中方股权的处置方案，并于 2010 年 7 月 1 日向合营公司的中方股东北京某公司出具《股权转让确认书》。此后，北京某房地产公司根据该确认书开始办理股权变更手续。所以至此时，被申请人已经在事实上实现了本案协议约定的受让、受领权益，被申请人应当即时向申请人支付股权转让款的剩余款项人民币 3500 万元，但时至今日，被申请人经申请人多次催款，均未履行付款义务。

3. 事实和理由

（1）依据前述案件事实，申请人对香港公司所持有的股权转让合法有效，同时依据 011× 号裁决书以及 2005 年 7 月 14 日作为香港公司法定代表人的第一申请人与北京某公司签订的《协议书》，申请人完全具备对北京某房地产公司的财产及权益的处置权。2009 年 9 月 15 日申请人与被申请人签署的本案协议完全合法有效，该协议是申请人与被申请人双方真实意思表示，该协议不仅对申请人及被申请人双方当事人具有法律拘束力，依据《中华人民共和国合同法》（以下简称《合同法》）第四百零二条之规定，对作为委托人的北京某公司也具有法律约束力。

（2）本案协议实质上是股权转让协议，其股权转让的标的包括三个部分，分别是申请人所持有的香港公司 100%股权、香港公司在北京某房地产公司所持有的 62%股权份额以及香港公司有权处置的北京某房地产公司中方合作方（北京某公司）的股权。上述股权转让标的项下同时包括了转让标的公司的各项权益，包括项目开发权益。因此双方约定的股权转让对价为 5500 万元。在股权转让对价 5500 万元中，申请人与被申请人明确约定了申请人的股权及权益转让应得的价款为 4700 万元，另对北京某房地产公司中方合作方股权转让价款的约定为 800 万元。

（3）本案协议签署后，申请人已依合同约定转让了香港某公司的 100%股权，该股权转让的完成即同时实现了合同约定的被申请人对北京某房地产公司 62%股权份额的享有，且申请人向被申请人一并移交了合同约定的香港公司和北京某房地产公司的印章、证照、土地使用证、财务账册以及其他文件和财物等，并于 2010 年 1 月 26 日通知了北京某房地产公司中方合营公司北京某公司，告知并协调了股权转让的相关关系，严格履行了合同义务，但被申请人在本案协议履行过程中存在着明显违约行为：

① 依据本案协议约定，被申请人应于协议签署之日起的 30 日内支付 1500 万元（其中 800 万元为合营公司中方北京某公司股权转让金），且协议书明确约定该笔转让款"在香港接受"，但被申请人只支付了其中的 700 万元，用于给付合营公司中方股权转让款项的 800 万元并未按双方合同约定向申请人支付，而且该 800 万元款项被申请人也未直接向合营公司的中方支付，属明显的违约行为。该违约行为的直接后果是在客观上直接严重影响了申请人按协议约定协调合同公司中方的股权转让的办理手续。

② 按本案协议第 4.3 款约定："在出让方收到上述 800 万元股权转让金后，出让方与受让方共同合作，由受让方或其指定的中资公司以人民币 800 万元价格收购合营公司中方股东的全部股权；出让方应当负责协调受让方与合营公司中方股东的关系，使受让方或其指定的中资公司以 800 万元价格顺利合法完成上述股权转让的事宜。"一方面，被申请人非但未支付该 800 万元，另一方面，被申请人更是违反合同约定的由申请人"负责协调受让方与合营公司中方股东的关系"，私自、单方面与北京某地产公司中方合营公司北京某公司接触、洽谈，并自行同意中方合作方股权事项的处置：其一，被申请人在不履行支付应付的 800 万元的合同义务的前提下，于 2009 年 12 月 26 日向第一申请人发函，称，"请您在两周内书面明确答复我方何时能够转让中方股份到我方名下。若无明确的答复，两周后我方将代为履行贵方义务同中方直接谈判，……彻底完成股份转让"，并表示"将尽量压低中方股份转让的费用，将该费用控制在 800 万元之内，但如果该费用确实超出 800 万元，该超出部分由贵方承担"。该行为不仅仅是单方面变更合同条款的行为，同时在法律上也是无效的民事行为。其二，2010 年 7 月 1 日被申请人以其已掌控的香港公司向合营公司的中方股东北京某公司作出同意其以 2000 万元转让股权

的确认书，该行为在法律效果上，不仅仅是对本案协议的违背、损害申请人合法利益的恶意行为。该行为也表明被申请人已放弃对合营公司的中方股东股权的直接受让，被申请人依法理应对该行为自己买单。至此，被申请人应按本案协议约定向申请人支付剩余股权转让款。

基于上述事实，申请人已经完成了将本案协议中约定的己方应转让的股权及相关权益交付给被申请人的合同义务，并依合同约定办理了相关变更手续。申请人对本案协议的履行既没有违约，亦没有过错。被申请人理应向申请人支付剩余转让款 3500 万元。

由于被申请人拒不履行本案协议约定的付款义务，已经严重损害了申请人合法权益。申请人多次通过电话、律师函等方式向被申请人催要本案协议涉及的剩余 3500 万元股权转让款，一直未果，双方已不能通过协商方式解决双方之间争议，故申请人提起仲裁。

4. 申请人的仲裁请求

申请人的仲裁请求经变更，最终明确为：

（1）第一被申请人、第二被申请人连带向申请人支付股权转让金人民币 3500 万元；

（2）第一被申请人、第二被申请人连带向申请人支付延期付款的违约金人民币 4179 万元（自 2010 年 10 月 2 日起计算至 2016 年 7 月 1 日，其中 2010 年 10 月 2 日—2011 年 5 月 1 日，按日万分之三计算为 220.5 万元人民币，2011 年 5 月 2 日—2016 年 7 月 1 日，按日万分之六计算为 3958.5 万元人民币）；

（3）第一被申请人、第二被申请人共同承担本案仲裁费。

（二）被申请人答辩意见

1. 011× 号裁决书与被申请人无关，被申请人与申请人签署本案协议系双方平等协商的结果，不可能如申请人所述是建立在 011× 号裁决书的忠实履行基础上，被申请人只依照本案协议的约定履行自己的义务；协商过程中申请人口称有北京某公司的委托书，到签署合同时也未出示过，申请人所举委托书的内容为资产处置，申请人以 011× 号裁决书及北京某公司的书证作为其要求被申请人付款的依据，显然是不对的。该裁决书是就香港公司作为北京某房地产公司的股东与北京某公司的争议作出的，申请人与被申请人签署的本案协议并未约束北京某公司，只是确定申请人的合同义务是负责协调将北京某公司持有的北京某房地产公司股权以 800 万元转让给被申请人，至于申请人与北京某公司如何协商的、北京某公司又是如何做的概与被申请人无关，不能成为要求被申请人付款的依据；再者，申请人所称委托书是否属于授权办理股权转让或包含股权转让的内容，是由申请人与北京某公司双方确定，被申请人对此无权发表任何意见，只看申请人承诺转让北京某房地产公司的股权是否办到。

2. 本案协议约定：股权转让金 5500 万元，协议签署之日起 7 日内被申请人支付申请人 500 万元，30 日内被申请人支付 1500 万元，其中 800 万元支付北京某公司，申请人收到 1200 万元时转让香港公司全部股权，申请人负责协调北京公司持有的北京某房地产公司股权转让被申请人后，被申请人支付 3500 万元；协议签署后，被申请人依申请人指定函支付申请人 500 万元、700 万元两笔股权转让金，申请人向被申请人办理了香港公司股权变更，移交了香港公司证照、印章和北京某房地产公司证照、印章，但在约定的期限直至今日，也未将北京某公司持有的股权转让至被申请人，因付款条件不具备，被申请人未再支付剩余款项。

3. 申请人称被申请人违约的事实均不能成立：其一，800 万元款是特定支付给北京某公司的，协议约定的一个月内申请人未做到股权转让给被申请人，超过期限至今也未做到，申请人也出具不了付款指定，被申请人如何付款？其二，申请人自认是北京某公司的受托人，那就更清楚了，申请人认为北京某公司违约未转让股权，申请人应当与北京某公司理论，不应当与被申请人在仲裁庭理论北京某公司是否委托、是否违约；其三，被申请人 2009 年 12 月 26 日的函系催促申请人履行义务，同时告知拟直接商谈亦是针对申请人怠于履行合同义务，函的内容符合合同法的规定；其四，香港公司于 2010 年 7 月 1 日向北京某公司出具同意转让股权的函是在申请人逾期半年之后，被申请人已实际持有香港公司的全部股权，依照公司法规定，有限责任公司股东向股东外的人转让股权，股东有优先权，不同意转让则必须以通知的转让价款支付，被申请人不同意支付北京某公司 2000 万元，故出具同意北京某公司转让股权的

函完全符合公司法的规定,亦是申请人在约定的履行期内不履行合同义务所导致,[2017]中国贸仲京裁字第017×号裁决书(以下简称"017×号裁决书")对此已做了明确的认定。

综上所述,申请人违反合同约定不能全面履行合同义务,要求支付3500万元的付款条件不具备,在此问题上申请人应该积极履行,不应重复采取绕口令的方法回避义务的履行;申请人的仲裁请求不能成立,请予驳回。

(三)申请人的代理意见

1. 本案争议最核心的焦点是:申请人主张的股权转让余款

申请人认为,该3500万元股权转让余款应当支付,且支付的时间节点的起始点为2010年7月2日。理由如下:

本案协议第4.4款约定了三个支付条件,即:在被申请人受让香港公司100%股权、被申请人受让北京某房地产公司(合营公司)的中方股权、办理公司证照等文件交接的同时支付3500万元。

上述条件中的第一个条件、第三个条件在本案协议签署后不久均已实现。关于第二个条件被申请人受让合营公司的中方北京某公司股权已实际成就。

(1)被申请人未按本案协议约定,在2009年10月15日前支付800万元收购中方股东北京某公司持有的合营公司北京某房地产公司股权专用款予以申请人,该违约行为在客观上影响了被申请人受让合营公司的中方股权的条件成就。

本案协议约定的合营公司的中方股权的受让价格为800万元,且约定该800万元应于本案协议签署之日起的30日内支付予申请人,专款用于收购合营公司的中方股权。但是,被申请人违约对于该800万元一直未予支付。

(2)被申请人在履行本案协议过程中,单方面变更了被申请人受让合营公司的中方股权的条件成就的方式。

本案协议第4.3款明确约定:在出让方(即申请人)收到上述800万元用于收购合营公司的中方股权专用款后,是由"出让方与受让方(即被申请人)"共同合作,来完成被申请人对合营公司的中方股权的受让。

且该条款明确确定了申请人在这种共同合作中的责任是"负责协调被申请人与合营公司的中方股东的关系",以便顺利完成上述中方股权的收购事宜。因此,从本案协议对合营公司的中方股权的收购事项的意思表示内容看,至少可以确认以下事实:

① 合营公司的中方股权受让事项的完成,不是申请人单方的合同义务,该义务的完成是申请人与被申请人"共同"作为,申请人的义务表述为:协调合营公司中方股东的关系。

② "共同合作"的前提是被申请人应于2009年10月15日前支付800万元收购中方股权专用款予申请人,对该款的支付也是申请人负责协调中方股东关系的基础。

但是,被申请人2009年12月26日发予第一申请人的函件,从内容上看足以表明:被申请人已自愿把双方的"共同合作"完成中方股权受让的方式变更为——其单方面完成该中方股权的受让,只是对超出800万元的受让款项部分要求申请人承担。

③ 被申请人2010年7月1日以香港公司名义向合营公司中方股东发函确认其股权转让予北京某装饰公司,并于2010年11月11日作出以427万元回购北京某装饰公司李某在合营公司的6.82%股份的行为,实质上应当视为被申请人以自己的实际行为放弃了以800万元受让合营公司的中方股权。

同时,该行为对于申请人而言,应当进一步认定为:被申请人以自己的行为阻却了申请人与被申请人约定的被申请人受让合营公司的中方股权的条件成就。理由非常简单,申请人依约将香港公司的全部股权转让予被申请人后,申请人就失去了对合营公司的实际控制,被申请人应当忠实维护申请人对合营公司的中方股东的权益主张(该权益主张已被011×号裁决书予以确定),但被申请人为了自己不当的利益,不当地行使了股东权利,对申请人的实际权益造成损害。

因此,被申请人在履行本案协议过程中,不仅单方面变更了被申请人受让合营公司的中方股权的条件成就的方式与内容,而且以违约行为实际阻却了该条件的成就,依据《合同法》第四十五条之规定,属于当事人为自己的利益不正当地阻止条件成就的,视为条件已成就。

2. 关于违约金计算的依据及数额，申请人认为主张符合双方的合同约定

依据本案协议第 4.5 款约定的违约责任的违约金计算方法，申请人自 2010 年 10 月 2 日（给了三个月宽限期）始计算，至 2011 年 5 月 1 日止按日万分之三计算，为 220.5 万元；自 2011 年 5 月 2 日始，至 2016 年 7 月 1 日止，为 3958.5 万元；合计违约金数额为 4179 万元。

（四）被申请人的代理意见

1. 关于本案的事实，申请人已就同一合作协议书申请了仲裁，仲裁庭作出 017×号裁决书并发生法律效力，此次申请人申请仲裁只是请求不同，但事实相同，因此，017×号裁决书认定的基本事实不容置疑亦无须再审查。017×号裁决书认定的基本事实是：800 万元只能用于被申请人收购合营公司的股权；2000 万元款项支付给申请人 1200 万元，支付给合营公司的股东 800 万元；申请人未能举证证明系因被申请人的原因导致合营公司的中方股东不同意将其股权转让给被申请人，被申请人一直期待由申请人协调中方股东将其股权转让给自己，以实现自己的订约目的，而申请人未能负责成功协调中方股东按约定的价格将其股权转让给被申请人，事实上中方股东最终将其股权转让给了第三人。并且，由于被申请人已经合法取得香港公司的全部股权，成为合营公司的股东之一，则其同意中方股东转让股权、放弃优先购买权的行为属于行使股东之权利，不存在如申请人所言侵犯了申请人权益之情形。

2. 本案协议约定由申请人负责使受让方能够收购合营公司中方股东的全部股权且价款为 800 万元是否属于申请人的合同义务？事实是肯定的，被申请人之所以与申请人签订本案协议，就在于申请人不仅将自己持有的股权转让给被申请人，而且承诺将北京某公司持有的股权也转让给被申请人，800 万元是申请人定的，被申请人同意，申请人亦称受中方股东委托，因此，该协议这样的约定属于申请人单方面决定了非合同当事人的事务，内容明确，属于申请人的合同义务，申请人亦认为协议合法有效，那么申请人就必须完全履行该项义务，然后才能实现被申请人订约的目的，并获得约定的自己转让股权的价款；须知，被申请人订约的目的是获得合营公司的全部股权，进而实现开发的目标，因为中方股东不参与投资开发，开发后又涉及公司利益分配，故协议约定的是申请人自行转让和协调转让合营公司的全部股权，否则被申请人也不会出资受让，原因很简单，只有申请人自行转让则无法开发；不能产生一个错误、模糊的认识，申请人给了香港公司的股权，被申请人就得付清该部分价款，因为协议约定的支付 3500 万元的条件是完整的，非被申请人同意或法定情形不能分割；时至今日，申请人以这样、那样的理由、猜文字来否定合同义务是没有任何诚信的。

3. 申请人称被申请人违约是要达到两个目的，一是免除自己应当履行的义务，二是向被申请人要尚余的股权转让价款。首先要明确被申请人违约了没有？017×号裁决书已认定被申请人没有侵犯申请人的利益，在此赘述一下：依据协议约定，被申请人在双方均认可的 2009 年 9 月 15 日至 10 月 15 日的 30 日内支付 500 万元和 1500 万元，1500 万元中 800 万元支付中方股东。被申请人按期依申请人两次书面指定付 500 万元和 700 万元，800 万元付中方股东的价款未支付，因为申请人做不了中方股东的主，中方股东不同意，申请人发不出付款指令；申请人称其受中方股东委托转让股权，依照国家工商行政管理规定，办理股权转让首先需要中方股东与被申请人签署股权转让协议，确定股权对价 800 万元，提交股东会决议；这些工作申请人均未做到，被申请人就没有办法付款，其签字的 2010 年 1 月 26 日致中方股东的函完整、准确地说明了这一切；这期间也不存在被申请人不作为的情形，017×号裁决书认定 2010 年 7 月 1 日股权转让确认书没有侵犯申请人的权益，申请人的履行义务就没有免除的任何可能性（更不用论是抗辩还是违约），申请人将 7 月 2 日作为付款日的节点，满 90 日后的 10 月 2 日为违约金起算日均无任何依据；时至今日，协议未变更、解除、终止履行，被申请人未违约，申请人协调转让股权未完成，支付股权价款的条件未成就，被申请人没有义务付款，更不存在违约金。申请人的理由也是多重混乱且相互矛盾：只是协调不是合同义务、被申请人违约、受中方委托全权处置财产也是委托处置股权、自己没有能力办到股权转让等；没有能力既不是法定情形也不是情势变更，申请人应找被申请人协商解决，但却反而请律师向被申请人发来律师函，此行为只能于事无补；申请仲裁也无法修改付

3500万元的三个条件，免除申请人的合同义务。

4. 依协议约定及履行情况，申请人何时、何种情况下可以主张3500万元股权转让款？表面上看被申请人已受让申请人的股权，获取了两个公司的全部经营文件、印章等，似乎被申请人该付余款了，其实不然，协议约定付3500万元的三个必须条件之一是800万元受让中方股东的股权，迄今未做到，股权仍然登记在中方股东名下；申请人认可该约定合法有效，依照法律规定，申请人在协议履行期内未能全面履行义务；其后申请人只能在三种情形下主张3500万元：其一，未来申请人已成功协调中方股东以800万元将股权转让给被申请人；其二，被申请人书面放弃受让中方股东股权的合同权利；其三，中方股东依法不再持有合营公司的股权，出现《合同法》第一百一十条规定的法律上或者事实上不能履行，申请人可以主张但主张时必须请求解除协议，《合同法》该条规定主要针对两种情形：一是法律禁止流通物，二是合同履行标的灭失不存在导致没有办法履行；上述三种情形的其中之一发生后，申请人才能申请仲裁，请求解除合同、支付价款，被申请人才能就违约赔偿提出反请求，彻底解决此纠纷。

5. 申请人本次申请属于一案两裁，不符合《中华人民共和国民事诉讼法》（以下简称《民事诉讼法》）的规定。《民事诉讼法》第一百二十四条（五）规定："对判决、裁定、调解书已经发生法律效力的案件，当事人又起诉的，告知原告申请再审，但人民法院准许撤诉的裁定除外。"依照该规定，同一事实的案件在判决、裁定、调解书生效后，除非撤诉，或人民法院审判实践中对法律文书生效后新产生的费用、损失等当事人可以就新的费用、损失提出起诉，原判决、裁定中当事人的诉讼请求因条件未成就而在法律文书生效后成就了就可以起诉，当事人只是对诉讼请求有变化，无新的法定情形，不得就案件再起诉，起诉了也应当驳回，因为诉讼请求是当事人自主提出，无论怎么变，法律事实和证据事实未变；本案中申请人提交的证据与017×号裁决书所在一案中相同，017×号裁决书驳回申请人的请求，自017×号裁决书发生法律效力至今，并未出现任何与该案仲裁时不同的法定情形，仲裁适用民事诉讼程序，仲裁庭应予驳回仲裁申请，待法定情形出现后申请人才能申请仲裁。

申请人在签订本案协议时欺哄被申请人，导致被申请人 1200 万元沉淀至今，期间还支付了大量的公司管理费用，没有实现订约目的，申请人也得不到约定的价款，试想，若依申请人的仲裁请求，被申请人既不能实现订约目的，又要再付 3500 万元，还要支付违约金，违约得益，守约受损，于法、于理何在。

（五）双方当事人提交的证据材料

1. 申请人提交的证据材料

证据一，陈某、陈某某香港居民身份证。用于证明申请人身份。

证据二，授权委托书。用于证明代理关系。

证据三，本案协议。用于证明：（1）仲裁管辖；（2）股权转让的合同关系：① 转让的价款及构成；② 付款方式及期限；③ 迟延付款的违约责任；④ 其他相关合同约定等。

证据四，[2000] 贸仲裁字第 011× 号裁决书。用于证明：（1）香港公司在北京某房地产公司持有的股权份额；（2）本案协议签署及履行的基础事实。

证据五，2005 年 7 月 14 日《协议书》。用于证明申请人享有全权处置北京某房地产公司财产的权利事实。

证据六，北京某公司原法定代表人的情况说明。用于证明申请人与北京某公司进行了充分的协商，对方认同人民币 800 万元转让股权事实。

证据七，香港公司、北京某房地产公司的印章、证照、土地使用证、财务账册以及其他文件和财物移交资料。用于证明申请人履行本案协议合同义务事实。

证据八，2009 年 12 月 26 日被申请人函。用于证明被申请人单方面与合作公司中方股东北京某公司接触洽谈，协商中方股权的处置方案事实。

证据九，股权转让确认书、承诺书。用于证明：（1）被申请人同意北京某公司股权处置方案；（2）被申请人应支付剩余转让款的时间节点。

证据十，2010 年 1 月 26 日致北京某公司薛总函。用于证明申请人协调北京某房地产公司中方股权转让的事实。

证据十一，2011 年 6 月 27 日、2014 年 3 月 16 日《律师函》。用于

证明申请人协商处理纠纷、催款事实。

2. 被申请人提交的证据材料

[2012] 中国贸仲京裁字第017×号裁决书。

二、仲裁庭意见

根据以上事实，仲裁庭对本案实体争议进行审理，各方当事人经过当庭陈述、质证、辩论及仲裁庭就与争议相关的事实、证据进行了询问、核实，现仲裁庭对本案作出如下裁决意见：

（一）仲裁庭审理本案管辖权的依据

仲裁庭注意到，申请人与被申请人于2009年9月15日签订的本案协议第八条"争议的解决"第8.1款明确约定："凡因执行本协议所发生的或与本协议有关的一切争议、双方应通过友好协商解决。如果在一方向另一方发出要求协商的书面通知的二十（20）天内协商不能解决双方之间的争议，任何一方均有权将有关争议提交中国国际经济贸易仲裁委员会，根据该仲裁机构的仲裁规则进行仲裁。仲裁地点在北京。此仲裁的裁决是终局的，对本协议双方均有约束力。仲裁费用除上述仲裁机构另有决定外，应由败诉一方负担。"仲裁庭认为，上述仲裁条款约定的内容明确，对各方主体均具有约束力。上述仲裁协议的约定，是仲裁庭对本案协议之争议进行审理的管辖权依据。

（二）关于本案的法律适用

仲裁庭注意到，本案申请人陈某、陈某某均系中国香港公民。两申请人与两被申请人签订的本案协议第七条"适用法律"第7.1款中约定："本协议的订立、效力、解释及履行，本协议双方酌任何争议的解决，均须遵从现行的中华人民共和国的法律及中国中央人民政府公开颁布的法规。"据此，仲裁庭认为，上述约定系双方当事人就为本案争议处理适用实体法律的真实意思表示，该约定合法有效，符合涉港案件法律适用通常规则，故本案应适用《中华人民共和国合同法》《中华人民共和国公司法》（以下简称《公司法》）等中国法律，对本案实体争议进行审理和裁决。

（三）关于本案事实

仲裁庭经审理查明如下事实：

1. 关于本案协议的签订

鉴于申请人持有香港公司 100%股权，香港公司拥有中外合作企业北京某房地产公司 62%股权并且有权处置该公司的资产，包括土地使用权和该公司开发项目——崇文项目的开发权。申请人与被申请人同意通过申请人出让香港公司全部股权的方式，使被申请人实际拥有北京某房地产公司 62%的股权并有权处置该公司的资产和项目开发权。同时，鉴于申请人负责使被申请人能够收购北京某房地产公司中方股东北京某公司的全部股权，2009 年 9 月 15 日，申请人与被申请人签订本案协议，双方同意以实际现状完成对香港公司的全部股权以及合营公司北京某房地产公司全部股权的交易并且有权处置该公司的资产和项目开发权。双方同意以实际现状完成对北京某房地产公司中方股东北京某公司全部股权的交易。

本案协议约定自协议生效当日，申请人委托第一申请人代表申请人向被申请人移交香港公司和合营公司北京某房地产公司各自的证照、印章、财务账册的文件。

关于股权转让金，本案协议第四条约定：香港公司股东全部股权以及合营公司北京某房地产公司中方股东全部股权的股权转让金总额为人民币 5500 万元。自本案协议签署之日起 7 日内，被申请人应向申请人支付股权转让金人民币 500 万元，由被申请人直接汇入第一申请人书面指定的账户并归属第一申请人所有，在本案协议签署之日起 30 日内支付 1500 万元。其中 800 万元应当且只能用于被申请人收购合营公司北京某房地产公司中方股东北京某公司的全部股权。在申请人收到上述 800 万元股权转让金后，申请人与被申请人共同合作，由被申请人或其指定的中资公司以人民币 800 万元价格收购合营公司中方股东北京某公司的全部股权。申请人应当负责协调被申请人与北京某公司的关系，使被申请人或其指定的中资公司以 800 万元价格顺利合法完成上述股权受让的事宜。申请人在香港接受 1200 万元股价款的同时转让其香港公司的全部股权给被申请人。在申请人与被申请人受让香港公司 100%股权和合营公司北京某房地产公司中方股权并依据本案协议第 3.5 款办理公司证照等文件交接的同时，被申请人应向第一申请人支付股权转让金 3500 万元。该笔

转让金应汇入第一申请人书面指定的账户内并归属第一申请人所有。另外，本案协议还约定被申请人中的第一被申请人和第二被申请人对本案协议项下的股权转让金的按时足额支付承担连带责任。

关于本案协议的生效，协议第十条第 10.1 款约定：本案协议经各方签署后，自被申请人按本案协议第 4.2 款规定完成付款之日起生效，其中合营公司北京某房地产公司的股权转让需要原审批部门批准生效。如被申请人未按第 4.2 款规定支付应付款项，申请人给予被申请人七个工作日的宽限期，在宽限期内被申请人应至少支付 500 万元给申请人，否则本案协议在该宽限期届满时终止。

关于被申请人迟延付款的违约责任，本案协议第 4.5 款约定：非因不可抗力，被申请人的付款不应以任何理由延迟。对于应付而未付的款项，在被申请人提供合法有效且具担保能力的担保之后，申请人可给予被申请人三个月的宽限期，被申请人不需为此三个月宽限期向申请人支付违约金；如果被申请人在三个月的宽限期外仍不能付清应付款项的，申请人可再给予被申请人六个月的宽限期，但被申请人应当按日息万分之三的比例另行向申请人支付违约金；如果被申请人在上述二次宽限期满后仍不能按期足额付款，则申请人有权要求担保人立即履行担保责任，同时，被申请人还应当就宽限期满后仍不能付清的应付款项，按日息万分之六的比例另行向申请人支付违约金，计算期限直到应付而未付的款项得到实际清偿之日为止。

2. 关于本案协议的履行

本案协议签订后，被申请人于 2009 年 9 月 21 日、2009 年 10 月 9 日向申请人分别支付了人民币 500 万元和 700 万元。2009 年 9 月 25 日至 9 月 29 日，申请人分别将香港公司及合营公司北京某房地产公司的证照、印章、土地使用证、财务账册和财务等移交给被申请人或予以封存。申请人完成香港公司的 100%股权转让后，被申请人已实际控制了香港公司持有的北京某房地产公司 62%的股权。

2009 年 12 月 26 日，第二被申请人向第一申请人发送编号为新南实字［2009］第 27 号函，称第二被申请人已支付了 1200 万元股权转让金，但自第一笔款项支付之日起已过三个多月，而中方股权转让一事没有落实，已给第二被申请人造成资金压力及不确定风险。建议第一申请人向合营公司中方股东采取法律手段并在两周内书面答复何时能够转让中方股份至被申请人名下。若无答复，两周后第二被申请人将代为履行第一申请人义务同中方直接谈判，谈判不成将正式启动法律程序，直至处理完毕此事，彻底完成股份转让为止。若谈判中股权转让价款最终超出 800 万元，该超出部分由申请人承担。

2010 年 7 月 1 日，被申请人持有香港公司 62%股权后以香港公司名义向北京某公司出具《股权转让确认书》，称香港公司作为北京某房地产公司的控股股东，同意北京某公司将在北京某房地产公司所有权益转让与北京某装饰装饰工程有限公司。

2010 年 11 月 11 日，第一被申请人出具《承诺书》，称第一被申请人向李某（北京某装饰装饰工程有限公司股东，仲裁庭注）承诺，以 427 万元购买北京某装饰装饰工程有限公司在北京某房地产公司的 6.82%股份。如果该股份转让给香港公司，由香港公司支付转让款，如果该股份转让给第一被申请人本人或香港公司的实际股东，由该受让人支付转让款。

2011 年 6 月 27 日、2014 年 3 月 16 日，申请人委托律师向被申请人发送了《协商解决争议通知书》及《律师函》，向被申请入主张支付股权转让金、欠款及赔偿损失，并要求被申请人与申请人书面协商处理款项支付及违约责任分担等事宜。

3. 与本案有关的其他事实

（1）北京某公司作为申请人以香港公司为被申请人，依据双方 1993 年 6 月 8 日签订的《北京某房地产开发有限公司合同书》的仲裁条款于 1999 年向仲裁委员会提起仲裁（案件编号为 V9908X），请求终止上述合同书，解散北京某房地产公司，依法进行清算，并确认清算时的分配原则，北京某公司与香港公司按 47.40:52.60 的比例分配剩余资产；确认八楼增加面积折合 1078.44 万元和超出合同约定多征的土地面积 1770 平方米归北京某公司。此后双方达成和解并通过 011×号裁决书对和解内容加以确认，双方同意提前终止合作公司北京某房地产公司，由香港公司全面负责合作公司终止后合作公司所有财产的各项处置事务，北京某公

司同意从合作公司剩余财产中所提取的利益总额不超过 1000 万元，在北京某公司从合作公司收取 1000 万元之后，香港公司将独自拥有合作公司的其他资产和/或财产权益。011×号裁决书作出后，香港公司已向北京某公司支付 500 万元。后经双方协商，北京某公司同意以其持有的北京某房地产公司 32%股权作价 800 万元进行出让，抵作香港公司应向北京某公司支付的剩余 500 万元。

（2）2005 年 7 月 14 日，时任香港公司法定代表人的第一申请人与北京某公司法定代表人签订《协议书》，约定北京某公司同意并授权香港公司自 2000 年 3 月 30 日起全权负责处置与合作公司相关的所有财产的工作，直至合作公司全部财产事项处置完毕之日终止。

（四）关于本案协议的效力

根据上述查明事实，仲裁庭认为本案协议系各方当事人在完全自愿的基础上经协商一致签订达成的合意，协议中所设立的权利、义务内容是各方当事人真实意思的表示，并经各方签字、盖章确认成立，签订协议的各方主体是具有完全民事权利能力和民事行为能力的自然人及依法设立的独立企业法人，且协议内容不存在《合同法》五十二条规定的法定无效情形，亦未违反其他法律及行政法规关于合同效力的强制性规定。虽然申请人与被申请人就本案协议相关条款的理解不一致，但不影响本案协议的效力。因此，仲裁庭认定本案协议合法、有效，可以作为仲裁庭审理本案和裁判的合同依据。

（五）关于本案当事人的争议焦点

仲裁庭经审理认为本案争议焦点为：1. 被申请人支付剩余股权转让金 3500 万元的条件是否成就；2. 本案违约责任问题。仲裁庭对上述争议焦点，分述如下：

1. 关于被申请人向申请人支付剩余股权转让金的条件是否成就问题

申请人在本案中称，根据本案协议第 4.4 款的约定，被申请人应自 2010 年 7 月 2 日起向申请人支付剩余股权转让金 3500 万元。被申请人称，被申请人支付剩余股权转让金须符合三个条件：（1）被申请人受让香港公司 100%股权；（2）被申请人受让合营公司北京某房地产公司的中方股东北京某公司持有的 32%股权；（3）依据本案协议第 3.5 款的约定办理香港公司、北京某房地产公司证照等文件的交接。目前第1、3项条件已经成就，但被申请人并未成功受让北京某公司持有北京某房地产公司32%的股权。因此，被申请人抗辩主张向申请人支付3500万元股权转让金的条件没有成就，且申请人还应依本案协议约定负责协调、促成北京某公司向被申请人转让其持有的北京某房地产公司32%股权。

仲裁庭注意到，根据已查明的本案事实，被申请人向申请人支付剩余3500万元股权转让金的条件1，即被申请人受让香港公司100%股权；条件3，即依据本案协议第3.5款的约定，双方已于2009年9月25日至29日办理香港公司、北京某房地产公司证照等文件的交接，均已成就。目前，本案双方当事人对条件1、3项已经成就不存在异议，对此，仲裁庭不再赘述。

关于条件2，即申请人使被申请人受让合营公司北京某房地产公司中方股东北京某公司持有的32%股权的事实未成就是否构成被申请人不予支付3500万元股权价款的抗辩理由，仲裁庭认为，双方当事人在本案协议中约定的该条件系属为第三人，即北京某公司设定的股权交易条件，由于第三人并非本案协议签约当事人，一般可称为合同履行辅助人，若在第三人不配合本案协议签约主体完成其股权转让行为时，其不受本案协议约束，该条件则无法成就。事实上，为此引发了多起纠纷，现已有两案作出生效仲裁裁决，据上述裁决认定，中方股东北京某公司持有的合作公司北京某房地产公司股权是否出售、出售与谁、股权转让金价格等条件在谈判中均与双方当事人存在争议。比外，根据申请人提供的其与北京某公司及时任该公司法定代表人之间的沟通、函件等证据，均可证明，申请人为使被申请人受让第三人北京某公司持有的北京某房地产公司32%股权之事进行过协调与努力。

但在中方股东未同意出让32%股权的情况下，申请人并不享有强制性的法律救济途径。应该认定本案协议双方当事人所设立的付款条件2自设立之初即存在不可能成就的瑕疵。对此，双方当事人均有所预期，并应承受不能成就的后果。而当申请人于2009年9月25日至29日将其持有的香港公司100%股权转让与被申请入，被申请人已成为香港公司的唯一股东，并已实际持有了北京某房地产公司62%的股权，成为该公司

控股股东之后，香港公司以北京某房地产公司控股股东的身份向第三人北京某公司，即中方股东出具了《股权转让确认书》，同意北京某公司将其在北京某房地产公司的所有权益转让与北京某装饰装饰工程有限公司的行为证明，本案签订协议时所附履行条件 2 成就的前提基础已经发生了根本性的改变，不仅证明被申请人为唯一股东的香港公司自愿放弃了优先购买中方股权的主张，同时也表明中方股东已经按自己意愿自行处理其股权，关闭了申请人协调的机会，使付款条件 2 的成就成为绝对不可能。鉴于此，仲裁庭认定，本案协议约定的付款条件 2 的成就，必须依赖于中方股东北京某公司同意出让、香港公司同意受让的前提下，申请人的协调努力才有可能成就，亦才符合民事主体自行处分民事权利的民法基本原则。申请人并不能替代决定该条件成就与否，且存在不确定性的条件 2 与被申请人支付 3500 万元剩余股权转让款亦不具有对价性。据此，根据合同法意思自治理论及契约自由原则，仲裁庭认为，根据本案协议第 4.4 款的约定，被申请人支付剩余 3500 万元股权转让金具有实质性可履行的条件 1、3 项均已成就，条件 2 未成就并不影响被申请人履行付款义务。相对应的在申请人已将香港公司 100%股权转让予被申请人，且将香港公司、北京某房地产公司相关证照、土地使用证、印章、财务账册及财务移交予被申请人的情况下，被申请人依本案协议履行对待主给付义务已经没有了法律障碍，被申请人应向申请人履行支付剩余股权转让金 3500 万元的合同义务。故被申请人不同意付款的抗辩理由均不成立，仲裁庭不予采信。

2. 关于本案违约责任问题

根据本案事实及证据，仲裁庭还注意到，申请入主张本案协议 4.3 款约定："在出让方收到上述 800 万元股权转让金后，出让方与受让方共同合作，由受让方或其指定的中资公司以人民币 800 万元的价格收购合营公司中方股东的全部股权。"据此约定，被申请人应先付 800 万元，用于申请人协调收购合营公司中方股东的 32%股权，而被申请人迟迟不予支付该款，属明显违约行为。仲裁庭认为，因此部分争议事实及责任的认定在 2012 年 4 月 27 日生效的 017×号裁决书中已经有明确认定，仲裁庭在本案中不宜再行审理。

此外，就本案双方争议的 3500 万元股权价款的付款条件 2 是否能够成就问题，被申请人作为持有香港公司 100%股权的股东，同时香港公司也是持有北京某房地产公司 62%的控股权的股东，其收购该合作公司中方股东持有的 32%的股权，以期达到持有合作公司 100%股权的意思表示明确。依据《公司法》的相关规定，被申请人为唯一股东的香港公司，作为北京某房地产公司的控股股东，对该公司的中方股东持有的 32%股权的对外转让，依法享有优先购买权。被申请人也可以据此权利的行使，实现对北京某房地产公司的 100%控股的目的。事实上，被申请人在申请人协商收购中方股权尚无结果的情况下，其于 2010 年 7 月 1 日以香港公司名义，即北京某房地产公司控股股东的身份，向中方股东发出了同意对外转让股权的确认书，该行为构成以明示的方式自愿放弃购买 32%股权优先权的意思表示。被申请人在明知中方股东自行处理其股权、申请人协调努力有可能不成的情况下，自愿放弃购买的行为使本案协议第 4.4 款约定的被申请人收购中方股东股权的付款条件 2 的成就已经成为绝对不可能，申请人的协调义务客观上也随之终止。在此情形下，被申请人应当履行合同具有对价性的主要对待给付义务，即应当向申请人支付所欠股权转价款 3500 万元，但始终未履行该付款义务。

仲裁庭认为，被申请人已经明知中方股东自行处置股权且放弃优先购买权后，仍以付款条件 2 未成就为由，不同意支付尚欠 3500 万元股权转让价款的抗辩主张没有事实和法律依据，在法理逻辑上亦存在主张相悖之矛盾，故被申请人应当承担约定付款条件 2 不能成就的法律后果，即向申请人支付 3500 万股权转让款。为此，申请人于 2011 年 6 月 27 日委托律师向被申请人发送了《协商解决争议通知书》，向被申请人主张支付股权转让金、欠款及赔偿损失。之后，双方就本案合同效力发生争议，申请人于 2011 年 7 月 22 日向仲裁委员会提起仲裁，主张合同未生效，要求被申请人向其返还根据合同取得的股权等，2012 年 4 月 27 日仲裁庭作出 017×号裁决书，确认合同已生效，被申请人无须返还股权等。2014 年 3 月 16 日，申请人向被申请人再次发出《律师函》，要求被申请人与申请人书面协商处理款项支付及违约责任分担等事宜，但被申请人仍拒绝履行给付义务。仲裁庭认为，被申请人在 017×号裁决书确认合同效力之后，仍拒绝向申请人支付 3500 万元股权转让金的行为已构成违约，并应按合同约定承担相应的违约责任。

（六）关于申请人的仲裁请求

1. 关于申请人的第一项仲裁请求

申请人第一项仲裁请求是，两被申请人连带向申请人支付股权转让金人民币 3500 万元。

根据仲裁庭已查明的案件事实及认定，仲裁庭认为，根据本案协议约定，申请人已将香港公司全部股权转让与被申请人，被申请人同时也间接地持有了北京某房地产公司 62%的股权，且申请人将香港公司、北京某房地产公司相关证照、印章、土地使用证、财务账册及财务移交予被申请人后，被申请人的主要合同目的已经实现。根据付款条件 1 和条件 3 已成就、条件 2 因被申请人明示放弃且成就的前提基础已发生根本变化而无须成就，被申请人向申请人支付剩余股权转让金 3500 万元已成为无附条件履行的合同义务。同时，根据本案协议第 4.6 款的约定，第一被申请人及第二被申请人应对本案协议项下的股权转让金的按时足额支付承担连带责任。据此，仲裁庭认定申请人的第一项仲裁请求符合本案协议约定，且于法律、于事实有据，仲裁庭予以支持。

2. 申请人的第二项仲裁请求

申请人第二项仲裁请求是，两被申请人连带向申请人支付延期付款违约金 4179 万元。

鉴于被申请人向申请人支付全部股权转让金为 4700 万元，除仲裁庭认定的本案协议 4.4 款约定的履行条件 2 已无须成就外，其余付款条件均已有效成就，且被申请人实际仅向申请人支付 1200 万元股权转让金，被申请人应对其不支付其余 3500 万股权转让款的行为承担违约责任。鉴于在本案双方争议的 017×号仲裁裁决中，仲裁庭支持了本案被申请人在该案中有关本案协议成立并生效的主张。依据合法有效合同完全履行的法律原则，仲裁庭认为，被申请人就其拒不支付其余 3500 万股权转让款行为向申请人支付延期付款违约金 2850 万元，是合理的。

（七）关于本案的仲裁费用和实际费用

根据本案审理结果和仲裁规则，鉴于仲裁庭对本案申请人仲裁请求部分未予支持，故本案仲裁费由两被申请人共同承担 80%，两申请人承担 20%。

根据本案的实际情况及审理结果，申请人选定居住地不在北京的仲裁员因本案而发生的实际费用由申请人自行承担，被申请人选定居住地不在北京的仲裁员因本案发生的实际费用由被申请人自行承担。

三、裁决

综上，仲裁庭对本案裁决如下：

1. 第一被申请人、第二被申请人连带向第一申请人、第二申请人支付股权转让金人民币 3500 万元；

2. 第一被申请人、第二被申请人连带向第一申请人、第二申请人支付延期付款违约金人民币 2850 万元；

3. 本案仲裁费为人民币 792 125 元，由第一被申请人、第二被申请人共同承担 80%，即人民币 633 700 元，由第一申请人、第二申请人共同承担 20%，即人民币 158 425 元。该费用已与申请人缴纳等额仲裁预付金全额冲抵，故第一被申请人、第二被申请人应向申请人支付人民币 633 700 元，以补偿申请人代其垫付的仲裁费。

本案申请人选定仲裁员的实际费用为人民币 6090 元，由申请人自行承担，该费用与申请人预缴的实际费用人民币 20 000 元相冲抵后，余额人民币 13 910 元，由仲裁委员会退回申请人。

被申请人选定仲裁员的实际费用为人民币 4590 元，由被申请人自行承担，该费用与被申请人预缴的实际费用人民币 20 000 元相冲抵后，余额人民币 15 410 元，由仲裁委员会退回被申请人。

以上各裁决项下被申请人应向申请人支付的款项，被申请人应于本裁决作出之日起 20 日内支付完毕。

本裁决为终局裁决，自作出之日起生效。

首席仲裁员：刘某
仲　裁　员：白某
仲　裁　员：浦某
二〇一七年三月××日于北京

下篇
诊断所需知识储备

合同及公司

【合同法】

合同无效的 8 种情形及 13 个裁判规则

根据《合同法》的规定，有下列情形之一的，可认定合同或者部分合同条款无效：（1）一方以欺诈、胁迫的手段订立的损害国家利益的合同；（2）恶意串通，并损害国家、集体或第三人利益的合同；（3）合法形式掩盖非法目的的合同；（4）损害社会公共利益的合同；（5）违反法律和行政法规的强制性规定的合同；（6）对于造成对方人身伤害或者因故意或重大过失造成对方财产损失免责的合同条款；（7）提供格式条款一方免除责任、加重对方责任、排除对方主要权利的条款无效；（8）因被撤销而形成的合同无效情形。

我们将通过本文的 13 个案例详细阐述在实务中哪些情形容易出现合同无效以及合同无效的法律后果。

一、一方以欺诈、胁迫手段订立合同，损害国家利益

根据《民法通则若干问题的意见》（部分失效）第六十八条之规定，所谓欺诈是指一方当事人故意告知对方虚假情况，或者故意隐瞒真实情况，诱使对方当事人作出错误的意思表示。因欺诈而订立的合同，是在受欺诈人因欺诈行为发生错误认识而作意思表示的基础上产生的。根据《民法通则若干问题的意见》第六十九条的规定，所谓胁迫，是以给公民及其亲友的生命健康、荣誉、名誉、财产等造成损害或者以给法人的荣誉、名誉、财产等造成损害为要挟，迫使相对方作出违背真实意思表示的行为。胁迫也是影响合同效力的原因之一。依《合同法》第五十二条规定，一方以欺诈、胁迫等手段订立的合同，只有在有损国家利益时，该合同才为无效。

二、恶意串通，并损害国家、集体或第三人利益的合同

所谓恶意串通，是指当事人为实现某种目的，串通一气，共同实施订立合同的民事行为，造成国家、集体或者第三人的利益损害的违法行为。恶意串通，损害国家、集体或者第三人利益的合同，司法实践中并不少见，主要有债务人为规避强制执行，而与相对方订立虚伪的买卖合同、虚伪抵押合同或虚伪赠与合同等；企业高管或控股股东利用关联企业交易损害公司利益的情形；债务人与债权人恶意串通骗取保证等情形。

恶意串通所订立的合同，是绝对无效的合同，不能按照《合同法》第五十八条规定的一般的绝对无效合同的原则处理，而是按照《合同法》第五十九条的规定，将双方当事人因该合同所取得的财产，收归国有或者返还集体或者个人。

1. 债务人为躲避执行，通过关联企业转移资产相关转让合同应认定为无效

案例：指导案例 33 号：瑞士嘉吉国际公司诉福建金石制油有限公司等确认合同无效纠纷案（最高人民法院审判委员会讨论通过 2014 年 12 月 18 日发布）。

裁判要旨：

（1）债务人将主要财产以明显不合理低价转让给其关联公司，关联公司在明知债务人欠债的情况下，未实际支付对价的，可以认定债务人与其关联公司恶意串通、损害债权人利益，与此相关的财产转让合同应当认定为无效。

（2）所涉合同被认定无效后的法律后果

对于无效合同的处理，人民法院一般应当根据《合同法》第五十八条"合同无效或者被撤销后，因该合同取得的财产，应当予以返还；不能返还或者没有必要返还的，应当折价补偿。有过错的一方应当赔偿对方因此所受到的损失，双方都有过错的，应当各自承担相应的责任"的规定，判令取得财产的一方返还财产。《合同法》第五十九条规定："当事人恶意串通，损害国家、集体或者第三人利益的，因此取得的财产收归国家所有或者返还集体、第三人。"

该条规定应当适用于能够确定第三人为财产所有权人的情况。本案

中，嘉吉公司对福建金石公司享有普通债权，本案所涉财产系福建金石公司的财产，并非嘉吉公司的财产，因此只能判令将系争财产返还给福建金石公司，而不能直接判令返还给嘉吉公司。

《合同法》第五十九条规定适用于第三人为财产所有权人的情形，在债权人对债务人享有普通债权的情况下，应当根据《合同法》第五十八条的规定，判令因无效合同取得的财产返还给原财产所有人，而不能根据第五十九条规定直接判令债务人的关联公司因"恶意串通，损害第三人利益"的合同而取得的债务人的财产返还给债权人。

2. 企业高管或控股股东利用关联企业交易损害公司利益，相关合同应当认定无效

案例：杨某诉上海若来网络科技有限公司等损害公司利益责任纠纷案，上海市第一中级人民法院［2014］沪一中民四（商）终字第2265号民事判决书。

裁判要旨：

杨某利用其系若来公司法定代表人身份，与其关联公司诚冠公司实施的无偿转让计算机软件著作权的交易行为，损害了若来公司利益，应为无效。转让合同无效，系争著作权应恢复为若来公司所有，杨某与诚冠公司应协助若来公司办理著作权变更登记手续，相关费用亦应由杨某与诚冠公司承担。杨某、诚冠公司还应赔偿若来公司因转让著作权而造成的经济损失。

3. 债权人与债务人恶意串通，骗取保证人保证的，相关保证合同应认定无效

案例：吉林市信发小额贷款有限责任公司与永吉县丰源粮食经销有限公司等借款合同纠纷、保证合同纠纷上诉案，吉林省高级人民法院［2015］吉民二终字第20号民事判决书。

裁判要旨：

《中华人民共和国担保法》第三十条规定："有下列情形之一的，保证人不承担民事责任：（一）主合同当事人双方串通，骗取保证人提供保证的；（二）主合同债权人采取欺诈、胁迫等手段，使保证人在违背真实意思的情况下提供保证的。"《最高人民法院关于适用〈中华人民共和国

担保法〉若干问题的解释》第四十条规定："主合同债务人采取欺诈、胁迫等手段，使保证人在违背真实意思的情况下提供保证的，债权人知道或者应当知道欺诈、胁迫事实的，按照担保法第三十条的规定处理。"

本案中，丰源公司对借款已经发放用于还贷的事实存在隐瞒，而谎称用以购粮，抵押物因银行未释放，债权人信发公司要求丰源公司另行提供担保的情况没有告知，这种隐瞒和未告知已构成欺诈。对于债权人信发公司来说，以上情况均应当知道，从信发公司草拟合同、控制丰源公司公章、保证合同份数前后表述不一、合同首尾页内容前后不对应以及合同存在换页嫌疑等一系列细节情况看，债权人存在转嫁风险的心理状态和行为。

隐瞒、故意不告知现实风险构成了担保合同中的欺诈。本案保证合同形成过程的事实，符合上述法律关于"债务人构成欺诈"，同时"债权人知道或应当知道"所规定的情形。故常文山不应承担保证责任。

4. 聘用违反竞业禁止的员工，获利单位需承担连带赔偿责任

为了增强市场竞争力，企业通常会从竞争对手的团队里"挖掘"核心人才。但企业所聘用的员工与原单位签订竞业禁止协议或者相关的保密协议等，若企业明知此种情况仍予以聘用，则相关劳动合同是基于恶意串通形成，应认定无效。若企业仅是未尽到合理注意义务，其相关劳动合同也会因原用人单位的维权而解除。《劳动法》第九十九条规定："用人单位招用尚未解除劳动合同的劳动者，对原用人单位造成经济损失的，该用人单位应当承担连带赔偿责任。"

《违反〈中华人民共和国劳动法〉有关劳动合同规定的赔偿办法》第六条也指出："用人单位招用尚未解除劳动合同的劳动者，对原用人单位造成经济损失的，除该劳动者承担直接赔偿责任外，该用人单位应当承担连带赔偿责任。其连带赔偿的份额应不低于对原用人单位造成经济损失总额的百分之七十。向原用人单位赔偿下列损失：（一）对生产、经营和工作造成的直接经济损失；（二）因获取商业秘密给用人单位造成的经济损失。"

三、合法形式掩盖非法目的的合同

以合法形式掩盖非法目的而订立的合同，应当具备下列要件：一是

当事人所要达到的真实目的或者其手段必须是法律或者行政法规所禁止的；二是合同的当事人具有规避法律的故意；三是当事人为规避法律、行政法规的强制性规定而采用了合法的形式对非法目的进行了掩盖。

1. 名为居间，实为借贷，违法收取高额借贷利息的，相关合同应当认定无效

案例：山东宁建集团济宁中兴置业有限公司等诉邱某等民间借贷纠纷案，福建省高级人民法院［2014］闽民终字第1054号民事判决书。

裁判要旨：

丰达公司与王某签订的《财务顾问合同》，表面上是丰达公司委托王某为财务顾问，通过王某寻找融资渠道，帮助丰达公司向邱某借款，而实际上王某与丰达公司并不相识，也无证据表明其为该笔借款提供了相应的居间服务。

王某以该笔民间借贷所谓居间人身份，每月按照借款金额的2.8%收取丰达公司的高额财务顾问费，甚至超过邱某出借款项所获得的收益，明显有悖常理；邱某辩称丰达公司支付的964万元中，有465万元为代王某收取的财务顾问费并已向王某支付，根据邱某提供的与王某之间的款项往来记录，与《财务顾问合同》中约定支付的时间、金额均不吻合，不能认定为系为本案借款支出的财务顾问费。

因此，该《财务顾问合同》是出借人为规避法律，名为居间，实为借贷，违法收取高额借贷利息的一种形式，根据《中华人民共和国合同法》第五十二条第一款第（三）项之规定，该《财务顾问合同》系以合法形式掩盖非法目的，为无效合同。

2. 为避税而产生的阴阳合同，不必然构成以合法形式掩盖非法目的

案例：李某与刘某房屋买卖合同纠纷上诉案，北京市第一中级人民法院［2014］一中民终字第8748号民事判决书。

裁判要旨：

刘某是否具备购房资格并非《北京市存量房屋买卖合同》无效的理由；避税产生的阴阳合同应为网签合同，网签合同是否有效并不影响《北京市存量房屋买卖合同》的效力；刘某是否构成刑事犯罪，亦不影响《北京市存量房屋买卖合同》的效力。

经本院审查，刘某与李某签订的《北京市存量房屋买卖合同》是双方真实的意思表示，没有欺诈、胁迫、恶意串通，损害国家、集体或者第三人利益的情形，亦没有以合法形式掩盖非法目的、损害社会公共利益或违反法律、行政法规的强制性规定的情形，应为有效合同。由此，李某上诉要求确认《北京市存量房屋买卖合同》无效的请求没有法律的依据，本院不予支持。

3. 名为咨询服务合同，实为"赴美生子"的相关协议并不必然无效

案例：陈某等与上海美致嘉商务咨询有限公司服务合同纠纷上诉案，北京市第三中级人民法院[2014]三中民终字第12429号民事判决书。

裁判要旨：

美致嘉公司为陈某、李某提供的是赴美生子一系列的咨询以及预定月子中心的服务，其内容是否违反法律规定，从第一个层面讲，我国法律并不禁止公民在另一个主权国家生育子女；而公民选择进入另一个主权国家生育子女，是否得到允许，取决于该国家的移民或出入境法律规定。该案中，陈某、李某对于其通过旅游签证在美产子的目的是明知的，且在签订该案的相关合同时就是明知的。

最终陈某、李某通过该旅游签证成功入境美国并生育，是否违法，亦应由该主权国家进行评价和追究。从第二个层面讲，该案中，美致嘉公司服务内容是提供签证咨询及预订月子中心的咨询。

签证咨询并不违法，且陈某、李某亦是自行办理了签证；而就预定月子中心的咨询服务来讲，我国法律并没有对此有禁止经营、限制经营、特许经营的规范，陈某、李某提出的应办理营业范围包括"赴美产子咨询服务"的营业执照并无法律依据，故美致嘉公司的服务并不违反我国法律的强制性效力性规定。而就开设在美国的所谓"月子中心"是否在美国属于合法组织，亦应该由当地法律来评价和追究。

4. 特殊主体为规避法律法规而发生的股权代持协议应认定为无效

（1）国外资本为避开市场准入限制而为的股份代持行为，因与政府颁布的《指导外商投资方向规定》相违背而归于无效；而类似于权钱交易、违法利益输送等进行的股份代持行为，不仅是对法律相关强制性规定的违反，更是触及到了刑事犯罪，所以应当认定为自始无效。

（2）当事人以非法目的而进行上市公司或者拟上市公司的股份代持，并且没有按照法律法规规定对代持信息进行真实披露的，或者对代持信息进行虚假、片面披露的，认定该股份代持行为自始无效。

（3）一些主体是明确不可以进入一些行业的，比如国家公务员、证券从业人员以及其他法律法规规定不可以作为企业股东的，通过代持协议控股，应认定为以合法形式掩盖非法目的。

（4）为了规避竞业禁止协议而在新创立的公司中找他人代持，此处应该根据代持人或企业是否知晓实际出资人负有履行竞业禁止义务，若是知晓，则可能构成恶意串通，损害第三人利益；若不知晓，则可能构成以合法形式掩盖非法目的（此处争议较大）。

四、损害社会公共利益的合同

在法律、行政法规无明确规定，但合同又明显地损害了社会公共利益时，可以适用"损害社会公共利益"条款确认合同无效。

案例：无锡市掌柜无线网络技术有限公司诉无锡嘉宝置业有限公司网络服务合同纠纷案，载《最高人民法院公报·案例》（2015/03/2，21:46）。

裁判要旨：

（1）当事人订立、履行合同，应遵守法律、行政法规，尊重社会公德，不得扰乱社会经济秩序，损害社会公共利益。本案中，根据双方所签协议及当事人陈述，双方在对所发送的电子信息的性质充分知情的情况下，无视手机用户群体是否同意接收商业广告信息的主观意愿，强行向不特定公众发送商业广告，违反网络信息保护规定、侵害不特定公众利益，该合同应属无效，所发送短信应认定为垃圾短信，故判决驳回网络公司诉讼请求。

（2）因网络公司对该协议已履行完毕，置业公司客观上已实际受益；网络公司作为网络服务提供者，在订立、履行合同过程中，违反电子信息发布规定，故意向不特定公众发送垃圾短信，行为恶劣，故另行裁定对置业公司所欠网络公司的服务费8.4万元予以收缴。

五、违反法律和行政法规的强制性规定的合同

违反法律、行政法规的强制性规定的合同，是指当事人在订约目的、订约内容都违反法律和行政法规强制性规定的合同。《最高人民法院

关于适用〈中华人民共和国合同法〉若干问题的解释（一）》（以下简称《合同法解释（一）》）第四条明确规定：合同法实施以后，人民法院确认合同无效，应当以全国人大及其常委会制定的法律和国务院制定的行政法规为依据，不得以地方性法规、行政规章为依据。《合同法解释》（二）第十四条对上述条款中的强制性规定的表述进一步细化为是一种效力性规定，将强制性条款区分为管理性条款和效力性条款，只有后者才影响合同的效力。

1. 建筑工程中"低价竞标"，相关合同应根据实际情况认定其效力

案例：南通市通州百盛市政工程有限公司与苏州市吴江东太湖综合开发有限公司建设工程施工合同纠纷上诉案，江苏省高级人民法院[2014]苏民终字第00367号民事判决书。

裁判要旨：

民事领域的法律关系应以意思自治调整为主，法律的强制干预为辅。依据《中华人民共和国合同法》第五十二条第（五）项的规定，违反法律、行政法规强制性规定的合同无效。《合同法解释》（二）第十四条对上述条款中的强制性规定的表述进一步细化为是一种效力性规定，将强制性条款区分为管理性条款和效力性条款，只有后者才影响合同的效力。《中华人民共和国招标投标法》第三十三条规定："投标人不得以低于成本价的报价竞标。"

该法中所指建设工程的成本价对不同承包企业而言是不同的，主要取决于其成本管理控制能力，低于成本倾向于理解为企业个别生产成本，故招标过程中协诚公司编制的工程造价咨询标底造价严格讲并非成本价认定之根据。对于成本问题，应由作为施工单位的投标者一方加以关注并结合自身能力预先估测。

投标人不得以低于成本价的报价竞标，其目的并非出于对其缔约自由意思本身之强行约束，而是基于《中华人民共和国建筑法》以建筑产品质量安全这一社会公共利益考量作出的规制。

本案中标合同所涉标的，并非一般意义上的建设工程或建筑产品，而是取土工程，招投标主要范围是土方挖运、堆放、便道（桥）和土源管理等，带有一定的技术含量相对较低的劳务承包特征。故百盛市政公司

在自主报价并中标施工的基础上,在施工过程中又以合同约定工程价格因受迫东太湖公司而低于成本价,主张合同无效,缺乏事实和法律依据。

《建筑工程施工合同》既然合法有效,即应作为双方结算的依据。退一步讲,即使《建筑工程施工合同》无效,本案也应参照《建筑工程施工合同》结算工程款。

理由是:根据《最高人民法院〈关于审理建设工程施工合同纠纷案件适用法律问题的解释〉》第二条的规定,建设工程施工合同无效,但建设工程经竣工验收合格,承包人可以请求参照合同约定支付工程价款。一般情形下,合同约定工程价款会低于按照定额标准按实结算的工程价款,在合同无效时,如果允许承包人按照定额标准结算工程价款将高于合同约定工程价款,就会使其获得比合同有效情形下更多的利益,故从平等保护合同双方当事人的利益考虑,在建设工程施工合同无效,但建设工程经竣工验收合格的情况下,发包人也有权请求参照合同约定支付工程款。

2. 违章建筑或被指定为拆迁区域的房屋,租赁协议应认定为无效

租赁合同无效的情形有:(1)未经竣工验收的房屋出租,房屋租赁合同无效。(2)违章建筑的房屋出租,房屋租赁合同无效。(3)被确定为拆迁的房屋出租,房屋租赁合同无效。(4)出租人就未取得建设工程规划许可证或者未按照建设工程规划许可证的规定建设的房屋,与承租人订立的租赁合同无效。(5)出租人就未经批准或者未按照批准内容建设的临时建筑,与承租人订立的租赁合同无效。(6)租赁期限超过临时建筑的使用期限,超过部分无效。

案例:济南市蔬菜公司经营部等诉张某房屋租赁合同纠纷再审案,山东省济南市中级人民法院[2014]济民再字第130号民事判决书。

裁判要旨:

蔬菜公司经营部与张某于2005年7月14日签订的《房屋租赁合同》所涉及的房屋系未经过有关主管部门批准而建设的临时用房之事实清楚,本院予以确认。根据《最高人民法院关于审理城镇房屋租赁合同纠纷案件具体应用法律若干问题的解释》第三条规定,双方签订的上述《房屋租赁合同》无效。蔬菜公司经营部主张该《房屋租赁合同》有效的

理由不能成立，本院不予支持。虽然该《房屋租赁合同》无效，但根据《最高人民法院关于审理城镇房屋租赁合同纠纷案件具体应用法律若干问题的解释》第五条规定，本案可参照合同约定的租金标准支付房屋占有使用费。

3.《公司法》第十六条属于管理性规范，不应作为认定担保是否有效的依据

案例：招商银行股份有限公司大连东港支行与大连振邦氟涂料股份有限公司、大连振邦集团有限公司借款合同纠纷案（最高院公报，2015年第2期）。

裁判要旨：

《公司法》第十六条第二款规定，公司为公司股东或者实际控制人提供担保的，必须经股东会或者股东大会决议。该条款是关于公司内部控制管理的规定。不应以此作为评价合同效力的依据。担保人抗辩认为其法定代表人订立抵押合同的行为超越代表权，债权人以其对相关股东会议决议履行了形式审查义务，主张担保人的法定代表人构成表见代表的，人民法院应予支持。

4. 农村房屋及小产权房买卖，相关合同效力的认定

（1）城镇非农业户口居民购买农村居民房屋的合同应认定为无效

《土地管理法》第六十三条规定："农民集体所有的土地使用权不得出让、转让或者出租用于非农业建设。"

《国务院关于深化改革严格土地管理的决定》规定："禁止擅自通过'村改居'等方式将农民集体所有土地转为国有土地。禁止农村集体经济组织非法出让、出租集体土地用于非农业建设。改革和完善宅基地审批制度，加强农村宅基地管理，禁止城镇居民在农村购置宅基地。"

《关于加强农村宅基地管理的意见》（国土资源部国土资发〔2004〕234号）第（十三）款重申："严禁城镇居民在农村购置宅基地，严禁为城镇居民在农村购买和违法建造的住宅发放土地使用证。"

（2）集体经济组织成员可以买卖自有房屋

案例：兰某等与田某等房屋买卖合同纠纷再审申请案，内蒙古自治区高级人民法院〔2014〕内民申字第452号民事裁定书。

裁判要旨：

本案为农村房屋买卖法律关系而非农村宅基地买卖法律关系。现行法律、行政法规并未禁止农村房屋买卖行为。

2011年4月3日被申请人田利林与申请人兰某、李某签订的《房屋转让协议书》是双方当事人真实意思表示，内容不违反法律、行政法规的禁止性规定，应为有效合同。

原判认定被申请人田利林与申请人兰某、李某签订的《房屋转让协议书》是在平等自愿基础上达成，内容合法，确认有效，故原审法院适用法律并无不当。

申请人兰某、李某认为，被申请人田某购买申请人的房屋违反国家强制性法律规定，应当认定为无效等的再审事由没有事实和法律依据。

（3）小产权房买卖合同一般认定为无效

根据《土地管理法》第四条的规定，国家实行土地用途管制制度；国家编制土地利用总体规划，规定土地用途；使用土地的单位和个人必须严格按照土地利用总体规划确定的用途使用土地。而建设、销售小产权房正是违背土地利用总体规划、擅自改变土地用途而违法建设的典型，严重扰乱了土地市场和房地产市场秩序，损害国家利益及社会公共利益，买卖合同一般应属无效。

海南省高级人民法院于2011年下发的《关于办理商品房买卖合同纠纷案件的指导意见》中规定，"城镇居民就农村集体土地上修建的小产权房与他人所签订的买卖合同无效，由此而造成的损失由双方按过错责任大小分担"；山东省高级人民法院于2011年11月30日下发的《全省民事审判工作会议纪要》中也明确"对于因买卖在集体所有的土地上开发的小产权房而引发的纠纷案件，要严格贯彻国家的公共政策和诚信交易秩序，依法确认小产权房买卖合同无效，并通过出卖人承担缔约过失责任等方式避免当事人之间利益关系失衡"；北京市高级人民法院民一庭针对小产权房的买卖问题，专门于2013年12月23日下发了《关于对涉及"小产权"房屋买卖合同纠纷案件慎重处理的通知》，要求各级法院民庭对于已经受理的相关案件，应当高度重视，妥善处理，在相关法律政策尚未出台前，不应以判决方式认定小产权房屋买卖合同有效。

关于农村宅基地上的房屋买卖被确认无效之后的赔偿问题，关于补偿数额的确定，虽然国家禁止小产权房交易，但毕竟小产权房的实际交易价格是存在的，可以征询数家房地产中介机构，了解类似小产权房的实际交易价格与买受人原购买价格之间的差额，并考虑双方的过错程度酌定补偿数额。

六、提供格式条款一方免除责任、加重对方责任、排除对方主要权利的条款无效

除了导致合同无效的一般情形之外，鉴于格式条款的特殊性，《合同法》规定，提供格式条款一方免除其责任、加重对方责任、排除对方主要权利的，该条款无效。需要指出的是，某个或者某些格式条款的无效，不影响其他部分效力的，其他部分仍然有效。例如目前较为热点的淘宝服务协议，法院认为，民诉法解释中的"采取合理方式提请消费者注意"，应指在通常情况下，以明确且显而易见的方式使一般民事主体可以正常获悉与其权益密切相关的信息。

七、其他

1."确认合同无效之诉"不适用诉讼时效

案例：广西北生集团有限责任公司与被上诉人北海市威豪房地产开发公司、广西壮族自治区畜产进出口北海公司土地使用权转让合同纠纷一案，最高人民法院［2005］民一终字第104号民事判决书。

裁判要旨：

合同当事人不享有确认合同无效的法定权利，只有仲裁机构和人民法院有权确认合同是否有效。合同效力的认定，实质是国家公权力对民事行为进行的干预。合同无效系自始无效，单纯的时间经过不能改变无效合同的违法性。

当事人请求确认合同无效，不应受诉讼时效期间的限制，而合同经确认无效后，当事人关于返还财产及赔偿损失的请求，应当适用法律关于诉讼时效的规定。本案中，威豪公司与北生集团签订的《土地合作开发协议书》被人民法院确认无效后，威豪公司才享有财产返还的请求权，故威豪公司的起诉没有超过法定诉讼时效期间。

2. 合同确认无效后，应如何适用诉讼时效

《合同法》第五十八条规定："合同无效或者被撤销后，因该合同取得的财产，应当予以返还；不能返还或者没有必要返还的，应当折价补偿。有过错的一方应当赔偿对方因此所受到的损失，双方都有过错的，应当各自承担相应的责任。"

根据现行法律关于合同无效后的法律后果的规定，可以分为物的返还、不当得利返还、缔约过失责任三种情形。具体分述如下：

（1）物的返还请求权如何适用诉讼时效

合同当事人因合同的履行而交付物的，如果是有体物，则有登记的物和不登记的物之分。如果因合同交付的物属于登记的物，在合同无效后，交付物的一方因享有物的返还请求权而不适用诉讼时效制度。具言之，如果交付的标的物已经办理完登记过户手续，在合同无效时，受领人则丧失标的物的所有权，故应负有注销登记的义务，原所有权人则有权请求使不动产回复登记至自己名下，故不适用诉讼时效。

在交付其他动产的场合，由于动产以交付为所有权转移的要件，合同无效时，物的所有权人则享有请求他人返还其动产的请求权，该请求权为债权请求权，按照《民法通则》及《诉讼时效规定》等法律法规的规定，此时物的返还则应适用诉讼时效。诉讼时效应自判决确认合同无效的次日起算。法发［2009］19号已经承认这种观点，其第七条第1款后段规定："相关不良债权的诉讼时效自金融不良债权转让合同被认定无效之日起重新计算。"

（2）不当得利返还请求权如何适用诉讼时效

合同无效时，因合同发生的给付须返还，已为法律所明定。上文已经讨论了物的返还，合同当事人因合同义务而发生的给付除有体物外，尚存在其他类型的给付，当该等给付属于劳务等无形的给付时，则发生不当得利返还请求权。《最高人民法院关于审理民事案件适用诉讼时效制度若干问题的规定》第八条规定："返还不当得利请求权的诉讼时效期间，从当事人一方知道或者应当知道不当得利事实及对方当事人之日起计算。"问题在于不当得利返还义务产生的时间判断。

从实务的角度出发，如果严守《民法通则》第137条"诉讼时效期

间从知道或者应当知道权利被侵害时起计算"的规定,则上述不当得利返还请求权的诉讼时效期间应从当事人知道或应当知道合同存在无效的原因时起算。如此计算存在较多弊端,例如在当事人知道或应知合同存在无效的原因较早,而合同被确认无效的时间过晚的场合,可能会出现"合同被确认无效,但不当得利返还请求权已过诉讼时效"的情形。只有在合同被确认为无效时,不当得利返还请求权才事实上成立,此时当事人知道或应知其权利被侵害,时效期间从合同被确认无效的次日起算,才合理。

(3) 缔约过失责任如何适用诉讼时效

《合同法》第五十八条后段规定:"有过错的一方应当赔偿对方因此所遭受的损失……"因此,在合同无效时,如果对方当事人存在过错的,则应对相对方承担缔约过失责任,具体即为赔偿损失。因此,承担缔约过失责任(赔偿损失)应适用诉讼时效的规定。按照民法原理,赔偿损失的诉讼时效期间应自有过错的当事人负赔偿责任之时的次日开始计算。而按照《合同法》五十八条的规定,合同无效后,有过错的一方应赔偿对方因此遭受的损失,亦即过错方的赔偿责任自合同被确认无效时产生,因此,合同无效时的缔约过失责任的诉讼时效自合同被确认无效之时的次日开始计算。

(4) 如果当事人乃至利害关系人在请求法院或仲裁机构确认合同无效的同时请求返还因合同无效而受领的给付,请求过失方承担缔约过失责任,法院或仲裁机构一并支持了前述诉求,判决或裁定生效后则产生既判力,如果相对方不履行上述返还或赔偿义务的,则属于强制执行的问题,当事人不得再次就同样的诉求起诉,否则违反一事不再理原则。在此种场合,没有适用诉讼时效的余地。除此之外,合同被确认无效后的返还财产、赔偿损失等则应适用诉讼时效制度,其诉讼时效的起算点应自合同被确认无效之时的次日开始计算。

3. 房屋买卖合同被确认无效或被撤销、解除,银行按揭贷款合同是否可以解除

最高人民法院关于审理商品房买卖合同纠纷案件适用法律若干问题的解释》第二十四条规定:"因商品房买卖合同被确认无效或者被撤销、

解除，致使商品房担保贷款合同的目的无法实现，当事人请求解除商品房担保贷款合同的，应予支持。"依据此规定，在房屋买卖合同被确认无效或被撤销、解除的情况下，银行按揭贷款合同可以解除。

上述司法解释第二十五条第二款规定："商品房买卖合同被确认无效或者被撤销、解除后，商品房担保贷款合同也被解除的，出卖人应当将收受的购房贷款和购房款的本金及利息分别返还担保权人和买受人。"据此规定，银行按揭贷款合同因房屋买卖合同失效而被解除的，出卖人应将购房贷款返还给银行，将房款本息返还给购房者。

4. 劳动合同被确认无效后已提供的劳动如何支付报酬

《劳动合同法》第二十八条规定："劳动合同被确认无效，劳动者已付出劳动的，用人单位应当向劳动者支付劳动报酬。劳动报酬的数额，按照同工同酬的原则确定。"

5. 非民事性后果合同被确认无效或被撤销后，除发生返还财产、赔偿损失等民事性法律后果外，在特殊情况下还发生非民事性后果

《合同法》第五十九条具体规定了合同当事人恶意串通，损害国家、集体或者第三人利益的，发生追缴财产的法律后果，即将当事人恶意串通损害国家、集体或者第三人利益所取得的财产追缴回来，收归国家或返还给受损失的集体、第三人。收归国有不是一种民法救济手段，而是公法上的救济手段；一般称为非民法上的法律后果。依《民法通则若干问题的意见》中对《民法通则》第六十一条第二款"追缴双方取得的财产"的解释，应追缴财产包括双方当事人已经取得的财产和约定取得的财产，体现了法律对行为人故意违反法律的禁止性规范的惩戒。

房屋买卖合同无效的情形及法律后果

房屋买卖合同，是指房屋买卖合同作为一种特殊的买卖合同，它是指出卖人将房屋交付并转移所有权于买受人，买受人支付价款的合同。在房屋买卖中，买卖合同的有效性经常遇到纠纷，有效性是买卖双方争论的焦点，而在房屋买卖中，也会出现买卖合同无效的情形。笔者结合司法工作经验特归纳房屋买卖合同无效的情形，为美芹之献，供学术理

论界和司法实务界参考。

一、房屋买卖合同无效的情形

那么，究竟实践中哪些房屋买卖合同属无效合同呢？笔者结合司法实践认为主要有以下几种：

1. 房屋与土地分开转让，合同无效

《中华人民共和国物权法》第一百四十七条规定："建筑物、构筑物及其附属设施转让、互换、出资或者赠与的，该建筑物、构筑物及其附属设施占用范围内的建设用地使用权一并处分。"《城镇国有土地使用权出让和转让暂行条例》第二十四条规定："土地使用者转让地上建筑物、其他附着物所有权时，其使用范围内的土地使用权随之转让，但地上建筑物、其他附着物作为动产转让的除外。"《城市房地产管理法》第四十二条规定："房地产转让时，土地使用权出让合同载明的权利、义务随之转移。"这就是我国现行法律对土地、房屋的管理采取的"房地一体主义"原则，根据这一原则，所有人处分自己的房产时，建筑物所占用范围内的土地使用权一并处分。由于房屋是建筑在土地上的，为土地的附着物，具有不可分离性，因此，房屋的所有权通过买卖而转让时，该房屋占用范围内的土地使用权也必须同时转让。如果卖方将房产和土地使用权分别转让于不同的买方，或者出卖房屋时只转让房屋所有权而不同时转让土地使用权，买方可以提出这种买卖合同无效。

2. 侵犯优先购买权，合同无效

《物权法》第一百零三条规定：共有人对共有的不动产或者动产没有约定为按份共有或者共同共有，或者约定不明确的，除共有人具有家庭关系等外，视为按份共有。《民法通则》第七十八条规定："财产可以由两个以上的公民、法人共有。共有分为按份共有和共同共有。按份共有人按照各自的份额，对共有财产分享权利，分担义务。共同共有人对共有财产享有权利，承担义务。按份共有财产的每个共有人有权要求将自己的份额分出或者转让。但在出售时，其他共有人在同等条件下，有优先购买的权利。"《合同法》第二百三十条：出租人出卖租赁房屋的，应当在出卖之前的合理期限内通知承租人，承租人享有以同等条件优先购买的权利。最高人民法院《关于执行〈中华人民共和国民法通则〉若干问题的意见（试行）》第一百一十八条规定："出租人出卖租赁房屋，应提前三个月通知承租人，承租人在同等条件下享有优先购买权；出租人未按此规定出卖房屋的，承租人可以请求人民法院宣告该房屋买卖无效。"房屋所有人出卖共有房屋时，在同等条件下，按份共有人有优先购买权。房屋所有人出卖已租出房屋时，须提前三个月通知承租人，在同等条件下，承租人有优先购买权。所以同等条件，主要是指房价同等，还包括房价交付期限、方式同等等。房屋所有人出卖房屋时侵犯共有人、承租人优先购买权的，共有人、承租人可以请求法院宣告该房屋买卖无效。

3. 商品房预售违法，合同无效

我国《城市房地产管理法》第四十五条规定，商品房预售应当符合下列条件：已交付全部土地使用权出让金，取得土地使用权证书；持有建设工程规划许可证；按提供预售的商品房计算，投入开发建设的资金达到工程建设总投资的百分之二十五以上，并已经确定施工进度和竣工交付日期；向县级以上人民政府房产管理部门办理预售登记，取得商品房预售许可证明。如不符上述条件，买受人可请求法院或仲裁机构宣告该买卖无效。《最高人民法院关于审理商品房买卖合同纠纷案件适用法律若干问题的解释》第二条规定：出卖人未取得商品房预售许可证明，与买受人订立的商品房预售合同，应当认定无效，但是在起诉前取得商品房预售许可证明的，可以认定有效。

4. 与第三人恶意串通另行订立商品房买卖合同并将房屋交付使用导致买受人无法取得房屋的，买卖合同无效

《最高人民法院关于审理商品房买卖合同纠纷案件适用法律若干问题的解释》第十条：买受人以出卖人与第三人恶意串通，另行订立商品房买卖合同并将房屋交付使用，导致其无法取得房屋为由，请求确认出卖人与第三人订立的商品房买卖合同无效的，应予支持。

5. 无民事行为能力人签订的房屋买卖合同无效

《民法通则》第十二条规定：不满十周岁的未成年人是无民事行为能力人，由他的法定代理人代理民事活动。第十三条规定：不能辨认自己行为的精神病人是无民事行为能力人，由他的法定代理人代理民事活

动。第五十八条规定：下列民事行为无效：（一）无民事行为能力人实施的。因此，无民事行为能力人签订的房屋买卖合同无效。

6. 限制行为能力人未取得法定代理人同意签订的房屋买卖合同无效

《民法通则》第十二条规定：十周岁以上的未成年人是限制民事行为能力人，只能进行与他的年龄、智力相适应的民事活动；其他民事活动由他的法定代理人代理，或者征得他的法定代理人的同意。《民法通则》第十三条第二款规定：不能完全辨认自己行为的精神病人是限制民事行为能力人，可以进行与他的精神健康状况相适应的民事活动；其他民事活动由他的法定代理人代理，或者征得他的法定代理人的同意。《民法通则》第五十八条规定：下列民事行为无效：（二）限制民事行为能力人依法不能独立实施的。

《合同法》第四十七条规定："限制民事行为能力人订立的合同，经法定代理人追认后，该合同有效，但纯获利益的合同或者与其年龄、智力、精神健康状况相适应而订立的合同，不必经法定代理人追认。相对人可以催告法定代理人在一个月内予以追认。法定代理人未作表示的，视为拒绝追认。合同被追认之前，善意相对人有撤销的权利。撤销应当以通知的方式作出。"

7. 房屋买卖双方恶意串通，损害国家、集体或他人利益所签订的房屋买卖合同无效

《民法通则》第五十八条规定：下列民事行为无效：（四）恶意串通，损害国家、集体或者第三人利益的。《合同法》第五十二条规定：有下列情形之一的，合同无效：（二）恶意串通损害国家、集体或者第三人利益。

8. 买卖权属有争议的房屋买卖合同无效

《中华人民共和国城市房地产管理法》第三十八条规定：下列房地产不得转让：（五）权属有争议的。上述法律条文是《城市房地产管理法》专项特别法规的禁止性规范，属于强制性规定。《合同法》第五十二条规定：有下列情形之一的，合同无效：（五）违反法律、行政法规的强制性规定。出售人应当对所出售的房屋拥有绝对的、无任何瑕疵的所有权，因为产权发生争议的房屋权属尚未确定，出售人并不一定拥有绝对的所

有权，其签订的房屋买卖合同当然无效。

9. 司法机关和行政机关依法裁定、决定查封或者以其他形式限制房地产权利房屋的买卖合同无效

《中华人民共和国城市房地产管理法》第三十八条规定：下列房地产，不得转让：（二）司法机关和行政机关依法裁定、决定查封或者以其他形式限制房地产权利的。上述法律条文是《城市房地产管理法》专项特别法规的禁止性规范，属于强制性规定。《合同法》第五十二条规定：有下列情形之一的，合同无效：（五）违反法律、行政法规的强制性规定。被司法机关和行政机关依法裁定、决定查封或者以其他形式限制房地产权利的房屋，房屋所有人在房屋被解除上述措施前不得出售，否则所签订的房屋买卖合同无效。如法院依法查封的房屋、被划入拆迁规划红线范围内的房屋等。

二、房屋买卖合同效力认定中的一些特殊情形，应具体分析而不应一概认为无效，即特定条件下有效，特定条件下无效

1. 房屋买卖未采用书面形式

《城市房地产管理法》第四十一条规定："房地产转让，应当签订书面转让合同，合同中应当载明土地使用权取得的方式。"《合同法》第十条规定："当事人订立合同，有书面形式、口头形式和其他形式。法律、行政法规规定采用书面形式的，应当采用书面形式。当事人约定采用书面形式的，应当采用书面形式。"房屋买卖合同的签订应当采用书面形式。但我国《合同法》第三十六条规定："法律、行政法规规定或者当事人约定采用书面形式订立合同，当事人未采用书面形式但一方已经履行主要义务，对方接受的，该合同成立。"由此可见，房屋买卖合同即使未采用书面形式，也并不必然导致合同无效。如买卖双方均实际履行了主要义务，买受人已交付了房款，并实际使用和占有了房屋，又没有其他违法行为，只是该买卖合同没有书面形式的，应认为买卖关系有效。但为了过户的需要，应补签书面的房屋买卖合同，买方可要求卖方协助办理产权过户手续。如双方未履行口头合同的主要义务且并不能就此达成一致，则该合同应认定为无效的合同。

2. 卖方转让没有所有权证书的房屋买卖合同

《城市房地产管理法》第三十八规定：下列房地产不得转让（包括买卖）：（六）未依法登记领取权属证书的。但从该条立法目的上看，其规定应当是属于行政管理性的，违反这一规定，仅是产生房屋转让不能及时颁证或不能如期过户的结果。《合同法》第一百三十一条规定："出卖的标的物，应当属于出卖人所有或者出卖人有权处分。法律、行政法规禁止或者限制转让的标的物，依照其规定。"可见，只要标的物合法且有权处分，对于标的物是否有相关证照，合同法并无特别要求。《关于审理商品房买卖合同纠纷案件适用法律若干问题的解释》第十八条规定，由于出卖人的原因，买受人在下列期限届满未能取得房屋权属证书的，除当事人有特殊约定外，出卖人应当承担违约责任：（一）商品房买卖合同约定的办理房屋所有权登记的期限；（二）商品房买卖合同的标的物为尚未建成房屋的，自房屋交付使用之日起 90 日；（三）商品房买卖合同的标的物为已竣工房屋的，自合同订立之日起 90 日。合同没有约定违约金或者损失数额难以确定的，可以按照已付购房款总额，参照中国人民银行规定的金融机构计收逾期贷款利息的标准计算。第十九条规定：商品房买卖合同约定或者《城市房地产开发经营管理条例》第三十三条规定的办理房屋所有权登记的期限届满后超过一年，由于出卖人的原因，导致买受人无法办理房屋所有权登记，买受人请求解除合同和赔偿损失的，应予以支持。由此可以推导出：房屋买卖合同签订时，尽管该房屋尚未办理所有权登记，合同也有效。对此应理解为：房地产权利人没有现实房屋的产权证而不能办理房屋转让过程中涉及的登记过户手续，但不应据此认为预购房买卖合同必然无效。如双方在签订协议时对房屋权属证书尚未领取的状况是明知的，且当条件或期限成就时就可以办理过户手续，产权亦无其他争议或购买的房屋已交付原告入住时，一般应认定为有效。如卖方隐瞒无证的事实或因存在房屋建造存在违法行为且已被有关机关确定，根本不能取得所有权证的，则此类合同应为无效。

3. 没有办理过户手续而引起一方翻悔的

《关于私房买卖的成立一般应以产权转移登记为准的复函》（1990 年

2月17日最高人民法院）强调："签订房屋买卖协议以后，提出解除买卖协议，未办理产权转移登记手续，应认为该民事法律行为依法尚未成立。一方翻悔是允许的。"《关于范怀与郭明华房屋买卖是否有效问题的复函》（1992年7月9日最高人民法院）答复："房屋买卖系要式法律行为，农村的房屋买卖也应具备双方订有书面契约、中人证明、按约定交付房款以及管理房屋的要件；要求办理契税或过户手续的地方，还应依法办理该项手续后，方能认定买卖有效。"《关于审理商品房买卖合同纠纷案件适用法律若干问题的解释》第六条明确规定："当事人以商品房预售合同未按照法律、行政法规规定办理登记备案手续为由请求确认合同无效的，不予支持。"《物权法》第十五条规定："当事人之间订立有关设立、变更、转让和消灭不动产物权的合同，除法律另有规定或者合同另有约定外，自合同成立时生效；未办理物权登记的，不影响合同效力。"《关于适用〈中华人民共和国合同法〉若干问题的解释（一）》第九条中规定："依照合同法第四十四条第二款的规定，法律、行政法规规定合同应当办理批准手续，或者办理批准、登记等手续才生效，在一审法庭辩论终结前当事人仍未办理批准手续的，或者仍未办理批准、登记等手续的，人民法院应当认定该合同未生效；法律、行政法规规定合同应当办理登记手续，但未规定登记后生效的，当事人未办理登记手续不影响合同的效力，如果原告请求被告交付该讼争房屋，则人民法院应当责令被告继续履行其合同，并责令被告协助原告办理房屋过户手续。"

可见，房屋买卖合同是否进行登记已在法律上确认不是生效条件，仅是未办理有关手续之前，不具有将合同指向标的房产权属变更的效力。本质上说，这涉及债权行为和物权行为二元划分的理论，只要双方签订的不动产转移合同（债权行为）依法有效，当事人双方就应按合同约定和法律规定办理不动产登记（物权行为）手续。因合同一方原因未办理过户登记手续的，人民法院应责令其继续履行，办理过户登记。

4. 房屋共有人擅自转让的行为

《关于适用〈婚姻法〉若干问题的解释（一）》第十七条第（二）项"夫或妻非因日常生活需要对夫妻共同财产做重要处理决定，夫妻双方应

当平等协商，取得一致意见。他人有理由相信其为夫妻双方共同意思表示的，另一方不得以不同意或不知道为由对抗善意第三人。"《关于贯彻执行〈中华人民共和国民法通则〉若干问题的意见》第八十九条"共同共有人对共有财产享有共同的权利，承担共同的义务。在共同共有关系存续期间，部分共有人擅自处分共有财产的，一般认定无效。但第三人善意、有偿取得该项财产的，应当维护第三人的合法权益；对其他共有人的损失，由擅自处分共有财产的人赔偿。"《物权法》第一百零六条规定："无处分权人将不动产或者动产转让给受让人的，所有权人有权追回；除法律另有规定外，符合下列情形的，受让人取得该不动产或者动产的所有权：（一）受让人受让该不动产或者动产时是善意的。（二）以合理的价格转让。（三）转让的不动产或者动产依照法律规定应当登记的已经登记，不需要登记的已经交付给受让人。受让人依照前款规定取得不动产或者动产的所有权的，原所有权人有权向无处分权人请求赔偿损失。当事人善意取得其他物权的，参照前两款规定。"可见，我国法律已确立了我国物权的善意取得制度。只要符合善意取得的条件，即买方受让房屋时出于善意，不知有其他共有人或无从审查是否有其他共有人或有充足的理由认为其他共有人并不反对，支付了合理的对价，并进行了登记，则从保护善意第三人、维护交易秩序的目的出发，应当认定合同的效力，允许买方取得房屋的所有权。

5. 城镇非农业户口居民购买农村居民房屋的合同

《土地管理法》第六十三条规定："农民集体所有的土地使用权不得出让、转让或者出租用于非农业建设。"《国务院关于深化改革严格土地管理的决定》规定："禁止擅自通过'村改居'等方式将农民集体所有土地转为国有土地。禁止农村集体经济组织非法出让、出租集体土地用于非农业建设。改革和完善宅基地审批制度，加强农村宅基地管理，禁止城镇居民在农村购置宅基地。"《关于加强农村宅基地管理的意见》（国土资源部国土资发［2004］234号）第（十三）款重申："严禁城镇居民在农村购置宅基地，严禁为城镇居民在农村购买和违法建造的住宅发放土地使用证。"总的来说，从我国国家的政治基础和纯粹的法律规定来看，我国现行法律是不允许农村房屋买卖的。加之其又涉及多方利益博弈，要改变此类规定也很困难。但由于从法律的合理性及此类合同涉及的问题广泛性及复杂性来看，又没有充足的理由认定此类行为全部无效。且农村村民出售住房后，只是不能再次申请宅基地而已，购买房屋的城镇居民也可以行使房屋的居住使用权，只是不能取得所有权证。《物权法》第一百五十三条虽然规定，宅基地使用权的取得、行使和转让，适用土地管理法等法律和国家有关规定，但其却明确了宅基地使用权是一种物权，既然是物权，权利人当然有相应的支配权，包括处分权。所以对涉及宅基地使用权的转让效力的认定，司法实践中认定不尽相同，对该类房屋买卖合同效力的认定就不能简单地一律视为无效。如符合规划要求和用地条件、买房自用的，就应认定为有效；而如当事人一方提出无效，要求因其违反了诚实信用的民法原则而具有恶意的，则不应得到法律支持。

三、房屋买卖合同无效的法律后果

无效的房屋买卖合同自成立时起就没有法律效力，任何人在任何时候都可以主张该合同无效。该无效合同自成立时起即无效，具有溯及力。无效的房屋买卖合同房屋买卖由人民法院、仲裁机关确认。房屋买卖合同被宣告无效后，将产生以下法律后果：

1. 出卖人返还房屋价款，买受人返还房屋，涉及房屋因买受人装修增值部分出卖可适当给予补偿。

2. 有过错的一方应赔偿对方因此所受到的损失，双方都有过错的，应当各自承担相应的责任。

3. 在商品房买卖过程中，如涉及开发商恶意行为而导致合同无效，则开发商有可能支付已付购房款一倍金额的惩罚性赔偿责任。

4. 因双方恶意串通，损害国家、集体利益和第三人权益的，应当收缴双方财产，归国家所有或返还给第三人。

5. 涉及违法犯罪行为的，则应受到行政或刑事处罚。

最高法民一庭对民间借贷纠纷审判中疑难问题的权威意见

1. 民间借贷合同中没有约定利息，借款人自愿支付，但借款人又以不当得利为由要求出借人返还已支付的利息，人民法院是否支持？

对于这种情况，人民法院一般不予支持。《中华人民共和国民法通则》第九十二条规定："没有合法依据，取得不当利益，造成他人损失的，应当将取得的不当利益返还受损失的人。"根据法律确立的这一规则，构成不当得利有四个要件：一方获有利益；他方受到损失；获利与受损之间存在因果关系；获利没有合法根据，即无"法律上的原因"，这是不当得利的关键。本问题中，借款人自愿支付利息的行为是基于借款合同的成立和有效履行，并非没有"法律上的原因"。再者，借款合同未约定利息，存在两种情况，一种是双方可能有过口头的约定，这种情况在实践中并不少见，借款人是依据约定支付利息，便不得再要求返还；另一种是双方确实没有约定过利息，此种情况下，借款人主动支付利息的行为可视为新要约，出借人无异议并接受即形成双方新的合约，该合约已履行完毕，借款人要求返还即属于毁约行为，也不应得到支持。

2. 非金融性质的法人或其他组织在本单位内部通过借款形式向职工筹集资金，用于本单位生产、经营，是否受法律保护？

这种单位内部向职工集资的方式属于民间借贷的一种形式。民间借贷、民间融资作为我国金融体系的一个组成部分，已经成为正规金融融资方式的有益补充，在我国整个金融体系中占有巨大的份额，在促进国民经济迅速发展方面发挥着重要的作用。所以，仅从这种融资形式上讲，法律是不禁止的。但具体融资的行为是否有效、是否受法律保护，首先应审查是否存在《合同法》第五十二条关于合同无效规定的情形：（1）一方以欺诈、胁迫的手段订立合同，损害国家利益；（2）恶意串通，损害国家、集体或者第三人利益；（3）以合法形式掩盖非法目的；（4）损害社会公共利益；（5）违反法律、行政法规的强制性规定。如果存在以上情形，单位内部的集资行为归于无效。除此之外，还应审查向本单位职工集资取得的资金，如果用于从事下列活动，也应认定为无效：（1）转贷给他人牟取利益；（2）用于从事违法活动；（3）从事违背社会公序良俗的活动。

3.《最高人民法院关于审理民间借贷案件适用法律若干问题的规定》第二十八条规定中有条件保护借贷双方将利息计入本金的约定，在合同未予约定情形下，能否将利息计入借款本金并计算逾期利息？

答案是否定的，逾期利息的计算基数仍然是借款本金，而不能将利息计入本金中计算逾期利息。一方面，我国《合同法》第二百零七条规定，借款人未按照约定的期限返还借款的，应当按照约定或者国家有关规定支付逾期利息，但是该款并未规定在支付逾期利息时需要将原有的利息计算到本金中计算利息。另一方面，如果将借款本息作为逾期利息的计算基数，则无异于在当事人没有约定的情况下，由法院审判为当事人计算了复利。

当然，需要注意的是，上述的处理是在当事人没有约定的情况下关于逾期利息计算基数的处理。如果当事人明确约定了逾期利息的计算基数包括了本息之和，则当事人的约定符合《最高人民法院关于审理民间借贷案件适用法律若干问题的规定》的，应是允许的，但是该种计算逾期利息的约定必须符合本条规定的年利率的上限，即借款人在借款期间届满后应当支付的本息之和，不能超过最初借款本金与以最初借款本金为基数、以年利率 24%计算的整个借款期间的利息之和。出借人请求借款人支付超过24%部分的约定逾期利息的，人民法院不予支持。

4. 民间借贷纠纷中，在借款到期后借款人未偿还借款，此时一般保证人向出借人出具《还款承诺函》，载明"现借款已到期，借款人没有归还借款本息。现本人同意承担担保责任，承诺于××××年×月××日前还清全部借款本息"，此行为的性质如何认定？出借人可否据此要求保证人承担保证责任？

依据我国担保法第十六条规定，保证的方式分为一般保证和连带责任保证。其中，当事人在保证合同中约定，债务人不能履行债务时，由保证人承担保证责任的，为一般保证。依据《中华人民共和国担保法》（以下简称《担保法》）第十七条第二款的规定，一般保证的保证人在主合同纠纷未经审判或者仲裁，并就债务人财产依法强制执行仍不能履行债务前，对债权人可以拒绝承担保证责任，此被称为一般保证人的先诉抗辩权。但依据《担保法》第十七条第三款的规定，对于这种先诉抗辩权，保证人可以书面形式放弃。一经放弃，保证人不得再行主张。

在民间借贷纠纷中，若保证人对于债务人的借款承担一般保证责任，基于其先诉抗辩权，出借人不能越过借款人直接起诉保证人，要求其承担保证责任。但如果保证人出具了上述内容的《还款承诺函》，这意味着保证人在明知借款人没有归还借款本息的情形下，仍愿意承担保证责任，并且进一步承诺在限定的日期之前向出借人还清全部借款本息，这相当于排除了"在主合同纠纷未经审判或者仲裁，并就债务人财产依法强制执行仍不能履行债务前拒绝承担保证责任"的适用，应视为其以书面形式放弃了一般保证先诉抗辩权，若承诺一旦逾期，出借人据此向其主张权利的，其不能再以先诉抗辩权为由拒绝承担保证责任。

5. 民间借贷中大额现金交付事实的举证证明责任与证明标准

民间借贷中，出借人对大额现金交付事实应承担举证证明责任，举证证明标准应达到《最高人民法院关于适用〈中华人民共和国民事诉讼法〉的解释》第一百零八条规定的"高度可能性"标准。在出借人提供的收据与借款合同载明金额一致，但借款人对出借人主张的现金交付事实不予认可的情况下，人民法院应当综合交付凭证、支付能力、交易习惯、借贷金额、当事人关系以及当事人陈述的交付细节经过等因素审查当事人的举证，以认定是否存在借贷关系，而不能简单依据优势证据原则认定大额现金交付事实存在。

6. 原告仅依据付款凭证、没有借贷合同提起民间借贷诉讼，被告抗辩主张为其他法律关系时，如何对当事人的举证责任进行分配？

对于原告仅依据付款凭证，向人民法院提起民间借贷诉讼，被告否认存在借贷关系并抗辩主张为其他法律关系的，被告应就其抗辩主张承担举证责任。

7. 关于民间借贷司法解释实施中需要注意的问题

第一，关于举证证明责任问题。要正确理解民事诉讼法司法解释第九十条的规定。负有举证责任的当事人要完成的是举证证明责任。在没有达到证明责任标准的情况下，不能认定其完成了举证证明责任。民间借贷纠纷中，尤其是出借人主张大额现金交付的，对于借贷事实是否发生，是出借人需要举证证明的重要内容，欠缺这个事实，只提供借据、欠条等债权凭证的，不能视为其完成了举证证明责任，需要当事人进一步提供证据来证明。对于这一点，自 2011 年以来，应该说我们的司法政策是一贯的，包括 2011 年《最高人民法院关于依法妥善审理民间借贷纠纷案件促进经济发展维护社会稳定的通知》、《2011 年全国民事审判工作会议纪要》和 2015 年的《关于审理民间借贷案件适用法律若干问题的规定》（以下简称《民间借贷司法解释》）。总体要求就是对借贷事实是否发生要结合借贷金额、款项交付、当事人的经济能力、当地或者当事人之间的交易方式、交易习惯、当事人财产变动情况以及当事人陈述、证人证言等事实进行综合判断。只有在贷款人提供的证据能够证明待证事实的发生具有高度可能性、足以使法官对现金交付的存在形成内心确信的标准时，才能被视为完成证明责任。实践中，要注意不宜以借款数额大小为标准来划分举证责任轻重。

第二，关于刑民交叉问题。司法解释用多个条文对民间借贷中涉及的刑民交叉问题进行规定，对指导司法实践起到了重要作用。当然，我们也了解到，这个问题非常复杂，从各地审理的案件情况看，合法的民间借贷与集资诈骗、非法吸收公众存款等经济犯罪之间的界限多有交织。如何划定合法与非法之间的合理界限，需要进一步探索。要准确适用《民间借贷司法解释》第五条的规定，不能机械地将所有涉嫌非法集资犯罪的民间借贷案件，一律以驳回起诉处理，对先刑后民原则要严格审慎适用。举个例子，只有在借贷行为本身可能认定为非法吸收公众存款或集资诈骗犯罪的，才能适用该解释第五条的规定，但是如果吸收非法公众存款或集资诈骗后又转贷的，对这种转贷产生的纠纷虽然与犯罪行为有牵连，也要按照民间借贷纠纷案件进行审理。

第三，关于合同履行地确定问题。《民间借贷司法解释》第三条规定，合同履行地约定不明无法确定的，以"接受货币一方所在地"作为合同履行地。对此实践中有模糊认识，笔者这里专门强调一下，这里的接受货币一方有两个含义，一是只能是双方当事人中的一方，不包括当事人之外的第三人，二是起诉要求对方向自己给付货币；一般来讲，原告方是接受货币的一方，而不是实践中已经接受支付的一方。举个例

子，对于诺成性的借款合同，签订合同后，出借人并没有实际出借该款项，借款人诉至法院要求出借人履行合同义务出借款项的，接受货币的一方就是借款人；反过来，如果借款人收到款项后，到期未还款，出借人起诉借款人要求还款的，该出借人就是接受货币一方。

侵 权 责 任

恶意侵权，法定代表人承担连带责任

【内容摘要】

江苏省高院就一起商标侵权及不正当竞争案件作出判决，在认定被告构成商标侵权及不正当竞争的同时，对于法定代表人是否应承担连带赔偿责任作出了认定。

本案中，江苏高院认为，从主观故意来看，被告法定代表人主观恶意明显；从经营职权看，被告公司股东构成较为简单，法定代表人所持股份较多，被告公司受法定代表人影响的程度较高；从侵权行为看，被告成立至今系以侵权经营为主业，其法定代表人应对此承担相应责任。综上，足以认定被告公司的法定代表人在明知原告公司注册商标及商誉的情况下，通过控制被告公司实施侵权行为，其个人对全案侵权行为起到了重要作用，故与被告公司构成共同侵权，应对上述公司所实施的涉案侵权行为所产生的损害结果承担连带责任。

附：裁判文书

江苏省高级人民法院
民事判决书

［2015］苏知民终字第00179号

上诉人（原审原告）：樱花卫厨（中国）股份有限公司，住所地江苏省昆山市青阳南路1号。
法定代表人：张某，该公司董事长。

委托代理人：赵某，江苏平和成律师事务所律师。

上诉人（原审被告）：苏州樱花科技发展有限公司，住所地江苏省苏州市北环路8号。

法定代表人：屠某，该公司董事长。

委托代理人：陈某，广东天道勤律师事务所律师。

上诉人（原审被告）：中山樱花集成厨卫有限公司，住所地广东省中山市黄圃镇大岑工业区益沛路。

法定代表人：余某，该公司董事长。

委托代理人：熊某，广东聚理律师事务所律师。

上诉人（原审被告）：中山樱花卫厨有限公司，住所地广东省中山市东凤镇民乐村同吉路旁。

法定代表人：屠某，该公司董事长。

委托代理人：廖某，广东聚理律师事务所律师。

被上诉人（原审被告）：苏州樱花科技发展有限公司中山分公司，住所地广东省中山市黄圃镇大岑工业区成业大道（与千科路交会处）。

代表人：屠某，该分公司总经理。

委托代理人：陈某，广东天道勤律师事务所律师。

被上诉人（原审被告）：屠某，男，汉族，1963年5月15日生，居民身份证号码××××××××××××××××，住江苏省苏州市把秀新村30幢601室。

委托代理人：陈某，广东天道勤律师事务所律师。

被上诉人（原审被告）：余某，男，汉族，1970年2月19日生，居民身份证号码××××××××××××××××，户籍地江苏省阜宁县益林镇大余村十二组47号。

委托代理人：熊某，广东聚理律师事务所律师。

上诉人樱花卫厨（中国）股份有限公司（以下简称樱花卫厨公司）因与上诉人苏州樱花科技发展有限公司（以下简称苏州樱花公司）、上诉人中山樱花集成厨卫有限公司（以下简称中山樱花集成厨卫公司）、上诉人中山樱花卫厨有限公司（以下简称中山樱花卫厨公司）、被上诉人苏州樱花科技发展有限公司中山分公司（以下简称苏州樱花公司中山分公司）、被上诉人屠某、被上诉人余某侵害商标权及不正当竞争纠纷一案，不服江苏省苏州市中级人民法院（2013）苏中知民初字第 0322 号民事判决，向本院提起上诉。本院于 2015 年 8 月 3 日立案受理后，依法组成合议庭，于 2015 年 10 月 20 日公开开庭审理了本案。上诉人樱花卫厨公司委托代理人赵智庆、上诉人苏州樱花公司委托代理人陈诗斌、上诉人中山樱花集成厨卫公司委托代理人熊强强、上诉人中山樱花卫厨公司委托代理人廖凯波、被上诉人苏州樱花公司中山分公司委托代理人陈诗斌、被上诉人屠某委托代理人陈诗斌、被上诉人余某委托代理人熊强强到庭参加诉讼。本案现已审理终结。

樱花卫厨公司一审诉称：其享有在先注册商标及商号权，且具有极高知名度。苏州樱花公司、苏州樱花公司中山分公司、中山樱花集成厨卫公司、中山樱花卫厨公司、屠某、余某故意以与樱花卫厨公司商标、字号完全相同的字号在相同营业范围内取得企业登记并实际生产、销售与樱花卫厨公司相同或类似的产品，主观上具有"傍名牌"的故意。在其产品和广告宣传上使用与樱花卫厨公司相近似的商业标识，造成相关消费者对产品来源和市场主体的混淆，扰乱了市场秩序，构成商标侵权及不正当竞争。遂诉至法院请求判令六被告：1. 停止商标侵权及不正当竞争行为；2. 停止在相关产品、产品包装、装潢以及宣传中使用与其相近似的商标；3. 立即停止使用"樱花""樱花厨卫""樱花卫厨"等企业字号；4. 停止在网站宣传中、通过第三方网站的网络销售中以及其他形式的广告宣传中使用"樱花""苏州樱花""樱花集成厨卫"及"樱花卫厨"字样；5. 在《中国消费者报》公开声明，消除影响；6. 苏州樱花公司、苏州樱花中山分公司、中山樱花集成厨卫公司、中山樱花卫厨公司连带赔偿其经济损失 200 万元（含为制止侵权行为所支出的律师费 50 000 元，公证费 6280 元，购买侵权产品费用 1128 元，合计 57 408 元）；7. 屠某、余某对前述诉讼请求承担连带责任。

苏州樱花公司一审辩称：1. 其无商标侵权行为。其股东黄浩华系注册在第 11 类的第 1547737 号、第 3419541 号"樱花 YINGHUA"及图商标权人，且许可苏州樱花公司使用。苏州樱花公司在两商标核定使用的

多功能照明灯、水暖装置、气体打火机等商品范围内规范使用,两商标与樱花卫厨公司涉案商标亦不近似,樱花卫厨公司的指控无法律依据。2. 其无不正当竞争行为。其系第 3673358 号 "JNINHUA"及图注册商标权人,并使用在燃气炉和热水器等产品上。其企业名称系依法取得,受法律保护,其被控行为亦不可能误导相关公众与樱花卫厨公司的商业行为发生混淆。3. 樱花卫厨公司针对第 3673358 号 "JNINHUA" 及图、第 5774499 号 "YINGHUA 樱花"及图、第 8510583 号、"樱花 YINGHUA"及图、第 9657278 号 "樱花 YINGHUA"等商标直接或间接提起的多起商标争议均已被国家商标局驳回。4. 樱花卫厨公司的宣传语"我们为你想得更多"并非其独创,系模仿飞利浦公司的创意。5. 不构成共同侵权。本案所涉六名被告中的四家公司,除了苏州樱花中山分公司是苏州樱花公司的分支机构以外,其他两家公司均为有限责任公司的法人,各公司均独立运作,并无共同侵权之故意,也无共同侵权的行为。至于屠某、余某虽然是相关公司的股东,但并不因此需对公司行为承担责任。6. 樱花卫厨公司要求屠某、余某承担共同责任没有法律依据。两个人虽是公司股东,但公司均为有限责任公司,股东也不仅仅两人,樱花卫厨公司针对公司行为将公司股东作为被告,本无法律依据,其要求两个人就公司行为承担连带责任更无法律依据。

苏州樱花中山分公司一审辩称:同意苏州樱花公司的答辩意见,请求驳回樱花卫厨公司的诉讼请求。

中山樱花集成厨卫公司一审辩称:1. 其使用的第 7139306 号 "SAIKLIRA"及图、第 4388900 号图形、第 4346843 号 "SAIKLIRA"商标于 2014 年 2 月 19 日被北京市高级人民法院部分予以撤销,但樱花卫厨公司的举证是在 2013 年 8 月,当时三个商标处于效力待定状态,其使用不侵权。2014 年 2 月之后其进行了整改,取消了对部分商标的使用。2. 其依据第 4551660 号 "YINGHUA 樱花"商标的授权由中山市工商行政管理局核准企业名称,不构成不正当竞争。3. 其未与其他被告共同侵犯涉案商标权,亦没有证据证明其构成共同侵权。4. 没有证据证明其使用商标的行为对樱花卫厨公司涉案商标及声誉造成了影响。5. 没有证据证明其造成了 300 万元的损失或者有 300 万元的获利。

中山樱花卫厨公司一审辩称：1. 其樱花字号来源于股东黄浩华注册的第 8510583 号"YINGHUA 樱花"及图商标，其主打产品在该商标核准使用的商品范围内，其在厨房家电产品中并未使用与樱花卫厨公司涉案商标相同或近似的商标，不会造成消费者混淆，不构成商标侵权及不正当竞争。2. 其系独立法人，与其他被告不存在财务和人员上的混同，公司财产也独立于其法定代表人，故不存在与其他被告的共同侵权行为。即使其构成侵权，但其同樱花卫厨公司之间与其余被告公司同樱花卫厨公司之间也是独立的法律关系，不应在本案中一并处理。3. 无证据证明其存在持续侵权行为，樱花卫厨公司主张的经济损失无证据支持。

屠某一审辩称：同意苏州樱花公司的答辩意见，其无论作为个人还是苏州樱花公司的股东，均不应当成为本案的共同被告，也不应承担连带责任。

余某一审辩称：其与屠某共同作为股东注册了中山樱花山水净化电器设备有限公司，并经第 1558807 号"樱花山 SAKURAMOUNT"商标权人授权合法使用该企业字号，其后由于经营不善注销了该公司。没有任何证据证明其与屠某在法律上有任何牵连。其经第 4551660 号"YINGHUA 樱花"商标权人授权，合法注册中山樱花集成厨卫公司，且按照公司经营范围合法经营，不存在侵权行为。樱花卫厨公司将其与其余被告捆绑在一起共同提起诉讼没有法律依据，其也不存在任何侵权行为，故请求法院依法驳回樱花卫厨公司的诉讼请求。

一审法院查明：略

一审法院认为：略

樱花卫厨公司不服一审判决，向本院提起上诉，请求撤销一审判决，改判支持其在一审中的全部诉讼请求。主要理由：1. 一审判决认定事实错误，适用法律不当。一审判决仅认定苏州樱花公司存在广告宣传行为而未认定其实际生产、销售侵权产品属于认定事实错误；仅认定苏州樱花公司广告宣传行为构成不正当竞争，而未认定构成商标侵权、未认定其使用"樱花"企业字号构成不正当竞争，属于法律定性错误。一审判决未认定中山樱花集成厨卫公司实际生产、销售侵权产品，属于认定事实错误；未认定其行为构成不正当竞争，未认定其使用"樱花"企业字号系侵权行为，亦属于认定事实错误。一审判决未认定中山樱花卫厨公司生产、销售侵权产品，未认定其在产品上使用的商标和字号构成商标侵权及不正当竞争，未认定其使用"樱花"字号系侵权行为，均属于认定事实错误。2. 一审判决对涉案的重要实物证据即樱花卫厨公司通过网络购买并予以公证的苏州樱花公司、中山樱花集成厨卫公司、中山樱花卫厨公司的产品未予认定，对产品上所使用的商标及字号是合理使用还是侵权行为亦未进行评述，属于案件事实不清。3. 其指定颜色的商标及特有的广告宣传形式，共同构成知名商品特有的包装、装潢，而苏州樱花公司、中山樱花集成厨卫公司、中山樱花卫厨公司等故意模仿其包装、装潢，构成不正当竞争。4. 苏州樱花公司、中山樱花集成厨卫公司、中山樱花卫厨公司及屠某、余某的行为构成共同侵权，应当承担连带赔偿责任。5. 一审判决赔偿额过低。

　　苏州樱花公司二审答辩称：其不存在商标侵权的情形，也不存在与其他主体构成共同侵权的事实。樱花仅是植物花卉的名称，不能被樱花卫厨公司独占。请求驳回樱花卫厨公司的全部上诉请求。

　　中山樱花集成厨卫公司二审答辩称：其依法使用自己合法注册的企业字号，没有不正当竞争行为；一审判决赔偿数额过高。请求驳回樱花卫厨公司的上诉请求。

　　中山樱花卫厨公司二审答辩称：其字号樱花来源于股东黄浩华注册的商标，且一直规范使用字号；其产品所使用的商标也是依法取得的，不存在商标侵权及不正当竞争行为。另外，其系独立的市场主体，也没有与其他主体构成共同侵权。请求驳回樱花卫厨公司的上诉。

　　苏州樱花公司中山分公司二审答辩称：一审判决认定事实清楚，适用法律正确，请求驳回樱花卫厨公司上诉。

　　屠某二审答辩称：一审判决认定事实清楚，适用法律正确，请求驳回樱花卫厨公司上诉，维持原判。

　　余某二审答辩称：其没有共同侵权，一审判决认定事实清楚，适用法律正确，请求驳回樱花卫厨公司上诉，维持原判。

　　苏州樱花公司不服一审判决，向本院提起上诉，请求撤销一审判决，改判驳回樱花卫厨公司诉讼请求。主要理由：其没有不正当竞争行为，其规范使用商标，在其网站标注商标的使用范围，并无误导相关公众的故意，亦无意攀附樱花卫厨公司的商标。

樱花卫厨公司二审答辩称：苏州樱花公司超范围使用注册商标，侵犯了樱花卫厨公司的商标权；苏州樱花公司恶意登记并使用以"樱花"为字号的企业名称，并在产品宣传、产品包装上模仿其特定商标配色方案与广告语相组合的宣传方式，构成不正当竞争。请求驳回苏州樱花公司的上诉。

中山樱花集成厨卫公司不服一审判决，向本院提起上诉，请求撤销一审判决，改判驳回樱花卫厨公司的诉讼请求。主要理由：本案应由广东省中山市有关人民法院管辖；一审判决赔偿额过高，判决其在《中国消费者报》刊登声明、消除影响没有法律依据。

樱花卫厨公司二审答辩称：一审认定中山樱花集成厨卫公司构成商标侵权事实清楚，适用法律正确。一审确定中山樱花集成厨卫公司赔偿数额过低。请求驳回中山樱花集成厨卫公司的上诉。

中山樱花卫厨公司不服一审判决，向本院提起上诉，请求撤销一审判决，改判驳回樱花卫厨公司全部诉讼请求。主要理由：本案应由广东省中山市有关人民法院管辖；慧聪网上的广告宣传与其无关，其公司网页标注的第 8510583 号商标是合法注册的商标，不构成侵权；一审判决其在《中国消费者报》刊登声明、消除影响没有法律依据。

樱花卫厨公司二审答辩称：中山樱花卫厨公司通过其网站及慧聪网进行产品宣传，构成侵权；中山樱花卫厨公司超范围使用注册商标，侵犯了樱花卫厨公司的商标权。请求驳回中山樱花卫厨公司的上诉。

二审争议焦点为：1. 苏州樱花公司、苏州樱花公司中山分公司、中山樱花集成厨卫公司、中山樱花卫厨公司是否构成不正当竞争；2. 苏州樱花公司、苏州樱花公司中山分公司、中山樱花集成厨卫公司、中山樱花卫厨公司是否构成商标侵权；3. 苏州樱花公司、中山樱花集成厨卫公司、中山樱花卫厨公司及屠某、余某的行为是否构成共同侵权；4. 如果构成侵权，应如何承担民事责任。

双方当事人对一审法院已经查明的事实没有异议，本院予以确认。

二审中，中山樱花卫厨公司提交新证据：关于第 9349896 号"SAFRUZ"

及图商标注册信息的打印件,证明该商标所有权人系某,其对该商标的使用不构成对樱花卫厨公司的侵权。

樱花卫厨公司发表质证意见为:对第9349896号"SAFRUZ"及图商标注册信息的真实性没有异议,但商标注册信息显示,该商标并未完成注册,非有效注册的商标。

苏州樱花公司、苏州樱花公司中山分公司、屠某发表质证意见为:对该证据的真实性、合法性、关联性均予以确认,对该证据的证据目的亦无异议。

中山樱花集成厨卫公司、余某发表质证意见为:对该证据的真实性、合法性、关联性均予以确认。

本院认证意见:对该证据的真实性予以确认,至于其关联性将在判决理由中予以综合认定。

本院二审另查明:

1. 樱花卫厨公司在本案起诉前通过网络公证购买了涉案被控侵权产品,该产品的外包装分别标注了苏州樱花公司及其中山分公司、中山樱花集成厨卫公司、中山樱花卫厨公司的名称、厂址及商标,产品上亦分别标注了相应的商标。

2. 中山樱花卫厨公司在其办公大楼楼顶竖起"樱花大厦"四个大字,并在办公区域外墙的醒目位置悬挂广告牌,突出标识"樱花卫厨"文字。

本院认为:

一、苏州樱花公司、苏州樱花公司中山分公司、中山樱花集成厨卫公司、中山樱花卫厨公司使用"樱花"作为其企业字号构成不正当竞争

1994年,台湾樱花股份有限公司在中国大陆设立樱花卫厨(中国)有限公司,并于2008年7月将企业名称变更为现在的樱花卫厨公司,并一直使用"樱花"字号及"樱花"系列注册商标。经过多年的市场推广和品牌培育,"樱花"品牌在相关公众中具有较高的声誉和市场知名度。

苏州樱花公司、苏州樱花公司中山分公司、中山樱花集成厨卫公司、中山樱花卫厨公司与樱花卫厨公司属于同业竞争者,其成立时应当知道樱花卫厨公司及其在先使用的"樱花"系列注册商标已经具有相当高的知名度。作为市场经营者，理应从遵守诚实信用原则及公认的商业道德出发，对他人的在先字号及知名商标予以合理避让。但苏州樱花公司、苏州樱花公司中山分公司、中山樱花集成厨卫公司、中山樱花卫厨公司在申请登记注册企业名称时，却仍将企业名称中起识别不同市场主体作用的核心标识——企业字号注册为"樱花"，明显具有攀附樱花卫厨公司商誉的主观故意。尤其是本案中苏州樱花公司、中山樱花卫厨公司的法定代表人屠某曾经系苏州樱花电器有限公司的法定代表人，2008年樱花卫厨公司起诉苏州樱花电器有限公司侵犯商标权及不正当竞争，江苏省苏州市中级人民法院一审判决苏州樱花电器有限公司立即停止将"樱花"作为其企业字号，并经本院二审判决予以维持。在本院作出关于苏州樱花电器有限公司侵犯樱花卫厨公司商标权及不正当竞争的二审判决后，屠某又相继成立了苏州樱花公司、苏州樱花公司中山分公司、中山樱花卫厨公司，继续将"樱花"作为企业字号，并经营与樱花卫厨公司相类似的产品，其攀附樱花卫厨公司商誉的主观故意相当明显。加之苏州樱花公司、苏州樱花公司中山分公司、中山樱花集成厨卫公司、中山樱花卫厨公司在经营产品、销售范围方面与樱花卫厨公司相互交叉、高度重合，即使苏州樱花公司、苏州樱花公司中山分公司、中山樱花集成厨卫公司、中山樱花卫厨公司规范使用其企业名称，亦不能避免相关公众的混淆或误认。从相关媒体的报道及工商部门受理的投诉等也证明了苏州樱花公司、苏州樱花公司中山分公司、中山樱花集成厨卫公司、中山樱花卫厨公司的行为已在客观上引起了相关公众的混淆或误认的实际发生。故苏州樱花公司、苏州樱花公司中山分公司、中山樱花集成厨卫公司、中山樱花卫厨公司的行为有悖诚实信用原则和公认的商业道德，损害了樱花卫厨公司的合法权益，构成不正当竞争。

二、苏州樱花公司、苏州樱花公司中山分公司、中山樱花集成厨卫公司、中山樱花卫厨公司的行为侵犯了樱花卫厨公司的注册商标专用权

第一，关于苏州樱花公司、苏州樱花公司中山分公司、中山樱花集成厨卫公司、中山樱花卫厨公司是否分别系樱花卫厨公司通过网络公证购买的相应被控侵权产品的制造者。本案中，樱花卫厨公司公证购买的

被控侵权产品及外包装所标注的公司名称、厂址及商标分别明确指向苏州樱花公司、中山樱花集成厨卫公司、中山樱花卫厨公司，且上述公司亦生产和销售相同种类的产品，在被控侵权人未提供相应反证或合理反驳的情况下，应当认定苏州樱花公司、苏州樱花公司中山分公司、中山樱花集成厨卫公司、中山樱花卫厨公司分别系相应被控侵权产品的制造者。

第二，关于苏州樱花公司及其中山分公司是否侵犯了樱花卫厨公司的注册商标专用权。苏州樱花公司上诉称，其规范使用自己的商标，没有侵犯樱花卫厨公司的注册商标专用权。对此，本院认为，首先，苏州樱花公司及其中山分公司存在超范围使用注册商标的行为。我国《商标法》第五十六条规定，注册商标的专用权以核准注册的商标和核定使用的商品为限。本案中，第3673358号"JNINHUA"及图注册商标核定使用的商品为热水器、厨房用抽油烟机等，第1547737号"樱花YINGHUA"及图注册商标核定使用的商品为照明器械及装置、燃气具用调节和安全附件等，第3419541号"樱花YINGHUA"及图注册商标核定使用的商品为多功能照明灯、水暖装置等。苏州樱花公司及其中山分公司在厂区外墙上的广告牌、公司网站及第三方网购平台、产品宣传册及名片上同时使用上述商标，并在上述商标的下方标注油烟机、热水器、灶具、多功能照明灯、水槽、龙头等产品名称。尽管其在公司网站中分别在上述商标的下方标注了各自商标注册号及产品，但标识的文字较小，相关公众在施以一般注意力的情况下难以辨识。苏州樱花公司及其中山分公司的行为，极易使相关公众误认为第1547737号、第3419541号"樱花YINGHUA"及图注册商标核定商品中亦包含有油烟机、热水器、灶具等产品。另外，苏州樱花公司及其中山分公司还在"浴霸"产品包装上使用上述注册商标。苏州樱花公司及其中山分公司超出上述注册商标核定商品的范围使用该商标，与樱花卫厨公司第1209675号"樱花SAKURA"及图注册商标之间的争议不属于注册商标之间的争议，人民法院有权受理并予以判定。

其次，苏州樱花公司及其中山分公司的行为构成商标侵权。樱花卫厨公司的"樱花"系列注册商标中对相关公众产生深刻印象，起主要识别作用的正是文字"樱花",第 1209675 号"樱花 SAKURA"及图注册商标亦是如此;而被控侵权的"樱花 YINGHUA"及图商标中同样含有"樱花"文字,容易使相关公众对商品的来源产生误认或认为两者之间存在某种特定联系,两者构成近似。

再次,至于樱花卫厨公司认为苏州樱花公司及其中山分公司在其生产、销售的燃气灶等产品上使用第 3673358 号"JNINHUA"及图注册商标,采用与其多件指定颜色的注册商标相同的排列及颜色,从而构成近似的上诉请求。本院认为,樱花卫厨公司与苏州樱花公司分别系相应注册商标的商标权人,双方的争议属于对注册商标之间的争议,且苏州樱花公司及其中山分公司在其核准范围内规范使用,因此相关争议应由有关行政主管机关解决;樱花卫厨公司已经向国家工商行政管理总局商标评审委员会申请撤销该商标,目前该程序正在进行中。在此,本院不予理涉。

第三,关于中山樱花集成厨卫公司是否侵犯了樱花卫厨公司的注册商标专用权。中山樱花集成厨卫公司在其公司外墙、便签以及燃气灶等产品和包装上标注"SAIKLIRA"及图商标标识,鉴于该商标已被国家商标评审委员会撤销并经北京市第一中级人民法院一审、北京市高级人民法院二审于 2014 年 2 月 19 日发生法律效力,其中的"SAIKLIRA"及图形分别与樱花卫厨公司的涉案注册商标中的"SAKURA"及图形构成近似,据此,一审判决认定上述行为属于在相同或类似商品上使用与注册商标近似的商标,构成商标侵权,并无不当。另外,中山樱花集成厨卫公司在其公司网站宣传中突出使用"樱花集成厨卫"、"樱花套装 感受科技魅力"等字样,在便签、台历上将其中文域名标识为"樱花集成厨卫"字样,一审判决认定上述行为属于将与樱花卫厨公司涉案系列注册商标"樱花"相同的文字作为企业字号在相同或类似商品上突出使用,构成商标侵权,亦并无不当。

第四,关于中山樱花卫厨公司是否侵犯了樱花卫厨公司的注册商标专用权。中山樱花卫厨公司上诉称,慧聪网上的广告宣传与其无关,其在公司网页上使用自己合法注册的商标,没有侵犯樱花卫厨公司的商标权。对此,本院认为,首先,本案中慧聪网上发布的广告宣传明确指向中山樱花卫厨公司及其产品，在没有证据表明存在其他主体冒用中山樱花卫厨公司的名义发布广告宣传的情况下，可以合理推定中山樱花卫厨公司系慧聪网上广告宣传的发布者。

其次，中山樱花卫厨公司在其公司网站、产品手册和名片上以及生产、销售的煤气灶等产品上使用尚未完成注册的"SAFRUZ"及图商标，鉴于该商标中的"SAFRUZ"及图形与樱花卫厨公司的第1209675号"樱花 SAKURA"及图注册商标中的"SAKURA"及图形相近似，容易导致混淆，中山樱花卫厨公司的行为属于在类似商品上使用与注册商标近似的商标，构成商标侵权。

再次，中山樱花卫厨公司超范围使用第8510583号"YINGHUA 樱花"及图注册商标，构成商标侵权。中山樱花卫厨公司在其公司网站、产品手册和名片上使用该商标，以及在淘宝店铺网购页面、慧聪网使用该商标以宣传燃气灶、油烟机、热水器等产品，且在慧聪网上的广告宣传中标注"樱花""樱花奉献中国10年"等字样。由于该商标核定使用范围为壁炉（家用）等，并不包括燃气灶、油烟机、热水器，故中山樱花卫厨公司构成超范围使用。鉴于该商标中的"樱花"及图与樱花卫厨公司的第1209675号"樱花 SAKURA"及图注册商标中的"樱花"文字相同，图形近似，中山樱花卫厨公司的上述行为亦属于在类似商品上使用与注册商标近似的商标，构成商标侵权。

另外，中山樱花卫厨公司在其办公区域突出使用"樱花"文字的上述行为，起到了广告宣传的作用，构成商标性使用。中山樱花卫厨公司对于"樱花"文字的使用，与樱花卫厨公司的"樱花"系列注册商标中起主要识别作用的要素——"樱花"文字相同，容易使相关公众对商品的来源产生误认或认为两者之间存在某种联系，亦构成商标侵权。

三、樱花卫厨公司指定颜色的商标以及特有的广告宣传形式，不能共同构成反不正当竞争法意义上的知名商品特有的包装、装潢

一般来说，知名商品的包装，以及在知名商品或者其包装上附加的文字、图案、色彩及其排列组合所构成的装潢，在其能够区别商品来源时，即属于反不正当竞争法保护的特有包装、装潢。也就是说，知名商品的特有包装、装潢一旦具有识别商品来源的意义，即构成商业标识。

在这种标识不属于注册商标的情况下，他人未经许可擅自使用，足以引起市场混淆的，可以构成不正当竞争，受反不正当竞争法的调整。本案中，樱花卫厨公司指定颜色的商标，已经受到商标法的保护；而樱花卫厨公司的广告宣传形式（图），将"我们为你想得更多"广告语用加粗字体以斜划线的形式标出，具有一定的特色，但尚不足以使相关公众将该广告宣传形式与樱花卫厨公司的商品联系起来，不具有识别其商品来源的作用，故不属于反不正当竞争法所保护的特有的包装、装潢。

四、苏州樱花公司、苏州樱花公司中山分公司、中山樱花集成厨卫公司、中山樱花卫厨公司、屠某、余某构成共同侵权，应当承担连带责任

我国《侵权责任法》第八条规定，二人以上共同实施侵权行为，造成他人损害的，应当承担连带责任。本案中，首先，苏州樱花公司、苏州樱花公司中山分公司、中山樱花集成厨卫公司、中山樱花卫厨公司具有共同的侵权故意。樱花卫厨公司曾经起诉苏州樱花电器有限公司（屠某系该公司法定代表人）侵犯商标权及不正当竞争，后来屠某又相继成立了本案的苏州樱花公司、苏州樱花公司中山分公司、中山樱花卫厨公司。余某曾与屠某共同投资设立中山樱花山水净化电器设备有限公司，该公司住所地位于广东省中山市黄圃镇大岑工业区益沛路。2011年由余某担任法定代表人的中山樱花集成厨卫公司成立，其公司住所地亦位于广东省中山市黄圃镇大岑工业区益沛路。2012年10月19日，中山樱花山水净化电器设备有限公司经工商核准注销；2012年11月28日，中山樱花山水净化电器设备有限公司拥有的第7139306号"SAIKLIRA"及图商标、第4388900号图形商标、第4346843号"SAIKLIRA"商标转让给中山樱花集成厨卫公司。另外，中山樱花集成厨卫公司与苏州樱花公司中山分公司的住所地均位于广东省中山市黄圃镇大岑工业区，距离较近。综合上述事实，本院有理由相信，苏州樱花公司、苏州樱花公司中山分公司、中山樱花集成厨卫公司、中山樱花卫厨公司对其行为构成商标侵权及不正当竞争应当是明知的，有着共同的意思联络。

其次，苏州樱花公司、苏州樱花公司中山分公司、中山樱花集成厨卫公司、中山樱花卫厨公司实施了共同的侵权行为。苏州樱花公司与中山樱花卫厨公司网站的网页形式近似，共用销售平台即淘宝网上的"樱花卫厨商贸城""樱花卫厨官方旗舰店"销售其产品。苏州樱花公司、苏州樱花公司中山分公司与中山樱花集成厨卫公司共用销售平台即淘宝网上的"苏州樱花科技电器专卖店"销售其产品；苏州樱花公司、中山樱花集成厨卫公司曾经共同与广州市长艺广告有限公司签订广告发布合同。苏州樱花公司、苏州樱花公司中山分公司的广告宣传语为"我们为您做得更好"，中山樱花集成厨卫公司的广告宣传语为"我们为你做得更多"，中山樱花卫厨公司的广告宣传语为"我们为您服务得更好"，均在其商标的旁边以斜划线的形式标出，上述公司广告宣传语的内容及组合形式高度趋同。综上所述，苏州樱花公司、苏州樱花公司中山分公司、中山樱花集成厨卫公司、中山樱花卫厨公司经营的产品种类和范围相近，侵权方式、手段相同，构成共同侵权，依法应当承担连带责任。

  另外，关于屠某、余某是否应对本案被控侵权行为承担连带责任。本院认为，从主观故意来看，屠某作为苏州樱花电器有限公司的法定代表人，曾经有过侵犯樱花卫厨公司知识产权的历史，理应知晓樱花卫厨公司的"樱花"系列注册商标及"樱花"字号的有关情况；在本院判决苏州樱花电器有限公司构成侵权的情况下，屠某又相继成立了苏州樱花公司、苏州樱花公司中山分公司、中山樱花卫厨公司，其主观恶意明显。鉴于樱花卫厨公司针对中山樱花集成厨卫公司的第4388900号、第4346843号、第7139306号三个商标，曾经向国家工商行政管理总局商标评审委员会提出异议申请，最终第4388900号、第4346843号商标仅在灯类商品上予以维持，第7139306号商标被撤销，这说明余某作为中山樱花集成厨卫公司法定代表人亦明知樱花卫厨公司的"樱花"系列注册商标及与其自身商标的区别。从经营职权看，苏州樱花公司、中山樱花集成厨卫公司、中山樱花卫厨公司股东构成较为简单，苏州樱花公司股东系屠某与黄某，中山樱花卫厨公司股东系屠某与郑某，其中屠某均占股90%，且系苏州樱花公司、中山樱花卫厨公司的法定代表人；中山樱花集成厨卫公司股东系余某与韦某，其中余某占股90%，系中山樱花集成厨卫公司的法定代表人。苏州樱花公司、苏州樱花公司中山分公司、中山樱花集成厨卫公司、中山樱花卫厨公司受屠某及余某影响的程度较高。从侵权行为看，苏州樱花公司、苏州樱花公司中山分公司、中山樱花集成厨卫公司、中山樱花卫厨公司登记注册时故意使用与樱花卫厨公司相同的字号，在实际经营中不规范使用其商标，并使用与樱花卫厨公司相似的广告宣传语，经营与樱花卫厨公司相类似的产品。可以说，苏州樱花公司、苏州樱花公司中山分公司、中山樱花集成厨卫公司、中山樱花卫厨公司成立至今系以侵权经营为主业，屠某与余某应对此承担相应责任。综合上述分析，足以认定屠某与余某在明知樱花卫厨公司"樱花"系列注册商标及商誉的情况下，通过控制苏州樱花公司、苏州樱花公司中山分公司、中山樱花集成厨卫公司、中山樱花卫厨公司实施侵权行为，其个人对全案侵权行为起到了重要作用，故与苏州樱花公司、苏州樱花公司中山分公司、中山樱花集成厨卫公司、中山樱花卫厨公司构成共同侵权，应对上述公司所实施的涉案侵权行为所产生的损害结果承担连带责任。

对于樱花卫厨公司主张苏州樱花公司、苏州樱花公司中山分公司、中山樱花集成厨卫公司、中山樱花卫厨公司、屠某、余某连带赔偿其经济损失200万元的诉讼请求，其未举证证明因涉案侵权行为所受到的损失或苏州樱花公司、苏州樱花公司中山分公司、中山樱花集成厨卫公司、中山樱花卫厨公司因侵权所获的利润，本院综合考虑上述主体侵权行为的性质、过错程度、持续时间、樱花卫厨公司"樱花"系列注册商标及字号的知名度及其为制止侵权所支付的合理费用等因素酌情确定赔偿数额。特别需要强调的是，在本院作出关于苏州樱花电器有限公司侵犯樱花卫厨公司商标权及不正当竞争的（2009）苏民三终字第0038号判决后，屠某仍继续成立公司，不断扩大侵权规模。这说明屠某等侵权恶意明显。本院认为，樱花卫厨公司请求的赔偿数额与屠某等的恶意侵权行为相称，具有相当事实基础，应当予以支持。

对于中山樱花集成厨卫公司、中山樱花卫厨公司提出一审判决其在《中国消费者报》刊登声明、消除影响没有法律依据的上诉理由，鉴于苏州樱花公司、苏州樱花公司中山分公司、中山樱花集成厨卫公司、中山樱花卫厨公司在经营的产品上与樱花卫厨公司互有重合，苏州樱花公司、苏州樱花公司中山分公司、中山樱花集成厨卫公司、中山樱花卫厨公司的侵权行为主要通过网络实施，受众面广；实践中曾经因消费者举

报被有关工商行政机关行政处罚，在一定范围内会导致公众对其评价降低，而由于苏州樱花公司、苏州樱花公司中山分公司、中山樱花集成厨卫公司、中山樱花卫厨公司与樱花卫厨公司字号相同，公众容易产生混淆或误认，樱花卫厨公司的商誉亦必然会受到不同程度的负面影响。故对于樱花卫厨公司要求上述主体在有关媒体上发表声明以澄清其与樱花卫厨公司之间的关系的诉讼请求，应予支持。

另外，中山樱花集成厨卫公司、中山樱花卫厨公司提出本案应由广东省中山市有关人民法院管辖的上诉请求，鉴于目前为二审阶段，其上述请求明显缺乏法律依据，本院不予支持。

综上所述，樱花卫厨公司关于苏州樱花公司、苏州樱花公司中山分公司、中山樱花集成厨卫公司、中山樱花卫厨公司、屠某、余某侵害商标权及不正当竞争的部分上诉理由成立，部分上诉请求应予支持。苏州樱花公司、中山樱花集成厨卫公司、中山樱花卫厨公司的上诉请求和理由无事实和法律依据，本院不予支持。一审判决错误，应予纠正。依照《中华人民共和国民法通则》第一百一十八条，《中华人民共和国侵权责任法》第八条，《中华人民共和国商标法》第五十六条、第五十七条第（二）项、第五十八条、第六十三条第三款，《中华人民共和国反不正当竞争法》第二条第一款，《最高人民法院关于审理商标民事纠纷案件适用法律若干问题的解释》第一条第（一）项、第十六条，《中华人民共和国民事诉讼法》第一百七十条第一款第（二）项之规定，判决如下：

1. 撤销江苏省苏州市中级人民法院（2013）苏中知民初字第0322号民事判决；

2. 苏州樱花科技发展有限公司、苏州樱花科技发展有限公司中山分公司、中山樱花集成厨卫有限公司、中山樱花卫厨有限公司立即停止将"樱花"作为其企业字号，并于本判决生效后一个月内到工商登记机关办理企业名称变更手续；

3. 苏州樱花科技发展有限公司、苏州樱花科技发展有限公司中山分公司、中山樱花集成厨卫有限公司、中山樱花卫厨有限公司立即停止侵害樱花卫厨（中国）股份有限公司第1209675号注册商标专用权的行为；

4. 苏州樱花科技发展有限公司、苏州樱花科技发展有限公司中山分公司、中山樱花集成厨卫有限公司、中山樱花卫厨有限公司及屠某、余某于本判决生效之日起十日内连带赔偿樱花卫厨（中国）股份有限公司经济损失（包括合理费用）200万元；

5. 苏州樱花科技发展有限公司、苏州樱花科技发展有限公司中山分公司、中山樱花集成厨卫有限公司、中山樱花卫厨有限公司于本判决生效之日起三十日内在《中国消费者报》刊登声明，消除影响（内容须经法院审核）；

6. 驳回樱花卫厨（中国）股份有限公司的其他诉讼请求。

如未按判决指定的期间履行给付金钱义务或非金钱义务的，分别依照《中华人民共和国民事诉讼法》第二百五十三条之规定，加倍支付迟延履行期间的债务利息或支付迟延履行金。

一审案件受理费 22 800 元、二审案件受理费 13 800 元、证据保全费 1000 元，由苏州樱花科技发展有限公司、苏州樱花科技发展有限公司中山分公司、中山樱花集成厨卫有限公司、中山樱花卫厨有限公司及屠某、余某共同负担。

本判决为终审判决。

审 判 长　顾　韬
代理审判员　罗伟明
代理审判员　史乃兴
二〇一六年八月二十八日

渎 职 犯 罪[*]

渎职罪相关规定汇总

1.【人大 9-6 决定】全国人民代表大会常务委员会关于惩治骗购外汇、逃汇和非法买卖外汇犯罪的决定（1998 年 12 月 29 日第九届全国人民代表大会常务委员会第 6 次会议通过，主席令第 14 号公布施行）

2.【立法解释】全国人民代表大会常务委员会关于《中华人民共和国刑法》第九章渎职罪主体适用问题的解释（2002 年 12 月 28 日第九届全国人民代表大会常务委员会第 31 次会议通过）

3.【立法解释】全国人民代表大会常务委员会关于《中华人民共和国刑法》第 228 条、第 342 条、第 410 条的解释（2001 年 8 月 31 日第九届全国人民代表大会常务委员会第 23 次会议通过）

4.【公通字［1998］31 号】最高人民法院、最高人民检察院、公安部、国家工商行政管理局关于依法查处盗窃、抢劫机动车案件的规定（1998 年 5 月 8 日印发）

5.【公通字［2000］25 号】公安部关于打击拐卖妇女儿童犯罪适用法律和政策有关问题的意见（公安部 2000 年 3 月 17 日印发）

6.【法释［2000］14 号】最高人民法院关于审理破坏土地资源刑事案件具体应用法律若干问题的解释（2000 年 6 月 16 日最高人民法院审判委员会第 1119 次会议通过，2000 年 6 月 19 日公布，2000 年 6 月 22 日起施行）

7.【法释［2000］28 号】最高人民法院关于未被公安机关正式录用的人员、狱医能否构成失职致使在押人员脱逃罪主体问题的批复（2000 年 9 月 14 日最高人民法院审判委员会第 1130 次会议通过，2000 年 9 月 19 日公布，答复吉林省高级人民法院"吉高法［1999］158 号"请示，

---

[*] 本部分节选自冯江：《刑法适用指导与疑难注释》，中国法制出版社 2016 年版，第 166-178 页。

2000 年 9 月 22 日起施行）

8.【高检发研字［2000］20 号】最高人民检察院关于合同制民警能否成为玩忽职守罪主体问题的批复（2000 年 10 月 9 日答复辽宁省人民检察院"辽检发诉字［1999］76 号"请示）

9.【高检发研字［2000］23 号】最高人民检察院关于属工人编制的乡（镇）工商所所长能否依照刑法第 397 条的规定追究刑事责任问题的批复（2000 年 10 月 31 日答复江西省人民检察院"赣检研发［2000］3 号"请示）

10.【法释［2000］36 号】最高人民法院关于审理破坏森林资源刑事案件具体应用法律若干问题的解释（2000 年 11 月 17 日最高人民法院审判委员会第 1141 次会议通过，2000 年 11 月 22 日公布，2000 年 12 月 11 日起施行）

11.【人大 9-19 决定】全国人民代表大会常务委员会关于维护互联网安全的决定（2000 年 12 月 28 日第九届全国人民代表大会常务委员会第 19 次会议通过）

12.【高检发释字［2001］2 号】最高人民检察院关于工人等非监管机关在编监管人员私放在押人员行为和失职致使在押人员脱逃行为适用法律问题的解释（2001 年 1 月 2 日最高人民检察院第九届检察委员会第 79 次会议通过，2001 年 3 月 2 日公布施行）

13.【刑二［2001］号】最高人民法院刑事审判第二庭关于签订、履行合同失职被骗犯罪是否以对方当事人的行为构成诈骗犯罪为要件的意见（2001 年 4 月最高人民法院刑二庭专门召开审判长会议的研究意见）

14.【法释［2001］10 号】最高人民法院、最高人民检察院关于办理生产、销售伪劣商品刑事案件具体应用法律若干问题的解释（2001 年 4 月 5 日最高人民法院审判委员会第 1168 次会议、2001 年 3 月 30 日最高人民检察院第九届检察委员会第 84 次会议通过，2001 年 4 月 9 日公布，2001 年 4 月 10 日起施行）

15.【高检发［2001］13 号】人民检察院直接受理立案侦查的渎职侵权重特大案件标准（试行）（2001 年 7 月 20 日最高人民检察院第九届检察委员会第 92 次会议通过，2002 年 1 月 1 日起施行）

16.【高检发释字［2002］3 号】最高人民检察院关于企业事业单位的公安机构在机构改革过程中其工作人员能否构成渎职侵权犯罪主体问题的批复（2002 年 4 月 24 日最高人民检察院第九届检察委员会第 107 次会议通过，2002 年 4 月 29 日公布施行，答复陕西省人民检察院"陕检发研［2001］159 号"请示）

17.【法［2002］139 号】最高人民法院、最高人民检察院、海关总署关于办理走私刑事案件适用法律若干问题的意见（2002 年 7 月 8 日印发）

18.【高检研发［2002］19 号】最高人民检察院法律政策研究室关于买卖尚未加盖印章的空白《边境证》行为如何适用法律问题的答复（2002 年 9 月 25 日答复重庆市人民检察院研究室"渝检（研）［2002］11 号"请示）

19.【高检研发［2003］1 号】最高人民检察院法律政策研究室关于对海事局工作人员如何适用法律问题的答复（2003 年 1 月 13 日答复辽宁省人民检察院研究室"辽检发渎检字［2002］1 号"请示）

20.【高检研发［2003］11 号】最高人民检察院法律政策研究室关于非司法工作人员是否可以构成徇私枉法罪共犯问题的答复（函）（2003 年 4 月 16 日答复江西省人民检察院法律政策研究室"赣检发研字［2002］7 号"请示）

21.【法释［2003］8 号】最高人民法院、最高人民检察院关于办理妨害预防、控制突发传染病疫情等灾害的刑事案件具体应用法律若干问题的解释（2003 年 5 月 13 日最高人民法院审判委员会第 1269 次会议、2003 年 5 月 13 日最高人民检察院第十届检察委员会第 3 次会议通过，2003 年 5 月 14 日公布，2003 年 5 月 15 日起施行）

22.【法释［2003］14 号】 最高人民法院、最高人民检察院关于办理非法制造、买卖、运输、储存毒鼠强等禁用剧毒化学品刑事案件具体应用法律若干问题的解释（2003 年 8 月 29 日最高人民法院审判委员会第 1287 次会议、2003 年 2 月 13 日最高人民检察院第九届检察委员会第 119 次会议通过，2003 年 9 月 4 日公布，2003 年 10 月 1 日起施行）

23.【法［2003］167 号】全国法院审理经济犯罪案件工作座谈会纪要（2002 年 6 月 4 日至 6 日在重庆市召开，各省、自治区、直辖市高级人民法院和解放军军事法院主管刑事审判工作的副院长和刑庭庭长参加，全国人大常委会法制工作委员会、最高人民检察院、公安部应邀派员参加；2003年11月13日印发）

24.【高检会［2005］5号】最高人民检察院、国家税务总局关于加强检察机关税务机关在开展集中查办破坏社会主义市场经济秩序渎职犯罪专项工作中协作配合的联席会议纪要（2005年12月30日印发）

25.【法释［2005］15号】最高人民法院关于审理破坏林地资源刑事案件具体应用法律若干问题的解释（2005年12月19日最高人民法院审判委员会第1374次会议通过，2005年12月26日公布，2005年12月30日起施行）

26.【高检会［2006］2号】最高人民检察院、全国整顿和规范市场经济秩序领导小组办公室、公安部、监察部关于在行政执法中及时移送涉嫌犯罪案件的意见（2006年1月26日印发）

27.【法释［2007］3号】最高人民法院、最高人民检察院关于办理盗窃油气、破坏油气设备等刑事案件具体应用法律若干问题的解释（2006年11月20日最高人民法院审判委员会第1406次会议、2006年12月11日最高人民检察院第十届检察委员会第66次会议通过，2007年1月15日公布，2007年1月19日起施行；替代废止2002年4月10日《最高人民法院关于对采用破坏性手段盗窃正在使用的油田输油管道中油品的行为如何适用法律问题的批复（法释［2002］10号）》）

28.【法释［2007］11号】最高人民法院、最高人民检察院关于办理与盗窃、抢劫、诈骗、抢夺机动车相关刑事案件具体应用法律若干问题的解释（2006年12月25日最高人民法院审判委员会第1411次会议、2007年2月14日最高人民检察院第十届检察委员会第71次会议通过，2007年5月9日公布，2007年5月11日起施行）

29.【高检发释字［2007］1号】最高人民检察院关于对林业主管部门工作人员在发放林木采伐许可证之外滥用职权、玩忽职守致使森林遭受严重破坏的行为适用法律问题的批复（2007年5月14日最高人民检察院第十届检察委员会第77次会议通过，2007年5月16日公布，答复福建省人民检察院"闽检［2007］14号"请示）

30.【高检发渎检字［2008］12 号】最高人民检察院关于加强查办危害土地资源渎职犯罪工作的指导意见（2008 年 11 月 6 日印发）

31.【法发［2010］9 号】最高人民法院关于贯彻宽严相济刑事政策的若干意见（2010 年 2 月 8 日印发）

32.【高检会［2010］4 号】最高人民法院、最高人民检察院、公安部、国家安全部、司法部关于对司法工作人员在诉讼活动中的渎职行为加强法律监督的若干规定（试行）（2010 年 7 月 26 日印发）

33.【法发［2010］38 号】最高人民法院、最高人民检察院、公安部、司法部关于依法严惩危害食品安全犯罪活动的通知（2010 年 9 月 15 日印发）

34.【中办发［2010］37 号】 中共中央纪律检查委员会、中共中央政法委员会、中共中央组织部、最高人民法院、最高人民检察院、公安部、监察部、司法部、国务院法制办公室关于加大惩治和预防渎职侵权违法犯罪工作力度的若干意见（2010 年 12 月 21 日印发）

35.【法发［2011］号】最高人民法院关于进一步加大力度，依法严惩危害食品安全及相关职务犯罪的通知（2011 年 5 月 27 日印发）

36.【法研［2012］59 号】最高人民法院研究室关于违反经行政法规授权制定的规范一般纳税人资格的文件应否认定为"违反法律、行政法规的规定"问题的答复（2012 年 5 月 3 日答复宁夏回族自治区高级人民法院"宁高法［2012］33 号"请示）

37.【法释［2012］15 号】最高人民法院关于审理破坏草原资源刑事案件应用法律若干问题的解释（2012 年 10 月 22 日最高人民法院审判委员会第1558次会议通过，2012 年 11 月 2 日公布，2012 年 11 月 22 日起施行）

38.【法释［2012］18 号】最高人民法院、最高人民检察院关于办理渎职刑事案件适用法律若干问题的解释（一）（2012 年 7 月 9 日最高人民法院审判委员会第1552次会议、2012 年 9 月 12 日最高人民检察院第十一届检察委员会第79次会议通过，2012 年 12 月 7 日公布，2013 年 1 月 9 日起施行）

39.【法释［2013］12 号】最高人民法院、最高人民检察院关于办理危害食品安全刑事案件适用法律若干问题的解释（2013 年 4 月 28 日最高人民法院审判委员会第 1576 次会议、2013 年 4 月 28 日最高人民检察院第十二届检察委员会第 5 次会议通过，2013 年 5 月 2 日公布，2013 年 5 月 4 日起施行）

40.【法释［2013］15 号】最高人民法院、最高人民检察院关于办理环境污染刑事案件适用法律若干问题的解释（2013 年 6 月 8 日最高人民法院审判委员会第 1581 次会议、2013 年 6 月 8 日最高人民检察院第十二届检察委员会第 7 次会议通过，2013 年 6 月 17 日公布，2013 年 6 月 19 日起施行；同时废止 2006 年 6 月 26 日最高人民法院审判委员会第 1391 次会议通过《最高人民法院关于审理环境污染刑事案件具体应用法律若干问题的解释》（法释［2006］4 号））

41.【法释［2015］22 号】最高人民法院、最高人民检察院关于办理危害生产安全刑事案件适用法律若干问题的解释（2015 年 11 月 9 日最高人民法院审判委员会第 1665 次会议、2015 年 12 月 9 日最高人民检察院第十二届检察委员会第 44 次会议通过，2015 年 12 月 14 日公布，2015 年 12 月 16 日起施行）

42.【法释［2015］23 号】最高人民法院、最高人民检察院关于办理妨害文物管理等刑事案件适用法律若干问题的解释（2015 年 10 月 12 日最高人民法院审判委员会第 1663 次会议、2015 年 11 月 18 日最高人民检察院第十二届检察委员会第 43 次会议通过，2015 年 12 月 30 日公布，2016 年 1 月 1 日起施行）

43.【立案标准】最高人民检察院关于渎职侵权犯罪案件立案标准的规定（高检发释字［2006］2 号，2005 年 12 月 29 日最高人民检察院第十届检察委员会第 49 次会议通过，2006 年 7 月 26 日公布施行）

工程及执行

【工程】

建筑工程施工合同十大问题

建设工程施工合同是工程建设项目的招标单位和中标施工企业为完成工程项目建设，确立经济、法律关系，约定双方权利义务的书面协议。它具有法律效力，是项目施工过程中，业主与施工方的共同行为准则和最为重要的活动依据。合同一经签订，双方均必须认真履行，否则就要承担违约责任。由于建筑工程施工合同的标的为工程建设，其根本特点就是标的较大，标的大的直接后果就是风险大。故作为建筑工程施工企业，在签订建筑工程施工合同和具体施工中，应注意关系到切身利益的一些问题，以保障合同的顺利履行和自己权利的实现。

一、签订建筑工程施工合同的主体要合法

1. 发包方主体瑕疵的情形

对发包人而言，具有独立财产，能够对外独立承担民事责任的民事主体都可以成为发包方，包括法人单位、其他组织、公民、个体工商户、个人合伙、联营体等，但并非具备了进行一般民事行为的资格和能力，就可以签订建筑工程施工合同。根据《房地产开发企业资质管理规定》，房地产开发企业资质可以分为四级，承接业主的范围各有不同。

如果发包方不具备法律、法规对其的资质要求或不具备发包条件，发包方所签订的合同无效：（1）发包人没有相应的资质或超越资质签订的建筑工程合同无效，对于房地产开发项目而言，开发商作为发包方要有相应的资质，对于非房地产项目的建筑工程合同，则没有这方面的要求，比如有些市政工程；（2）工程没有立项或未取得建设用地规划许可证的；（3）发包人不属于招标人；（4）发包人未取得建设工程

规划许可证；（5）建设单位内部机构对外发包工程的合同未经建设单位的事后认可或追认，亦不能构成表见代理的，合同无效。

另外，对于临时机构对外发包工程合同的效力，应审查临时机构是否是行政机关正式发文成立，有一定的职责，并在授权的范围内签订合同，具备以上条件并符合其他条件的，认定合同有效，否则合同无效。

笔者在这里特别提醒的是，在发包方作为项目公司的情况下，承包方要特别注意，因为项目公司是临时组建的，其原来的建筑规划许可证等有关审批文件可能不再其名下，可能会导致合同不能正常实施及最后顺利竣工验收。另外，项目公司的组建具有临时性也决定了其履约能力较差，有随时注销的可能性，这样对于后期付款，特别是项目预售情况不佳的情况，影响较大。

2. 承包方资质问题导致合同无效的情况

对于作为承包方的施工单位，立法对其资质要求较之发包人更为严格。《建筑法》第十三条规定，按建筑企业的注册资本、专业技术人员、技术装备和已完成的工程业绩划分为不同的资质等级，在取得相应资质证书后，方可在资质等级许可的范围内从事建筑活动。

如果承包方不具备法律、法规对其的资质要求或违反了法律、法规的强制性规定，发包方所签订的合同无效：（1）无资质的施工企业所签订的建筑工程合同无效，原因就是国家实行严格的资质管理；（2）超越资质的施工企业所签订的建筑工程合同无效。根据《建筑法》第二十六条，"禁止建筑施工企业超越本企业资质等级许可证的业务范围承揽工程"；（3）两个施工单位联合共同承包工程的，应按资质等级低的单位的业务许可范围承包，否则合同无效；（4）冒用、盗用他人资质的情况，实际上是没有资质，所以合同无效。但是，对于个体建筑队、个人合伙建筑队承建的一般农用建筑，符合有关规定的，认定有效。

3. 非法转包、违法分包、挂靠问题

所谓非法转包，是指建筑商（总包人或承包人）违反法律、法规规定，将其承包的全部工程转让给他人施工或分包后未在施工现场设立项目管理机构和派驻相应人员，并未对该工程的施工活动进行组织管理的行为。在这类合同中，受让的第三人往往没有资质或者资质等级不够，

从合同主体的角度讲，这种合同也是无效的。

违法分包是指建设工程承包人违反合同的约定和未经建设单位认可，或者将工程分包给没有资质的分包人，或者将工程分包后不参加现场管理的行为。如果在分包中将工程分包给没有资质的分包人，实际上是违反了国家有关资质的规定，这种情况下，即使是建设单位同意，也符合合同的约定，但这一类分包合同也是无效的。

与转包、分包行为类似的行为便是挂靠，所谓挂靠行为，是指建筑施工企业（即挂靠企业）或个人以其他建筑施工企业（即被挂靠企业）的名义承包工程的违法行为。挂靠现象的出现的直接原因就是因为我国对建设工程承包单位实行严格的资质管理行为。由于挂靠行为是为《建筑法》有相关行政法规严格禁止的行为，因此挂靠的形式总是以分包或者合作的形式出现。

值得注意的是，根据 2004 年 10 月最高人民法院《关于审理建设工程施工合同纠纷案件适用法律问题的解释》的要求，即便由于建筑工程主体资质有不合法，但如果建筑工程经竣工验收合格，承包人请求参照合同约定支付工程价款的，法院应当支持。

二、建筑工程施工合同模式的选择问题

建设工程施工合同主要类型模式有：

1. 勘察、设计或施工总承包合同

勘察、设计和施工总承包合同是指发包人将全部勘察、设计和施工的任务分别发包给一个勘察、设计单位和一个施工单位作为总承包人，经发包人同意，总承包人可以将勘察、设计或施工任务的一部分分包给其他符合资质的分包人。实际上这类合同是将勘察、设计和施工分别由不同的主体向业主负责。勘察、设计或施工总承包人与其各自的分包人就工作成果对发包人承担连带责任。

2. 单位工程施工承包合同

单位工程施工承包合同又称为平行发包合同，是指在大型、复杂的工程中，发包人可以将专业很强的单位工程发包给不同的承包人，与承包人分别签订土木工程施工合同、电气与机构工程承包合同等，这些承包人之间为平行关系。单位工程施工承包合同常见于大型工业建筑安装工程。现在在房地产开发中，这一类合同有增多的趋势。

3. 特许经营协议

是指政府或政府授权的机构授予承包人在一定的期限内，以自筹资金建设项目并自费经营和维护，向（地方）政府出售项目产品或服务，收取价款或酬金，期满后将项目全部无偿移交政府的工程承包模式，形式有 BOT、BT 等多种具体形式，操作形式比较复杂。这类合同在大型基础建设中使用较多，比如高速公路、电厂、隧道等。

一般情况下，合同模式的选择并不取决于建筑商，作为建筑商，要注意的是几种模式下自己在合同项下权利义务的不同。比如在平行发包模式下，业主虽然与各承包商都分别签订合同，但其往往是将"总承包商"也作为合同的主体，实际上这时的总包与分包的关系是相对松散的，作为总包商，要注意自己是否就分包的工程质量向业主负连带责任，是否有向分包付款的义务等。

三、重视建设施工招标投标工作，减少纠纷

在建设工程施工招标投标的实际工作中，往往出现一些纠纷，主要表现在定标结果无效、中标后拒签合同、缔约过失纠纷、技术规范不明确等。造成建设施工招标投标出现纠纷的原因有多个，主要有利益驱动、地方保护、法律不完备等。但作为施工企业，应该从自身出发，自我做起，减少建设施工招标投标工作中的纠纷。

招标投标当事人全面了解掌握招标投标法律、法规及相关文件，避免出现个人完全可以避免的错误纠纷。实务中，这方面的纠纷不在少数。有条件的应让律师介入招标投标业主中，并切实让律师真正介入并承担起相应的法律责任，不能走过场，这样将能避免许多纠纷的发生。建筑施工企业在审查招标文件时，要从项目的复杂程度、项目设计的具体深度、建设工程项目采用的先进技术施工的程度、自身的技术人员条件、对进度要求的紧迫程度等几方面来分析，最后报出与自身能力相符的"合理低价"。

四、工程变更中注意的问题

工程变更是指合同文件的任何部分的变更，其中涉及最多的是施工条件变更和设计变更。根据建筑工程施工合同示范文本的约定，其将工

程设计变更的具体程序作为明确的约定,业主与施工方在将这一格式条款作为合同内容的基础上,应当根据项目工程的具体情况,结合项目工程变更的一些具体问题,增加一些条款。

在工程变更时常遇到的一些问题有:

1. 变更程序的完整性问题

工程变更程序主要包括:提出工程变更、审查工程变更、编制工程变更文件和下达变更指令。经双方协商同意的工程变更,应有书面材料,并由双方正式委托的代表签字,涉及设计变更的,还要有设计部门的代表签字,涉及规划部门审批的,应报规划部门审批。

2. 变更的合理性、合法性问题

由于施工方在建筑工程施工合同履行中处于"弱者"的地位,对于业主的违规设计也采取唯命是从的态度,笔者认为,这种做法是不可取的,一是可能给工程质量带来隐患;二是如一旦工程返工,也会给施工方带来一系列的负面影响。笔者曾遇到这样一个施工案例:一个项目在施工过程中,设计单位把原来的普通住宅改为酒店式公寓,把原来的一梯4户改为一梯8户,这实际上是违反了我国《住宅设计规范》的,完全有不能通过竣工验收的危险,但甲方拒绝改正。在施工中,如施工方遇到类似问题,应及时向业主和监理反映,协调解决。

3. 变更后引起工程量变更,价款如何确定

根据建筑工程施工合同示范文本的约定,其对工程变更价款的处理已经约定相当清楚,但有个问题要注意:在总价包干"包死价"的情况下,工程变更带来的价款增减如何处理?对一这问题科学的处理方式是,在单价、量变化的情况下,设置一定的可调条件,可调条件成就时,量与价款进行调整。比如工程量增加或减少达到一定量时,如根据国际通用的做法,工程量增加或减少10%时,价款予以调整。

五、建筑工程施工合同付款条件及执行

从建设部建筑工程施工合同示范文本看,在通用条款中有关建筑工程施工合同付款条件的约定是十分清楚的,其明确约定了预付款、进度款及竣工结算款。但在实际操作中容易出现的问题有:

1. 工程最终造价的确定问题

工程欠款一个突出问题，是建设工程竣工结算难，确定工程最终造价更难。"付款没有依据"已成为建设单位拖欠工程款的众口一词的理由。所谓没有依据，是指工程造价决算未能审定。一项工程从竣工交付使用起，一年、二年甚至更长时间未能结清工程款的比比皆是，一个最为主要的原因就是不能及时确定工程最终造价。如果委托审价部门进行审价，往往又是遥遥无期。在目前立法对有关审价期限、内容、依据没有明确规定的情况下，作为建筑工程施工企业，在制定合同文本时，对工程竣工结算、工程未支付等重要条款应尽可能详细、完备，用语明确具体，文字严密准确，最终达到维护当事人合法权益的目的，避免最终价款难以确定。

2. 工程竣工验收与结算款的支付问题

在建筑工程施工合同工程款支付中，往往是在工程完全竣工结束后总包拿到工程尾款，但问题是有些工程时间跨度很长，最后的竣工验收往往由于一些小工程而不能如期进行，在平行发包的情况下，往往会由于个别承包人不能顺利完工而不能竣工验收，也会存在业主以各种形式故意拖延工期，而最后的竣工验收不能正常如期进行，这样承包商最后的尾款拖起来就遥遥无期。笔者就办过这样一个案子，苏州某开发商在房子预售不佳的情况下，开发商将自己做的一部分工程迟迟不完工，工程无法进行竣工验收。而作为总包，两年过去也不能拿到最后几百万元的尾款，总包翻翻合同，清清楚楚，"全部工程竣工验收后，支付尾款"。避免这一问题的根本做法是将工程尾款的支付与中间验收、与单体工程验收挂钩，而不能与全部工程竣工验收挂钩。

3. "三边"项目工程量的确认及工程款的支付

针对建设工程"三边"状况及合同造价失控的现状，作为承包商的对策是在设定承发包合同时增加工程造价过程控制的内容，按工程形象进度分阶段进行预算并确定相应的操作程序，使承、发包合同签约时不确定的工程造价，在合同履行过程中按约定的程序得以确定，从而避免可能出现的造价纠纷。在造价过程控制中可以增加一些特别约定，比如约定发包方按工程形象进度分阶段提供施工图的期限和发包方组织分阶

段图纸会审的期限，约定承包方收到分阶段施工图后提供相应工程预算及发包方批复分阶段预算的期限，约定发包方拨付承包方各分阶段预算工程款的比例，以及备料款、进度款、工程量增减和设计变更签证、新型特殊材料差价的分阶段结算方法等。

六、合同中带垫资问题处理

建设工程施工合同中的带资、垫资是指建设工程的承、发包双方在签订施工合同时明确约定，发包人不按有关规定预付工程款、进度款、结算款，而由建筑商自带资金先行施工，工程实施到某阶段或时间时，发包人分期分批地支付建筑商工程款行为。

最高人民法院出台《关于审理建设工程施工合同纠纷案件适用法律问题的解释》出台之前，各地法院对代垫资问题的处理上有较大差异，法律实务界对此争议很大，有两种截然相反的观点，一种认为，带资、垫资施工合同含有不正当竞争的成分，极易扰乱我国的建筑业市场，带资、垫资条款也违反了国家关于企业与企业之间不准相互借贷的规定，因而应认定带资、垫资条款部分无效；而另外一种观点则认为，带资、垫资条款无效是计划经济下定式思维所造成的，即先付款，再施工，而在中国加入WTO后，中国的市场规则应与国际接轨，国外的带资、垫资条款在建设工程施工合同中都是有效的。

最高人民法院的解释对带资、垫资问题作了明确规定，即当事人对带资、垫资利息有约定的，承包人请求按照约定返还垫资及其利息的，应予支持，但是约定的利息计算标准高于中国人民银行发布的同期同类借款利率的部分除外。当事人对垫资没有约定的，按照工程欠款处理。当事人垫资利息没有约定，承包人请求支付利息的，不予支持。这一规定在承认带资、垫资有效的基础上，也明确了解决这一问题的基本原则，实际上起到了定纷止争的作用。所以，笔者建议，承包商在带资、垫资承揽工程时，要根据工程的实际情况，对有关利息作出明确约定。

七、工程质量条款的签订与执行

建筑工程作为一种特殊产品，其质量亦具有特殊性，主要体现在：隐蔽性、关联性、派生性。隐蔽性是指其质量问题不易发现；关联性是指建筑产品各环节彼此影响，彼此关联；派生性是指建筑产品质量问题会引起修复、赔偿问题外，可能会引起其他人身、财产损害的民事赔偿。

在建筑工程施工合同中，往往有些显失公平的条款，比如合同约定建筑工程必须达到"白玉兰"奖，否则工程结算款不予支付。这实际上对建筑商是极不公平的。另外，在建筑施工合同中，有关质量问题也有一些近似"荒唐"的约定，比如约定工程质量要工程师满意。这不仅没办法量化和衡量，而且较易受到人为因素的影响。在签订包括这些条款的合同时，对这些条款一定要注意，建筑工程质量一定要约定一个可以操作验收的标准，有一个可以进行正常工程验收的标准，减少因工程验收不合格而拿不到工程款的情形。

影响施工项目质量的因素主要有五大方面——人、材料、机械、方法和环境，事前、事中、事后都要对这五方面的因素严加控制。施工项目质量控制的方法，主要是审核有关技术文件、报告和直接进行现场检查或必要的试验等。有些比较规范的建筑工程企业，在现实操作中形成了一些比较成熟的做法，比如说"在建工程质量每周例会并形成书面纪要"制度。具体的操作实施是建设、施工、设计、监理四方负责人每周就工程施工过程中的质量要求、问题、措施以及各方的责任开会明确，各方签字记录在案。好处在于整个施工过程中各方的责任有书面证据，日后出现事故谁的责任有案可查。

八、项目经理在合同履行过程中的权限问题

施工项目经理是施工企业项目经理的简称（以下简称"项目经理"），是施工承包企业法定代表人在施工项目上的代表人。因此项目经理在项目管理中处于中心地位，是项目管理成败的关键。笔者曾经处理过一个案子，上海一家施工企业在江苏某地承包一项工程，其派驻的项目经理在未经公司认可的情况下，擅自将某项专业工程分包，并且经过了业主的认可，结果造成严重的质量问题，不得不返工重造。如果在施工合同中约定了项目经理的权限，明确其不得代表公司分包工程，不但其无权签订分包合同，业主也不可能明知项目经理没有权力签署分包合同的情况下，同意工程分包。

根据《建设工程施工合同（示范文本）》有关项目经理的约定中，其中约定了项目经理的一些程序性的权利，对于项目经理的权限范围、职责问题往往没有明确的约定，一般施工项目操作中，项目经理的权限包括用人决策权、财务决策权、物资采购管理权、进度计划控制权、现场管理协调权等。对于项目经理的职责权，在业主与总包之间的施工合同中并不明确，理解往往不一致，所以要根据具体项目的情况、项目经理的个人素质、施工企业对项目的管理模式对项目经理的权利进行明确与限制，并将这些内容尽量写进施工合同。另外，须经项目经理与监理人员共同签字处理的事项，比如项目工程设计的变更、材料设备的进场等应严格执行共同签字制度，否则，建筑商一旦就这些问题与业主或供货商发生纠纷，事实情况可能说不清楚，责任无法分担。

九、"合同交底"工作不到位，执行中遇到问题

"合同交底"是指合同管理人员在合同签订后，向各层次管理者把合同责任落实到责任人和合同实施的具体工作上。众所周知，合同和合同分析的资料是工程实施管理的依据，但是合同本身条文往往不直观明了，一些法律语言不容易理解，遇到具体问题，即便查询合同，查阅人也很难准确地、全面地理解。合同条文的解释权必须归合同管理人员。如果在合同实施前，不对合同作分析和统一的解释，而让各个人员在执行中去翻阅合同文本，容易造成解释不统一和工程实施中的混乱。特别是对于复杂的合同，或承包商不熟悉的合同，以及各方面合同关系比较复杂的工程，该步骤极为重要。合同实施前的合同交底，可以将合同约定用最简单易懂的语言和形式表达出来，使得日常合同管理工作容易方便。

合同交底可采用上网查询和合同交底会两种形式。合同签订后，合同管理人员立即将合同交底工作输入电脑，并负责通知各职能部门人员上网查看。定期召开项目全体管理人员合同交底会，对网上合同交底中仍未明白事项进行答疑，在项目内部形成全员、全过程、全方位的合同管理意识，使有关项目管理人员能够熟悉掌握合同内容，根据性质、范围不同分别落实责任制。

在有些建筑施工企业的实际操作中，往往合同交底工作重视不够，施工合同签订后，合同管理人员只是对项目经理或其他有关项目管理人员就合同内容进行简单的口头交代，而项目经理或其他有关项目管理人员用到合同时就翻看查阅一下，导致在整个项目管理团队中对合同的理解与分析往往会出现一些分歧，最后出了问题虽然都能根据自己对合同的理解说出道理来，但最终损失的却是施工企业。

十、未意识到对合同和文件管理的重要性

现阶段，各建筑企业基本上都是按合同管理要求认真进行合同标前及标后的评审，对合同的履约进行检查，但在工程施工时如何有效地把合同贯彻下去，各单位执行还不够。一是合同管理员只是把合同发给项目经理，没有把合同的内容及签约情况进行详细交底；二是合同执行人即项目经理，只是组织正常的施工管理，如加强工期及质量安全等方面的管理等，没有认真对合同的其他内容进行认真学习。成功的企业合同管理，是把合同的权利义务按职能分工分解到各部门，由各部门去履行属于自己职能范围内的权利义务。可以说，企业合同管理是一个系统工程，需要各子系统、分系统共同配合。如果对合同缺乏管理，就会造成部门之间的履行责任不明确、不沟通、不落实，造成失约甚至对合同相对方的违约。

不仅建筑工程施工合同的管理十分重要，在施工中出现的各种资料也要做好记录与保存工作，包括双方达成的书面协议、签证事项、会议纪要、来信信函。特别是对于双方未签证或未达成一致的事项，更是要做好有关资料的收集与保管，以便以后通过法律途径保护自己的合法权益。资料的有效管理还包括对各类信件、请求、签字指令、会议纪要、索赔文件、合同变更文件等做文件资料的审查与控制，并记录在案，及时预防行为的法律后果，弥补自己工作上的漏洞，而且有利于寻找对方工作中的漏洞，及时提出索赔要求。

2015 江苏高院《全省民事审判工作例会会议纪要》

一、关于建设工程施工合同案件的管辖问题

《关于适用〈中华人民共和国民事诉讼法〉的解释》（以下简称《民诉法解释》）第二十八条规定：建设工程施工合同纠纷按照不动产纠纷确定管辖。对此如何理解？

会议认为，建设工程施工合同纠纷本质上属于合同纠纷，不属于不动产纠纷专属管辖的范围，但由于《最高人民法院关于审理建设工程施工合同纠纷案件适用法律问题的解释》第二十六条规定，实际施工人可以突破合同相对性起诉发包人，造成实践中该类案件管辖混乱，当事人的权利受到严重影响。为了保护当事人的权利，规范诉讼管辖秩序，《民诉法解释》第二十八条规定该类案件按照不动产专属管辖确定受诉法院，即建设工程施工合同纠纷一律由建设工程所在地人民法院管辖。

对建设工程承包、转包、分包、挂靠等与建设工程施工有关的合同纠纷，以及尚未履行的建设工程合同纠纷，均应当按照不动产纠纷确定管辖，即由工程所在地的人民法院管辖。建设工程装修装饰合同在性质上属于建设工程施工合同的范畴，亦应当适用专属管辖的规定。

建设工程勘察、设计合同纠纷在性质上不属于建设工程施工合同纠纷，不适用专属管辖的规定。

关于建设工程施工合同能否协议管辖的问题，理论上因其属于合同纠纷，是可以协议管辖的，属于当事人意思自治的范畴，但当事人的意思自治要受法律的限制。《民事诉讼法》第三十四条规定，当事人可以书面协议管辖，但不得违反级别管辖和专属管辖的规定。因此，《民诉法解释》已将其规定适用不动产专属管辖，只能由不动产所在地法院管辖，那么当事人协议管辖的只能是工程所在地法院，选择其他法院的均无效。所以，实践中当事人的选择已无实际意义，从某种意义上说，专属管辖实质上排除了协议管辖。也就是说，当事人协议选择了工程所在地以外的法院管辖的，应当认定该协议管辖无效。

二、关于建设工程施工合同纠纷案件移送管辖的问题

《民诉法解释》第二十八条第二款规定将建设工程施工合同纠纷按照不动产纠纷确定管辖，实践中导致一部分已经立案的建设工程施工合同纠纷案件需要移送。那么，哪些案件需要移送，哪些案件不应移送？

会议认为，关于在办案件如何处理的问题：

首先，根据管辖恒定的原则，按照《民诉法解释》第三十九条的规定，管辖权确定后，当事人提起反诉、增加或者变更诉讼请求的不能改变管辖。但这里应当理解为地域管辖，而不包括级别管辖和专属管辖。

换言之，在管辖权确定后，如果当事人反诉、增加或者变更诉讼请求影响到级别管辖或属于专属管辖的则可以改变管辖。根据前一问题所述，在建设工程施工合同管辖确定后，只有影响级别管辖的才可能改变管辖。

其次，如何理解管辖权已经确定。确定管辖权有三种情况：一是经法院审查后确有管辖权，当事人未提异议；二是当事人提出管辖异议已被生效裁定驳回；三是应诉管辖，或默示协议管辖、拟定合意管辖、推定管辖，即没有管辖协议，但法院推定当事人之间形成管辖合意。根据《民事诉讼法》第一百二十七条第二款的规定，只要当事人未提出管辖异议，并应诉答辩的，视为受诉法院有管辖权，即为管辖权已经确定。

综上，只要具备了上述三种情形之一的，管辖不再变动，法院不得再将案件移送。但需要指出的是，上述三种情形下，仅是限制地域管辖的变动，而不影响级别管辖和专属管辖的变动，这一点前面已经说明。

第三，关于已经受理的建设工程施工合同纠纷案件如何处理。由于这类纠纷本属于合同纠纷，不属于专属管辖范围，只是新的《民诉法解释》规定按照不动产纠纷确定管辖，即赋予其不动产纠纷的性质，且《民诉法解释》从 2015 年 2 月 4 日颁布之日起实施，专属管辖属于法院必须主动审查的内容。因此，这一民诉法解释的新规定不能具有溯及效力，否则会引起该类案件诉讼秩序的混乱，尤其是正在审理、进行审计鉴定的案件。

因此，凡是 2015 年 2 月 4 日前管辖权已经确定的案件不得再根据新的《民诉法解释》进行移送，应当继续审理。只有在立案审查期间以及管辖权异议审理期间，即正在审查立案以及立案后尚未开庭审理和正在审理的一审、二审管辖异议案件才能适用《民诉法解释》中关于专属管辖的规定，将案件移送建设工程所在地的法院管辖。

同时，需要指出的是，建设工程施工合同纠纷在管辖权确定后，当事人提起反诉、增加或变更诉讼请求，虽然不影响案件的地域管辖，但违反级别管辖的，应当移送有管辖权的上级人民法院审理。

对于外省移送过来的案件，受移送的法院应当审查是否符合法律规定和上述情形。受移送的法院认为移送不当的，应当逐级与移送地法院进行协商，协商不成的，由省法院报请最高人民法院指定管辖。

三、关于合同履行地的理解问题

《民诉法解释》第十八条规定：合同约定履行地点的，以约定的履行地点为合同履行地。合同对履行地点没有约定或者约定不明确，争议标的为给付货币的，接收货币一方所在地为合同履行地；交付不动产的，不动产所在地为合同履行地；其他标的，履行义务一方所在地为合同履行地。即时结清的合同，交易行为地为合同履行地。合同没有实际履行，当事人双方住所地都不在合同约定的履行地的，由被告住所地人民法院管辖。该条规定在实践中如何理解？

会议认为，合同履行地首先应当以双方当事人约定的履行地为准，即合同明确约定了合同履行地点的，应当以此作为合同履行地确定管辖。对于双方当事人履行地点没有约定或者约定不明时如何确定合同履行地，《民诉法解释》援引了《合同法》第六十二条的规定。实践中争议较大的问题是对于"争议标的为给付货币"及"接收货币一方"如何理解。准确地理解应当是指能够反映合同本质特征的履行义务和争议标的为给付货币的情形，而非当事人诉请中简单的给付金钱请求，否则将会出现绝大多数合同中追索货款、主张违约金、赔偿损失等诉讼均由原告方所在地管辖的情形。

因此，《民诉法解释》第十八条第二款规定的"争议标的为给付货币"的，主要是针对借款合同确定合同履行地的规定。在《民诉法解释》实施前，根据最高人民法院1993年11月17日《关于如何确定借款合同履行地问题的批复》（法复〔1993〕10号），规定贷款方所在地为合同履行地。民诉法解释对此做出了重大修改，明确借款合同纠纷以接收货币一方所在地作为合同履行地。

四、关于级别管辖问题

《民诉法解释》第三十九条规定：人民法院对管辖权异议审查后确定有管辖权的，不因当事人提起反诉、增加或者变更诉讼请求等改变管辖，但违反级别管辖、专属管辖规定的除外。对此如何理解？

会议认为，当事人提起反诉、增加或变更诉讼请求的，受诉法院的地域管辖不受影响，但对级别管辖和专属管辖有影响，即如果当事人的请求违反了级别管辖和专属管辖的，应当移送有管辖权的人民法院审理。

关于管辖权下移的问题，按照《民诉法解释》实施前的相关规定，人民法院将自己管辖的案件交由下级法院审理的，应当先向上级法院请示，上级法院同意后，由享有管辖权的法院作出裁定，下移案件管辖权。当事人对裁定不服的，可以提起上诉和申请再审。根据《民诉法解释》第四十二条第二款的规定，人民法院根据《民事诉讼法》第三十八条第一款的规定将其管辖的第一审民事案件交下级法院审理的，应当在开庭审理前报请上级法院批准。上级法院批准后，由具有管辖权的法院裁定将案件交下级法院审理，该裁定不得上诉和申请再审，但人民法院将自己管辖的案件交由下级人民法院审理的，必须符合《民诉法解释》第四十二条第一款的规定。

五、关于协议管辖问题

《民事诉讼法》第三十四条规定：合同或者其他财产权益纠纷的当事人可以书面协议选择被告住所地、合同履行地、合同签订地、原告住所地、标的物所在地等与争议有实际联系的地点的人民法院管辖，但不得违反本法对级别管辖和专属管辖的规定。实践中对此条如何把握？

会议认为，协议管辖是意思自治原则在民事诉讼管辖制度上的具体体现，只要根据管辖协议，起诉时能够确定管辖法院的，就应当根据其约定确定管辖法院。在实践中，对协议管辖的理解要重点把握以下四个问题：

一是关于协议管辖选择是否必须是确定的和唯一的问题。《民诉法解释》第三十条第二款规定：管辖协议约定两个以上与争议有实际联系的地点的人民法院管辖，原告可以向其中一个人民法院起诉。新《民诉法解释》改变了原司法解释关于选择两个以上与争议有实际联系的人民法院管辖的，选择管辖的协议无效的规定。因此，管辖协议中当事人选择两个以上法院管辖的，只要协议约定的管辖法院符合《民事诉讼法》第三十四条的规定，该协议管辖约定有效。

二是关于合同无效时管辖协议效力的认定。《合同法》第五十七条规定，合同无效、被撤销或者终止的，不影响合同中独立存在的有关解决争议方法的条款的效力。因此，管辖协议尽管是合同的一部分，但具有独立性。况且，合同无效、变更、解除、终止要经过实体的审理才能确

定。因此，合同的变更、解除、终止或者无效，不影响管辖条款的效力。但是，在管辖权案件审理中，对于管辖条款本身的效力应当进行审查，当事人在管辖异议期间提出管辖条款效力问题的，法院要进行实质审查。当事人提出签名、盖章等真伪问题申请鉴定的，应当进行鉴定。当事人在管辖权确定后，再提出管辖条款效力问题的，不予审查。对于当事人对协议条款真伪无异议，但提出协议条款的签订人无权签订管辖协议的，因该异议涉及表见代理判断问题，属于实体审理的范围，不应在管辖裁定中作出审查判断。

三是关于协议管辖不得违反级别管辖规定问题。协议管辖约定违反级别管辖的，应当从该管辖地点中确定有级别管辖权的人民法院。协议管辖约定在基层法院管辖，按照级别管辖超出该基层法院级别管辖范围的，应当由符合级别管辖的该基层法院的上级法院管辖。协议管辖约定在上级法院，按照级别管辖属于下级法院管辖的，应当结合级别管辖的规定确定相应的下级法院，多个下级法院均有管辖权的，在确定管辖法院时，应当征询当事人的意见，由当事人进行选择。当事人拒绝选择的，由上级法院根据"两便"原则确定管辖法院。

四是协议选择仲裁的问题。首先，关于当事人既约定仲裁又约定法院管辖的问题。最高人民法院《关于适用〈中华人民共和国仲裁法〉若干问题的解释》（以下简称《仲裁法解释》）第七条规定：当事人约定争议可以向仲裁机构申请仲裁也可以向人民法院起诉的，仲裁协议无效。但一方向仲裁机构申请仲裁，另一方未在仲裁法第二十条第二款规定期间内提出异议的除外。因此，当事人既约定仲裁又约定法院管辖的，该仲裁协议无效，法院应当受理。但一方已经申请仲裁，另一方在仲裁庭首次开庭前没有对仲裁协议的效力提出异议的，仲裁机构可以继续审理。其次，关于当事人在合同中约定争议由两个以上仲裁机构仲裁的效力问题。最高人民法院《仲裁法解释》第五条规定：仲裁协议约定两个以上仲裁机构的，当事人可以协议选择其中的一个仲裁机构申请仲裁；当事人不能就仲裁机构选择达成一致的，仲裁协议无效。因此，如果协议约定了两个以上的仲裁机构，但当事人就仲裁机构的选择达成一致意见的，仲裁协议有效，法院不应受理；如果当事人之间就仲裁机构的选择无法达成一致，则仲裁协议无效，法院可以受理。

需要提醒注意的是，省法院于 2015 年 1 月 27 日下发了《关于调整省法院涉外、涉港澳台民商事案件第一审级别管辖标准及建立国内民商事仲裁司法审查案件统一归口审理机制的通知》。在审理第一审非涉外民商事案件中，当事人对仲裁条款提出异议的，仍然由审理该案的业务庭对该管辖权异议作出裁定。但下列国内民商事案件仲裁条款效力的司法审查案件统一由审理涉外商事案件的民事审判庭审理：（1）申请确认国内仲裁协议效力、申请撤销国内仲裁裁决、申请执行国内仲裁裁决的案件由中级人民法院涉外商事审判庭审理。（2）中级人民法院认为国内仲裁协议无效、国内仲裁裁决应予撤销、不予执行国内仲裁裁决的，应当报请省法院涉外商事审判庭审查同意后作出裁定。（3）当事人对涉及仲裁协议的不予受理、驳回管辖权异议或驳回起诉裁定提起上诉的，由上级法院涉外商事审判庭审理。（4）当事人对已经发生法律效力涉及仲裁协议的不予受理、驳回起诉裁定申请再审的，由上级法院涉外商事审判庭审查。

六、关于小额诉讼程序问题

《民事诉讼法》和《民诉法解释》规定了简易程序中的小额诉讼程序，实践中如何理解适用？

会议认为，小额诉讼程序的确立有利于快速化解纠纷，及时保护当事人合法权益，降低当事人维权成本，更好地满足人民群众的司法需求，各级法院要准确理解《民诉法解释》的规定，大力推进小额诉讼程序在基层法院的广泛适用。凡是符合小额诉讼适用条件的，一律强制适用。应当适用而未适用的，上级法院可以程序违法发回重审。在适用小额诉讼程序中，应当注意以下两个问题：

一是关于不完全符合小额诉讼程序适用条件，但双方当事人约定适用小额诉讼程序的问题。根据 2014 年省法院下发的《关于在全省基层人民法院大力推行小额诉讼程序适用的通知》，对符合适用小额诉讼程序的其他条件，仅是案件标的额在规定标准之上、10 万元以下的民事案件，当事人双方选择适用小额诉讼程序的，可以适用小额诉讼程序审理。《民诉法解释》虽然没有明确规定当事人可以约定适用小额诉讼程序，但是

在《民事诉讼法》第一百五十七条第 2 款中规定了应适用普通程序的案件，当事人双方可以约定适用简易程序。据此，小额诉讼程序是简易程序的再简化，省法院的上述规定在《民诉法解释》实施后可以继续适用。但在上述情况下适用小额诉讼程序时，应当征得当事人双方的书面同意。

二是关于小额诉讼程序案件的审限问题。《民事诉讼法》和《民诉法解释》并未对小额诉讼程序的案件审限作出特别规定，根据《民诉法解释》第二百八十三条的规定，小额诉讼程序的审限应当适用简易程序的规定，即适用小额诉讼程序审理的案件，应当在立案之日起三个月内审结。小额诉讼案件因特殊原因确实无法在三个月内审结的，根据《民诉法解释》第二百五十八条的规定，双方当事人同意继续适用小额诉讼程序的，经院长批准可以延长审理期限。延长后的审理期限累计不得超过六个月。双方当事人不同意继续适用小额诉讼程序的，应当转为普通程序处理。当然，由于小额诉讼程序是对简易程序的再简化，因此在审理中应当尽可能加快审理进度，避免诉讼拖延。

七、关于二审法院将案件发回重审的问题

《民事诉讼法》第一百七十条第二款规定，原审人民法院对发回重审的案件作出判决后，当事人提起上诉的，第二审人民法院不得再次发回重审。对此如何理解？

会议认为，《民事诉讼法》对不得再次发回事由并未作出规定，从民事诉讼法的理论，结合世界各国的立法分析，发回重审的事由分为事实的原因和程序的原因，因事实的原因发回重审的，均有次数限制；因程序的原因发回的，没有次数限制。这是因为诉讼程序具有"不可逆性和不可弥补性"，如果发回重审的案件作出判决后，二审程序中发现其存在重大程序瑕疵，如不再次发回重审将严重损害当事人的程序权利或者实体权利，可能导致判决错误或者损害他人利益。

因此，二审程序中如发现案件在一审中存在严重违反法定程序情形的，应当将案件再次发回重审，不适用《民事诉讼法》第一百七十条第二款的规定。因此，因事实原因，不得再次发回重审。因程序原因，可以再次发回重审。故对于发回重审的案件，原审法院判决后当事人提起

上诉的，如果严重违反法定程序的，则应再次发回重审。对于严重违反法定程序情形的判断，应当按照《民诉法解释》第三百二十五条的规定处理。

八、关于执行异议之诉与权利确认之诉的关系问题

《民诉法解释》第三百一十二条第二款规定，案外人在提起执行异议之诉同时提出确认其权利的诉讼请求的，人民法院可以在判决中一并作出裁判。如果案外人没有提起执行异议之诉，能否另行提起确认之诉？

会议认为，在案件执行过程中，如果当事人对执行标的的权属发生争议的，则发生执行异议之诉和权利确认之诉的竞合问题，在此情况下，当事人具有选择的权利。因此，在实践中，当案件执行涉及执行标的的权利问题时，当事人既可以提起执行异议之诉，同时要求确认标的权利，也可以单独提起标的确认之诉。但不论当事人提起何种诉讼，都应当由执行法院管辖。

九、关于财产保全的续保问题

《民诉法解释》第一百六十二条规定：第二审人民法院裁定对第一审人民法院采取的保全措施予以续保或者采取新的保全措施的，可以自行实施，也可以委托第一审人民法院实施。实践中如何执行该条规定？

会议认为，对于第二审人民法院采取新的保全措施的，由第二审人民法院裁定自行实施，也可委托第一审人民法院实施。对于第一审人民法院裁定采取财产保全的，第二审人民法院在案件审理过程中需要续保的，由第二审人民法院书面通知第一审人民法院进行续保。第二审人民法院在案件审理中，要认真核查第一审人民法院有无采取财产保全措施以及保全期限，需要续保的，必须及时通知第一审人民法院进行续保。未及时通知造成脱保的，应当承担相应的责任。第一审人民法院接到第二审人民法院通知后未及时续保造成脱保的，也应当承担相应的责任。

十、关于管辖权异议案件裁判文书送达和诉讼费催缴问题

1. 对于当事人人数众多的管辖权异议案件，实践中是否只向提起管辖权异议的当事人送达

会议认为，对于当事人人数较多的管辖权异议案件，法院应当向所有当事人送达，而不能仅向提起管辖权异议的当事人送达，否则会剥夺

当事人的上诉权。一审法院对管辖异议案件没有送达的，二审法院一律退回原审法院。

2. 关于上诉费用如何催缴的问题

会议认为，对于民事案件的上诉费用催缴问题，应当按照省法院《关于民事、行政上诉案件移送若干问题的规定》（苏高法审委［2010］24号）执行。第一审法院向民事案件当事人送达裁判文书时，对法律规定可以上诉的案件，应当同时送达《上诉须知》。《上诉须知》应当包括上诉权限、上诉案件受理费预交义务、缴费标准、预交时间和预交地点、逾期上诉及不预缴上诉案件受理费的法律后果等内容。第一审法院审判庭收到上诉人在法定期限内提交的上诉状后，应当根据上诉请求审查其是否已在上诉期内预缴上诉案件受理费。对于上诉人未在上诉期内预缴或未足额预缴上诉案件受理费的案件，如果上诉状是在上诉期内收到的，应当自上诉期满之日起五日内向其发出《上诉案件受理费催缴通知书》，通知其自收到通知书之日起七日内足额预缴上诉案件受理费；如果上诉状是在上诉期满后收到的，应当在收到之日起五日内向上诉人发出《上诉案件受理费催缴通知书》，通知其自收到通知书之日起七日内足额预缴上诉案件受理费。《上诉案件受理费催缴通知书》应当包含上诉案件受理费预缴金额、预缴期限、第二审法院地址、第二审法院开户行、账号及开户行具体地址、逾期不预缴的法律后果等内容。

【执行】

执行程序中参与分配制度统一理解与适用[*]

一、概述

一般来说，强制执行是个别实现债权的程序，坚持先到先得原则；破产程序是概括实现债权的程序，实行的是平均分配原则。两种制度之

---

[*] 本部分内容节选自最新人民法院执行局：《最新人民法院执行最新司法解释统一理解与适用》，中国法制出版社2016年版。

间需要衔接，当被执行人的财产不足于清偿所有到期债务时，执行程序可经当事人的申请进入到破产程序。

由于我国没有个人破产制度，因此，对于被执行人为公民或其他组织等不具备破产资格主体的情况下，案件是无法进入破产程序的。此时，实体法上的债权平等原则就需要执行程序中的制度予以落实与保障，这个制度就是参与分配制度。

执行程序中的参与分配制度，主要解决的是普通债权的公平受偿问题。因此在被执行人为不具备破产资格主体的情况下，大家对于此项制度的适用没有争议。但是在被执行人为具备破产主体资格的案件中，是否适用此项制度存在不同观点。

《最高人民法院关于人民法院执行工作若干问题的规定（试行）》（以下简称《执行规定》）第九十六条的内容也给上述争议提供了规则基础。该条规定："被执行人为企业法人，未经清理或清算而撤销、注销或歇业，其财产不足清偿全部债务的，应当参照本规定九十条至九十五条的规定，对各债权人的债权按比例清偿。"

《最高人民法院关于适用〈中华人民共和国《民事诉讼法》〉的解释》（以下简称《民诉解释》）制定过程中，对于参与分配的适用范围问题存在广泛的争议。最终的方案是限制了参与分配制度对于具备破产资格的企业法人的适用，同时建立了执行转破产制度（后述）。

还应该交代的是，"参与分配"这个概念存在广义与狭义之分。狭义的参与分配仅指对普通债权，就执行财产所做的分配；广义的参与分配指执行程序中的一项制度，在该制度中，不仅要处理普通债权的公平受偿问题，同时还需要解决担保物权保障的债权、优先权等优先受偿债权的实现问题。

《民诉解释》第五百零八条到第五百一十二条是关于参与分配制度的规定。

二、对《民诉解释》第五百零八条的理解

1. 条文内容

《民诉解释》第五百零八条规定："被执行人为公民或者其他组织，在执行程序开始后，被执行人的其他已经取得执行依据的债权人发现被

执行人的财产不能清偿所有债权的，可以向人民法院申请参与分配。对人民法院查封、扣押、冻结的财产有优先权、担保物权的债权人，可以直接申请参与分配，主张优先受偿权。"

2. 条文的具体理解

本条是关于参与分配程序的一般性条款，其沿用《最高人民法院关于适用〈中华人民共和国民事诉讼法〉若干问题的意见》（以下简称《1992 年意见》）第二百九十七条，根据实践需要进行了修改，并参考相关司法解释在该条中增加了第二款。

《1992 年意见》第二百九十七条规定："被执行人为公民或者其他组织，在执行程序开始后，被执行人的其他已经取得执行依据的或者已经起诉的债权人发现被执行人的财产不能清偿所有债权的，可以向人民法院申请参与分配。"

本条文主要进行了如下修改：第一，删除了原条文"或者已经起诉的债权人"的内容。理由在于该规定已经被《执行规定》所修改。根据《执行规定》第九十条，就一般债权而言，参与分配的条件是已经取得执行依据，而虽然已经起诉，但尚未取得执行依据的债权人已经不能申请参与分配。第二，将《执行规定》第九十三条关于优先债权人在参与分配程序中主张优先受偿权利规定吸收进来，作为本条第二款。理由在于，原条文的规定并未区分一般债权与享有优先受偿权的债权，对于享有担保物权或者其他优先权的债权人的程序和实体权利没有单独规定，实践中容易发生误解。《执行规定》第九十三条的规定符合物权法的精神，在实践中行之有效。

本条规定的"有优先权、担保物权的债权人，可以直接申请参与分配"，意味着该等权利人申请参加参与分配程序，不以取得执行依据为限。允许享有优先受偿权但未取得执行依据的人参加到参与分配程序中来，其理由在于：优先受偿权资格或者是来源于查封前的担保物权，或者是基于法律的特殊规定，应予以优先保护。就源于查封前抵押权的债权人而言，对于抵押权的强制执行程序要求其必须提前行使抵押权，这本身就不利于抵押权人，如果再要求其事先必须取得执行依据，则完全破坏了抵押权制度的目的。

还应该注意的是,《执行规定》第九十三条对于享有优先权、担保物权的债权人,采用"可以申请参加参与分配程序"的表述。是因为当时理论上一般认为,申请参与分配的应当是不具有优先受偿权的普通债权人,有优先受偿权的债权人参加到执行程序主张权利,不能称为"参与分配"。上述表述在理论上固然更为严谨,但是考虑到行文简洁、参与分配程序需要,同时处理优先债权与平等债权等因素,最终采用了现在的表述。

3. 实践中应当注意的问题

执行实践中应注意如下几点:

第一,在被执行人为公民或者其他组织的情况下,其他的普通债权人申请参与分配,应该以取得执行依据为前提。

第二,应该从宽把握"被执行人的财产不能清偿所有债权"要求,保障普通债权人申请参与分配的权利。规定参与分配制度的目的,在于保障被执行人不具备破产资格情形下债权的平等受偿。实践中有的法院严格要求债权人必须证明"被执行人的财产不能清偿所有债权",这不符合参与分配制度的目的。

第三,由于享有优先权、担保物权的债权未经过生效法律文书的确认,在参与分配程序中,如果其他债权人对于债权的真伪、数额等提出异议的,应保障其获得救济的权利。最高人民法院〔2013〕执他字第26号函,在答复山东高院请示时明确指出:"如果其他债权人、被执行人对于抵押权及其担保债权的范围存在异议,可以根据《最高人民法院关于适用〈中华人民共和国民事诉讼法〉执行程序若干问题的解释》第二十五条、第二十六条的规定,通过分配方案异议、分配方案异议之诉程序予以救济。"

三、对《民诉解释》第五百零九条的理解

1. 条文内容

《民诉解释》第五百零九条规定:"申请参与分配,申请人应当提交申请书。申请书应当写明参与分配和被执行人不能清偿所有债权的事实、理由,并附有执行依据。参与分配申请应当在执行程序开始后,被执行人的财产执行终结前提出。"

2. 条文的具体理解

本条是关于当事人申请参与分配的程序性规定。本条沿用《1992年意见》第二百九十八条，并进行了个别文字修改。

参与分配制度的目的在于平等实现债权，而原条文要求申请参与分配的债权人提交的申请书"应写明参与分配和被执行人不能清偿所有债权的事实和理由"，这导致实践中有些法院以"被执行人不能清偿所有债权的证据不足"为由，不受理参与分配申请。这显然违背了参与分配制度的目的。因此最初条文第一款被设计为："申请参与分配，应当提交申请书，并附有执行依据。"

在讨论中，大家认为，执行程序中的一般原则是"先主张者先受偿"，参与分配只是在债务人财产不能清偿全部债务时的补充制度，因此要求申请书写明不能清偿所有债权的事实与理由是妥当的，而且原条文也是仅仅要求在申请书中写明相关事实与理由，并未规定严格的证明责任。因此，对于条文的正确理解是，只要申请人在申请书中予以说明，执行法院形式审查后即应准许。执行实践中要求申请执行人必须证明被执行人不能清偿所有债务，是错误的。但是该错误的主要原因不是原条文规定的问题，而是执行法院理解错误或者背后有地方保护等其他因素。因此本条最终保留了原条文第一款的内容。

3. 实践中应当注意的问题

执行实践中应注意，审查参与分配申请时，不应苛求申请执行人必须证明被执行人不能清偿所有债务，或给参与分配申请设置过多的障碍，以切实实现参与分配制度平等保护债权的立法目的。

四、对《民诉解释》第五百一十条的理解

1. 条文内容

《民诉解释》第五百一十条规定："参与分配执行中，执行所得价款扣除执行费用，并清偿应当优先受偿的债权后，对于普通债权，原则上按照其占全部申请参与分配债权数额的比例受偿。清偿后的剩余债务，被执行人应当继续清偿。债权人发现被执行人有其他财产的，可以随时请求人民法院执行。"

2. 条文的具体理解

第一，债权人发现被执行人有其他财产的，可以随时请求人民法院执行。本条是关于分配程序中的清偿顺序的规定，其沿用了《1992年意见》第二百九十九条，并根据实践需要进行了修改。《1992年意见》第二百九十九条规定："被执行人为公民或者其他组织，在有其他已经取得执行依据的债权人申请参与分配的执行中，被执行人的财产参照《民事诉讼法》第二百零四条规定的顺序清偿，不足清偿同一顺序的，按照比例分配。清偿后的剩余债务，被执行人应当继续清偿。……"

第二，本条文简化了关于参与分配程序的表述。将"被执行人为公民或者其他组织，在有其他已经取得执行依据的债权人申请参与分配的执行中"直接简化为"参与分配执行中"。修改的理由在于：本司法解释前面的条文已经规定了参与分配制度的适用要件，如"被执行人为自然人或者其他组织""已经取得执行依据的债权人"等内容，此处无须再予以重复。

第三，本条文删除了"被执行人的财产参照民事诉讼法第二百零四条规定的顺序清偿"的内容。删除的理由在于：1991年《民事诉讼法》第二百零四条的内容是企业法人的破产还债程序，已经被废除。考虑到参与分配与破产程序毕竟不同，修改后的条文再指引到新破产法的相关条款也不合适；同时考虑到最高人民法院正在制定参与分配的司法解释，关于分配顺序的问题可不予详细规定。

第四，本条文修改了普通债权受偿原则。将"按照比例分配"修改为"原则上按照其占全部申请参与分配债权数额的比例受偿"。

修改的理由在于：就普通债权的清偿原则问题，目前实践中的多数意见是应对首先申请查封财产的债权予以适当优待，以实现财产保全制度的目的，同时缓解执行程序中财产查找的困难。关于优待的具体方式，本条文最初设计的方案是对首先申请查封财产的债权优先受偿20%，剩余债权按照普通债权平等受偿。在讨论过程中，有意见认为"20%的优先受偿"没有法律依据，可以考虑适当优先满足其为查封而支出的必要费用。还有观点认为，优待首先查封的债权并不合适，还是应该坚持平等受偿的原则。理由在于：第一，缺乏法律依据。这样规定实

质上是创设了一个法定优先权。在缺乏法律基础的情况下，司法解释创设法定优先权的合法性存疑。第二，违反了参与分配的制度精神。参与分配制度是为了实现破产制度的功能，而破产制度坚持平等受偿的原则。第三，会带来其他问题。实践中，有些查封是法院的职权行为，不好确定谁是首先查封的债权人。如果优待首先查封债权，可能会引发道德风险。

考虑到《民诉解释》的基础性地位，其第五百一十条只规定了"原则上按照比例平等受偿"的原则，至于是否优待、如何优待首先查封债权等具体问题，则留给了参与分配的专门司法解释去解决。

3. 实践中应当注意的问题

执行实践中应注意，参与分配程序不产生债务免除的法律后果，如果经参与分配后债权未能得到完全满足，则应该根据本司法解释关于终结本次执行程序的规定，终结本次执行程序。

五、对《民诉解释》第五百一十一条的理解

1. 条文内容

《民诉解释》第五百一十一条规定："多个债权人对执行财产申请参与分配的，执行法院应当制作财产分配方案，并送达各债权人和被执行人。债权人或者被执行人对分配方案有异议的，应当自收到分配方案之日起十五日内向执行法院提出书面异议。"

2. 条文的具体理解

本条文是关于参与分配应当制作分配方案以及对分配方案提出异议的规定。本条文系在《2008年执行程序司法解释》第二十五条基础上，作了个别文字的修改而来。

（1）新增本条文的原因

本条文是2007年民事诉讼法修改后，为了贯彻民事诉讼法保障当事人救济权利而通过司法解释设立的制度。该制度设立后，关于分配方案异议及异议之诉的案件逐渐增多，执行与审判部门都面临着如何正确适用该制度的难题。

本次司法解释修改中，为了进一步引起重视，审判庭的同志建议增加规定该条文与分配方案异议之诉的条文。考虑到本司法解释的基础性地位，将执行程序中基础性的制度予以规定有助于审判与执行的衔接，最后该意见被采纳。但移植后的条文删除了原条文中的"多个债权人对同一被执行人申请执行"这一条件项，表明仅仅是多个债权人对同一被执行人申请执行的情况下，执行法院不一定要制作分配方案；只有在多个债权人申请参与分配或者多个债权人申请执行而符合参与分配条件的情况下，才需要制作分配方案。

（2）本条文所适用"异议事项"的范围

在参与分配程序中，也存在程序性异议与实体性异议的区别。前者如是否应该适用参与分配程序、参与分配的通知瑕疵、数额计算是否准确等；后者如分配方案所列债权是否存在、是否应予优先受偿等。本条规定当事人"对分配方案有异议的"，可以向执行法院提出，加上后续规定了分配方案异议之诉的救济程序，可以得知本条文适用于当事人提出的实体性异议。而对于程序性异议，则适用《民事诉讼法》第二百二十五条关于异议、复议的规定予以处理。

有的法院对参与分配程序中的具体异议事项应当适用何种程序处理进行了总结。认为应当适用《民事诉讼法》第二百二十五条处理的事项有：就是否适用参与分配程序的决定、申请参与分配的债权人是否适格的认定、债权人申请参与分配是否逾期的认定、分配方案的送达等相对容易确定的程序性事项提出的异议。应当适用本条处理的事项有：就分配方案中债权的分配数额、分配顺位、是否已经履行、是否超过申请执行时效等相对难以确定和涉及重大实体利益的事项所提出的异议。

关于对生效法律文书确定的债权能否提出异议的问题，条文未予规定，这在实践中存在争议。我国台湾地区"强制执行法"对此区分了两种情况并予以规定。第一种情况，对于经过具有既判力的生效法律文书（如判决）确定的债权，只有依据生效法律文书成立后发生的消灭或妨碍债权人请求之事由（如清偿），才能提出异议。第二种情况，如果生效法律文书不具有既判力，则依据生效法律文书成立前的事由，也可以提出异议。我国大陆法律未采纳既判力理论，但是在实践中可以借鉴台湾地区的做法。对于生效法律文书成立后发生的导致债权消灭或者不能主张的事由，当事人可以据以提出异议；但是对于生效法律文书本身提出质

疑的，则不能通过分配方案异议程序处理，而是要通过审判监督程序救济。

3. 实践中应当注意的问题

执行实践中应注意如下几点：第一，应注意区分程序性异议与实体性异议，本条文仅适用于实体性异议。第二，当事人对于生效法律文书确定的债权提出异议的，应当注意区分不同情形分别予以处理。

六、对《民诉解释》第五百一十二条的理解

1. 条文内容

《民诉解释》第五百一十二条规定："债权人或者被执行人对分配方案提出书面异议的，执行法院应当通知未提出异议的债权人、被执行人。未提出异议的债权人、被执行人自收到通知之日起十五日内未提出反对意见的，执行法院依异议人的意见对分配方案审查修正后进行分配；提出反对意见的，应当通知异议人。异议人可以自收到通知之日起十五日内，以提出反对意见的债权人、被执行人为被告，向执行法院提起诉讼；异议人逾期未提起诉讼的，执行法院按照原分配方案进行分配。诉讼期间进行分配的，执行法院应当提存与争议债权数额相应的款项。"

2. 条文的具体理解

本条文是关于分配方案异议处理程序及分配方案异议之诉的规定。本条是新增条文，来自于《2008年执行程序司法解释》第二十六条。

本条文主要包括两项内容，一是对于分配方案异议的处理，二是分配方案异议之诉。民事诉讼法没有规定分配方案异议之诉，该制度是2007年民事诉讼法修改后，依照保障当事人实体权利救济精神、"审执分离"原则，通过司法解释创立的制度。

（1）对于分配方案异议的处理

由条文规定可以看出，就执行程序中对分配方案异议的处理，执行法院贯彻的是"当事人主义"，并不需要行使对异议进行审查的职权，只是将当事人的异议告之相关权利主体，如果没有对异议的反对意见，执行法院则按照异议的意见修改分配方案并予以分配；如果有人提出了反对意见，执行法院则通知异议人并等待其十五天，根据异议人是否起诉而决定或者按照原方案分配，或者将争议份额提存。

如此规定彻底贯彻了"审执分离"的原则，也符合一般的法理。但是这种无任何职权干预的运作模式，可能会使并无多少实质影响的异议也进入异议之诉程序。有的法院反映，如果严格按照本条文的字面意思进行操作，则在逻辑上会反复出现异议之诉的情况，在实践中无法有效推进参与分配程序。

实践中，执行法院一般会在保障当事人权利的情况下，在程序中发挥主导作用。多做当事人的说服解释工作，引导当事人就参与分配方案达成一致意见。至少应当做到避免非实质性的争议进入参与分配方案异议之诉。

（2）关于分配方案异议之诉

分配方案异议之诉的目的在于解决争议当事人之间关于分配方案的争议。由于分配方案的部分变动可能会导致其他债权的受偿比例发生变化，所以分配方案异议之诉的结果会影响到其他债权人。而本法条只规定了异议人为原告，对异议提出反对意见的人为被告，未涉及其他人的诉讼地位问题。因此，诉讼中是否应追加其他人为第三人（或者被告），值得讨论。实践中有案例将除争议双方外的其他所有债权人、被执行人追加为第三人，一揽子解决争议问题。我们认为，对此无须统一规定，可由审判庭根据争议事项是否会影响到其他主体的权利而予以灵活掌握。

3. 实践中应当注意的问题

执行实践中应注意如下几点：第一，执行程序中应当在保证当事人权利的情况下，多做当事人的说服解释工作，引导当事人就参与分配方案达成一致意见。第二，执行异议之诉中的审理应根据案情的需要决定是否追加争议当事人之外的相关权利主体为第三人，以彻底解决纠纷。

关于以物抵债的有关司法解释的理解与适用

目前，我国还没有统一的民事强制执行法，在法院执行程序中，执行标准的统一就显得尤为重要，而《最高人民法院执行最新司法解释统一理解与适用》一书就是最高人民法院执行局为了统一执行标准、解决"执行难"而编写的，本书也是 2016 年度全国法院执行系统的培训教材。在人民法院执行程序中关于以物抵债的有关司法解释该如何理解？实践中又该注意什么问题？我们从这本新书中为大家整理出了这一问题的答案。

一、概述

执行程序中的以物抵债分为两种情况，一是流拍后的以物抵债，二是当事人合意以物抵债。前者争议较少，对于后者则存在不同看法。有人认为后者属于执行和解的一种特殊形式，应当适用执行和解的规定，执行法院不应介入。也有人认为，执行程序中当事人合意的以物抵债，不同于执行和解协议，是一种特殊的执行方式，经审查不损害第三人利益及社会公共利益时，法院可以出具以物抵债裁定书。

在《1992年意见》相关条文的基础上，《民诉解释》的第四百九十一条与第四百九十二条对上述两种以物抵债作了规定。

二、对《民诉解释》第四百九十一条的理解

1. 条文内容

《民诉解释》第四百九十一条规定：经申请执行人和被执行人同意，且不损害其他债权人合法权益和社会公共利益的，人民法院可以不经拍卖、变卖，直接将被执行人的财产作价交申请执行人抵偿债务。对剩余债务，被执行人应当继续清偿。

2. 条文的具体理解

本条是不经拍卖变卖直接以物抵债制度的规定。本条沿用《1992年意见》第三百零一条，并增加了"且不损害其他债权人合法权益和社会公共利益的"的限制性条件。

本条文最初设计了两种方案，方案一是保留《1992年意见》原条文；方案二是增加规定第二款：符合前款规定的，人民法院不予出具以物抵债执行裁定书。

设计两种方案的理由在于：实践中，大家对于依据本条规定能否作出执行裁定予以确认，存在不同认识。一种观点认为，可以作出执行裁定，主要理由有两个。一是符合双方当事人的意思；二是如果不予作出执行裁定，则在抵债财产被查封的情况下，双方当事人的以物抵债协议难以履行。另一种观点则认为，双方当事人协商以物抵债是一种私法行为，属于执行和解的一种形式，为了与执行和解制度保持一致，同时防止当事人恶意串通危害第三人的权利或者通过执行裁定来规避行政审查，执行法院不应出具裁定书。

讨论中，大家认为两种方案都有道理。第一种方案符合执行程序快捷处理纠纷的目的，第二种方案关于直接裁定可能侵犯第三人及社会公共利益的担心也不无道理。最后决定将两种方案予以折中，以第一种方案为基础，吸收第二种方案的合理成分，在原条文的基础上增加规定了"且不损害其他债权人合法权益和社会公共利益"的内容。

3. 实践中应当注意的问题

执行实践中应当注意依法严格审查当事人之间的以物抵债裁定是否存在损害其他债权人合法权益、社会公共利益的情形，在快捷实现生效判决确定权利的同时，防止侵犯他人权益及社会公共利益。

三、对《民诉解释》第四百九十二条的理解

1. 条文内容

《民诉解释》第四百九十二条规定：被执行人的财产无法拍卖或者变卖的，经申请执行人同意，且不损害其他债权人合法权益和社会公共利益的，人民法院可以将该项财产作价后交付申请执行人抵偿债务，或者交付申请执行人管理；申请执行人拒绝接收或者管理的，退回被执行人。

2. 条文的具体理解

本条是关于被执行人财产无法拍卖变卖情况下如何处理的规定。本条沿用《1992年意见》第三百零二条，并增加了"且不损害其他债权人合法权益和社会公共利益的"限制性条件。与《民诉解释》第四百九十一条一样，本条文也增加了"且不损害其他债权人合法权益和社会公共利益的"限制性条件，目的也是防止当事人串通，恶意低价处置财产，损害他人权益或者社会公共利益。

关于被执行人财产无法拍卖或者变卖的，本条文规定了三种处理方法，第一种是以物抵债，第二种是交申请执行人管理，最后一种是退回被执行人。适用本条文应注意与最高人民法院《拍卖变卖司法解释》第二十七条、二十八条的衔接。《拍卖变卖司法解释》第二十七条规定，动产二次流拍后可以以物抵债，申请执行人不同意以物抵债或者不能以物抵债的，解除查封后退回被执行人。第二十八条第一款规定，"对于第二次拍卖仍流拍的不动产或者其他财产权，人民法院可以依照本规定第十九条的规定将其作价交申请执行人或者其他执行债权人抵债。申请执

233

人或者其他执行债权人拒绝接受或者依法不能交付其抵债的，应当在六十日内进行第三次拍卖"；第二款规定，"第三次拍卖流拍且申请执行人或者其他执行债权人拒绝接受或者依法不能接受该不动产或者其他财产权抵债的，人民法院应当于第三次拍卖终结之日起七日内发出变卖公告。自公告之日起六十日内没有买受人愿意以第三次拍卖的保留价买受该财产，且申请执行人、其他执行债权人仍不表示接受该财产抵债的，应当解除查封、冻结，将该财产退还被执行人，但对该财产可以采取其他执行措施的除外"。本条文与上述两个条文在内容上相互补充，适用时应注意衔接。

3. 实践中注意的问题

执行实践中应注意如下几点：第一，被执行财产无法拍卖或变卖的，可以以物抵债，以物抵债可以出具执行裁定。第二，被执行财产无法拍卖或变卖的，可以交申请执行人管理，也可以交其他人进行强制管理。这里的交申请执行人管理其实是强制管理制度的萌芽，《拍卖变卖司法解释》第二十八条关于"但对该财产可以采取其他执行措施的除外"的规定，在实践中也多被解释为可以适用强制管理措施。第三，应谨慎适用退回被执行人的措施，对于能够通过强制管理等措施实现债权的，就不能将财产退回被执行人。

非　诉

投融资项目尽职调查

一、关于公司的设立和存续

1. 公司名称不符合有关法律规定
2. 公司名称未经有权机关核准
3. 公司名称与驰名商标冲突
4. 公司注册资本低于法定最低限额
5. 公司的经营期限短于拟议交易的需求
6. 公司的经营期限届满未办理延期登记
7. 公司的设立未能取得有权机关的批准
8. 公司章程规定与公司法存在冲突
9. 公司法定代表人变更未办理相关登记
10. 公司的法定代表人资格不符合任职资格
11. 公司实际经营的业务与营业执照载明的内容不一致
12. 公司营业执照载明的经营范围与拟议交易冲突
13. 公司设立程序不规范
14. 公司实际使用的经营场所与工商登记不一致
15. 公司的法定住所使用住宅用房
16. 公司未能通过最近年度的工商年检
17. 公司未签发出资证明书
18. 公司未设立股东名册
19. 对子公司的投资超过了母公司章程规定的限额
20. 公司未能及时办理组织机构代码证登记手续
21. 公司（外商投资企业）未能及时办理财政登记证

二、关于公司的股权转让

22. 股东未放弃优先权
23. 转股价款未支付
24. 转股未履行适当的法律程序
25. 外商投资企业股权转让未按照评估值作价
26. 转股不符合公司章程的限制性规定
27. 支付给个人的转股价款溢价部分未予代扣代缴所得税
28. 转股未办理工商变更登记
29. 转股协议约定的转股生效条件未能满足
30. 股权转让未签发出资证明书
31. 有限责任公司未按照转股结果修改公司章程/股东名册
32. 股份公司的记名股票转让未办理股东名册登记手续
33. 发起人持有的股份转让不符合《公司法》的有关规定
34. 董事/监事/高级管理人员转让股份不符合《公司法》/公司章程的有关规定
35. 受让方股东的身份对拟议交易造成影响
36. 伪造转股文件，股权权属存在纠纷
37. 转股涉及的个人所得税纳税手续尚未办理

三、关于公司的出资（含增资、减资）

38. 公司的出资形式不符合当时有关法规的规定
39. 公司的注册资本未能按时缴清
40. 非货币出资未能办理过户手续
41. 股东以未评估的部分资产出资
42. 关于股东虚假出资
43. 关于以自身资产评估出资
44. 股东抽逃注册资本
45. 非货币资产的出资比例不符合当时有效的法律规定
46. 关于以实物出资使用假发票
47. 评估增值过大
48. 关于以划拨土地出资

49. 对公司出资中个人股东的巨额出资来源无法合理合法说明

50. 增资中某方股东未放弃对增资的优先认购权

51. 公司未向增资后的股东出具出资证明书

52. 公司未按照增资结果变更股东名册

53. 公司增资或者减资未取得有权机关的批准

54. 公司增资或者减资违反了章程中的限制性规定

55. 公司注册资本需要提前缴纳

56. 公司未按照法定程序减资

四、关于公司的类型变更

57. 公司类型变更程序对拟议交易存在影响

五、关于公司的合并、分立、解散

58. 合并、分立、解散不符合法定程序

59. 合并、分立、解散对拟议交易存在不利影响

六、关于股东资格

60. 公司的登记股东与实际股东不一致

61. 公司的外方股东资格是否符合法律规定

62. 拟议交易中股东资格是否满足特殊行业的法律规定

63. 信托公司以自有资金投资于拟上市公司

64. 自然人设立的一人有限责任公司拥有多家一人有限责任公司

65. 股东是否满足公务员法等相关法规的规定

66. 股权质押可能造成股东变更

67. 股权质押是否合法有效

68. 公司的注册资本来源于集资入股

69. 是否存在信托持股

70. 是否存在代持股东

71. 外商投资企业的中方股东是否为自然人

72. 期权是否对拟议交易存在影响

73. 实际控制人是否对拟议交易存在影响

74. 职工持股会作为公司的股东（A股）

75. 工会作为公司的股东（A股）

76. 社团法人作为公司的股东（A 股）

77. 外商投资企业再投资是否符合有关产业政策

78. 公司实际控制人存在竞业禁止情形

79. 返程投资企业的境内自然人股东未办理境外投资外汇登记（75号文登记）

七、关于公司的业务

80. 公司取得的经营资质与营业执照的经营范围不一致，超范围经营

81. 公司未取得其经营应当取得的经营资质

82. 公司取得的经营资质过期

83. 公司取得的经营资质未办理年检

84. 公司取得的经营资质未取得有权机关审批（审批层级错误）

85. 证载权利人与公司名称不一致

86. 公司实际情况不符合应取得经营资质的情况，存在被吊销的风险

87. 公司取得的经营资质属于暂定情况，存在被变更或撤销的风险

88. 公司在主要业务模式下的客户高度集中（上市/收购项目）

89. 公司的业务合同构成垄断协议

90. 公司业务资质存在被吊销的风险

91. 公司因无业务存在被吊销营业执照风险

92. 公司签订的重大合同存在无法履行的法律风险

93. 公司签订的用电合同存在无法履行的法律风险

94. 公司签订的对其业务有重大限制的合同

95. 公司的业务重组无法解释其合理性

96. 公司的采购、销售等业务系统对股东严重依赖

97. 公司存在技术依赖情况

98. 公司业务重大变更情况

99. 重大合同中的特殊约定对拟议交易存在影响

100. 煤矿企业的实际生产数量超过核定生产能力

八、关于公司的分公司和分支机构

101. 经营性的分支机构未取得经营执照

102. 分公司的营业范围超过总公司

103. 分公司的营业执照未及时办理年检

104. 分公司未办理税务登记

九、关于公司的对外投资

105. 公司投资于承担无限责任的企业

106. 公司的对外投资超过公司章程规定的限额

107. 公司的对外投资协议存在无效风险

十、关于企业的主要资产

108. 公司使用的土地未签订土地出让合同

109. 公司使用的土地未缴清土地出让金

110. 土地出让合同载明的出让金低于基准地价

111. 公司使用的土地的情况与土地出让合同约定的情况不一致

112. 公司对土地的使用与《土地出让合同》的约定不一致

113. 公司使用的土地未办理《国有建设用地使用权证书》

114. 公司的建设项目存在无法通过土地行政管理部门的检查核查的风险（A股）

115. 土地用途与国有土地使用证载明的内容不一致

116. 公司购买划拨土地及其地上房产未办理相关审批手续

117. 公司使用的土地为通过划拨方式取得，存在依法变更为出让土地的风险

118. 公司使用的土地为通过划拨方式取得，尚未办理出让手续

119. 公司购买破产企业的资产，其中涉及划拨土地

120. 国有企业以划拨土地上的厂房设定抵押

121. 公司取得出让土地的手续不符合有关招拍挂制度

122. 公司取得的项目用地系分割取得国有建设用地使用权证书

123. 公司使用的为农村集体所有的农用地

124. 公司自建的房产未办理房屋权属登记并领取房屋权属证书

125. 公司使用的房屋属于违反规划的建筑

126. 建设项目尚未办理规划许可证

127. 公司实际建设工程超过规划面积（超容）

128. 公司使用的房屋（在建工程）未办理《施工许可证》（或者其开

工报告尚未被批准）

129. 公司使用的房屋未适当办理建设项目竣工验收手续

130. 公司使用的房屋未办理建设项目竣工验收备案手续

131. 购买的房产未提供原始权属证明

132. 购买的房产存在权属瑕疵

133. 公司用地存在搬迁风险

134. 公司使用的土地使用权未能随地上房屋所有权一并转让

135. 公司土地存在闲置情况

136. 公司在2006年6月1日后新审批、新开工的商品房建设项目违反90/70政策（A股）

137. 公司的采矿权价款尚未缴清

138. 公司面临被追缴采矿权价款风险

139. 所租赁房产的出租方不具备相关证书

140. 所租赁房屋的出租房未能提供房屋产权证明

141. 租赁房产未办理租赁登记

十一、关于公司的财务和银行借款

142. 公司出具无真实贸易背景的承兑汇票

143. 公司违规使用发票

144. 公司的原始报表与申报报表存在重大差异

145. 公司的财务指标存在不合理变化

146. 公司存在对外担保风险

147. 公司曾经未按照股权比例分红

148. 关于公司的通知和取得同意义务

149. 专项资金被挪用

150. A股上市前存在利润分配

151. 母公司的利润分配无法实现

十二、关于公司的重大资产交易

152. 公司的重大资产交易未取得适当内部批准

十三、关于企业的境外资产

153. 公司设立海外机构未取得商务部的批准（2004年后）

154. 公司的境外投资项目未取得发展改革部门的批准

155. 公司的境外投资外汇登记不符合相关规定

156. 公司的境外外汇未按照有关规定汇回国内

十四、关于董事、监事、高级管理人员

157. 公司的董事、高级管理人员不符合《公司法》规定的任职资格

158. 董事、高级管理人员直接（或间接）与拟上市公司共同出资成立企业（A股）

159. 公司董事会、监事会的构成与公司章程不一致

160. 董事人数超过法定人数

161. 外商投资企业未设立监事会

162. 监事会的组成人员中无职工代表

163. 报告期内管理层发生重大不利变化

164. 报告期内管理层未能履行勤勉尽责义务

十五、公司的融资借贷

165. 贷款用途与实际用途不一致

166. 公司存在企业间借贷

167. 公司存在向不特定对象借款的情况（孙大午案件）

168. 目标公司拟A股上市，存在为其股东担保的情况

169. 抵押合同尚未办理抵押登记

170. 以汇票、本票等为质押物，有关权利凭证尚未交付质权人

171. 以上市公司的股票出质，尚未在证券登记机构办理质押登记

172. 以有限责任公司股权出质，尚未办理质押登记

173. 以商标、专利等知识产权出质，尚未办理质押登记

174. 非外商投资企业举借外债未能取得审批

175. 非外商独资企业对外担保未能办理审批登记手续

176. 外商投资企业举借外债尚未办理外债登记

177. 外商独资企业对外担保尚未办理担保登记

178. 对外担保登记存在法律障碍

179. 外商投资企业的股权出质，尚未办理审批部门的审批或没在登记机关登记

180. 公司的对外担保不符合公司章程的规定

181. 外商投资企业的股东出资未到位，但用其股权出质

182. 公司对所租赁房产的承租权可能因在先的抵押而丧失

十六、公司的知识产权

183. 使用他人的注册商标，但未签订商标使用合同

184. 使用他人专利，但未签订专利许可使用合同

185. 使用他人注册商标，签订了合同，但未做备案登记

186. 使用他人专利，签订了合同，但未做备案登记

187. 使用他人享有著作权的作品，尚未签署许可使用合同

188. 公司未获得专利，但产品包装或宣传说产品获得专利

189. 公司持有的注册商标专用权到期未续费

190. 公司未能就享有的专利权按规定缴纳年费

191. 必须使用注册商标的商品，未经核准注册，就在市场销售

192. 受让他人商标尚未签署合同，也尚未办理公告

193. 公司使用的商标正在申办注册专用权

194. 公司的控股股东/董事/高级管理人员持有与公司业务存在竞争性的知识产权（A股/收购）

195. 公司持有的专利即将到期

十七、公司的重大投资

196. 建设项目注册资本金不满足法定最低比例要求

197. 建设项目尚未办理投资核准手续

198. 建设项目投资核准手续已经过期

199. 建设项目尚未办理投资备案手续

200. 建设项目投资备案手续已经过期

201. 建设项目尚未取得用地许可证

202. 建设项目尚未办理消防设计/验收审核手续

203. 建设项目尚未办理消防设计/验收备案手续

204. 建设项目不符合国家产业政策

205. 建设项目未向固定资产投资主管部门办理投资备案或核准手续

206. 危险化学品、矿山企业的建设项目等未办理安全评估和安全批

复手续

207. 危险化学品、矿山企业的建设项目等未办理安全设施竣工验收

208. 建设项目未完成节能评估和批复

209. 建设项目尚未办理水土保持方案

210. 建设项目尚未办理河道管理及防洪评价

211. 建设项目尚未办理地震安全评价

十八、公司的环境保护

212. 公司的建设项目尚未办理环保评价手续

213. 公司的建设项目尚未取得环保批复

214. 公司的建设项目环境状况发生重大变更，未能重新办理环评审批手续

215. 公司的建设项目环评通过后超过五年未施工，后未重新办理环评报批手续

216. 公司的建设项目越级取得环保批复

217. 公司就建设项目配套的环保设施不符合有关规定

218. 公司就建设项目配套的环保设施未投入使用

219. 建设项目试生产未经过环保部门批准

220. 建设项目投入试生产满三个月尚未办理环保验收手续

221. 租赁物业内建设项目未履行环保手续

222. 公司未领取排污许可证

223. 公司将产生严重污染的生产设备转移给没有污染防治能力的单位使用

224. 公司存在严重污染情况

225. 公司历史上因环保违法遭到处罚

十九、公司的安全生产情况

226. 公司发生安全生产事故

二十、公司的保险情况

227. 公司（特别是运输经营企业），尚未对车辆投保车身险、第三者责任险

228. 公司未投保应当投保的保险

二十一、公司的税务

229. 公司未办理税务登记证

230. 公司的经营活动与申报纳税地址不一致

231. 公司的税务优惠待遇可能面临风险

232. 公司的税务优惠待遇尚待当地主管税务机关的确认

233. 公司因作为外商投资企业享受的所得税减免优惠待遇可能被追缴

234. 公司因作为外商投资企业享受的进出口设备减免待遇可能被追缴

235. 地方政府给予的税收优惠缺乏法律依据

236. 公司以未分配利润转增资本，个人股股东未缴纳个人所得税

237. 公司享受的税收优惠政策面临变更

238. 公司以评估增值转增资本，未代扣代缴自然人股东的个人所得税

239. 公司整体变更组织形式时未代扣代缴自然人股东的个人所得税

240. 公司设立时未代扣代缴自然人股东的个人所得税

241. 公司存在欠缴税款的情况

242. 土地增值税计提

243. 公司存在补缴巨额税款的风险

244. 公司享受的高新技术企业税收优惠待遇存在障碍

245. 公司存在重大税收依赖的情况

246. 公司存在纳税延迟情况

二十二、公司的关联交易和同业竞争

247. 公司和控股股东、实际控制人及其控制的其他企业间存在巨额关联交易

248. 公司存在非公允的关联交易（A股）

249. 股东占用目标公司巨额资金（A股）

250. 公司员工的社会保险金和住房公积金系由关联方代缴

251. 关联交易程序违规

252. 关联交易行为可能被撤销

253. 目标公司和其股东之间存在同业竞争

二十三、公司的劳动人事

254. 公司未办理社会保险登记证

255. 公司尚未与员工订立书面劳动合同

256. 公司未依法与劳动者签订无固定期限劳动合同

257. 公司签订的劳动合同缺乏法定必备条款

258. 公司未将劳动合同交付劳动者本人

259. 公司签订的劳动合同试用期超过法定时限

260. 公司签订的劳动合同文本不符合《劳动合同法》关于竞业禁止的规定

261. 公司未能为所有员工及时足额缴纳社会保险费

262. 公司缴纳的社保险种少于法定险种

263. 公司未办理住房公积金缴存登记

264. 公司未能为本单位职工办理住房公积金账户设立手续

265. 公司未及时足额缴存员工住房公积金

266. 改制企业员工安置不符合有关规定

二十四、关于公司的诉讼、仲裁和行政处罚

267. 公司涉及诉讼情况

268. 公司涉及的行政处罚情况

二十五、关于集体资产管理

269. 集体企业转让协议未履行内部审批手续

二十六、关于国有资产管理

270. 国有企业收购非国有资产未履行评估手续

271. 国有产权转让未履行相关审批手续

272. 国有产权转让价款定价不符合相关法律、法规的规定

273. 国有企业收购国有股权未履行评估手续

274. 非国有企业收购国有企业未履行评估手续

275. 国有股权转让过程不规范

276. 转股后未办理国有资产等其他变更登记

277. 国有股东对非国有公司出资未办理国有资产评估确认手续

278. 非国有股东对国有公司出资未办理国有资产评估确认手续

279. 国有股东多出资返还

二十七、关于 A 股 IPO 资格

280. 发行人的信息披露不合规

281. 发行人尚未进行股份制改造

282. 公司股改的折股方式影响业绩连续计算

283. 公司的注册资本尚未足额缴纳

284. 股东/发起人对公司用作出资的资产转移手续尚未办理完毕

285. 公司的主要资产存在权属纠纷

286. 公司的生产经营不符合国家法律、行政法规的规定

287. 公司的经营不符合国家产业政策

288. 公司的董事高级管理人员发生了重大变化

289. 公司的实际控制人发生了变更（一）

290. 公司的原实际控制人去世

291. 公司的实际控制人通过返程投资方式境外持股

292. 公司的独立董事资格不符合有关法规规定

293. 公司历史沿革中的国有股权转让未获得国有资产主管部门的书面批准

294. 公司的个人股东巨额出资无法合理合法说明来源

295. 公司的外方股东为境内居民所控制

296. 公司历史沿革中的转股存在疑点

297. 公司的实际控制人持有的公司控股股东的股权被质押

298. 公司股东为合伙企业

299. 公司的股东包括信托公司，信托公司的投资资金来源于第三方

300. 公司的直接/间接股东人数超过 200 人

301. 公司的独立经营能力性存在瑕疵

302. 公司的资产完整性存在瑕疵

303. 公司的人员独立性存在瑕疵

304. 公司的财务独立性存在瑕疵

305. 公司的机构独立性存在瑕疵

306. 公司的业务独立性存在瑕疵（二）

307. 公司与控股股东及其控制的关联方之间存在同业竞争

308. 公司的独立性存在瑕疵（一）
309. 公司的机构尚未规范
310. 公司的董、监、高不具备任职资格
311. 公司的内控制度存在缺陷
312. 公司曾违规发行股份
313. 公司曾存在严重违法状况
314. 公司曾在上市申报过程中造假
315. 公司报送的发行申请文件存在缺陷
316. 公司曾涉嫌犯罪
317. 公司存在违规担保情况
318. 公司存在被控股股东及其关联方占用大量款项的情形
319. 公司的资产负债率较高
320. 公司的财务状况混乱
321. 公司历史上发生过会计政策变更
322. 公司的关联交易存在重大隐患
323. 公司的利润不符合发行条件
324. 公司的现金流或营业收入不符合发行条件
325. 公司的总股本不符合 A 股发行条件
326. 公司的无形资产比例不符合 A 股发行条件
327. 公司最近一期存在未弥补的亏损
328. 公司的经营成果对税收优惠存在严重依赖
329. 公司享受的地方税收优惠政策无合法依据
330. 公司存在补缴巨额税款的风险
331. 公司存在对外担保风险
332. 公司存在巨额诉讼
333. 公司存在短期现金流压力
334. 公司的经营模式发生重大不利变化
335. 公司的经营受到重大限制
336. 公司的经营环境发生重大不利变化
337. 公司近 1 个会计年度的营业收入或净利润对关联方或者不确定

性的客户存在重大依赖

338. 公司最近 1 个会计年度的净利润主要来自合并财务报表范围以外的投资收益；

339. 公司的特许经营权存在重大不利变化的风险；

340. 公司的持续盈利能力存在重大风险

341. 特殊行业的环保核查

342. 外商投资企业不符合上市条件

343. 公司 IPO 上市未达到盈利预测

二十八、关于创业板发行资格

344. 公司为非股份公司

二十九、关于募集资金投向

345. 公司拟变更募集资金投向

346. 募集资金投向项目不合理

347. 募投项目未经充分论证

348. 募投项目存在经营风险

349. 募投项目存在财务风险

350. 募集资金必要性不充分

融资租赁公司必备筹资渠道及方式[*]

一、股权融资

（一）股东增资

股东增资的方式，从行业来看，主要集中在金融租赁公司。金融租赁公司资产规模快速增长，按照银监会的规定，金融租赁公司的杠杆率不得超过 12.5 倍。多家金融租赁公司达到上限，股东进行增资。

如 2011 年 9 月江苏金融租赁、2012 年 12 月工银租赁，以及中联重科、柳工等充分利用其母公司为上市公司的优势，通过母公司募集专项资金的方式，从证券市场融资后注资。

---

[*] 资料来源：山重融资租赁有限公司（孙云峰）："我国金融与融资租赁公司的筹资渠道与方式"。

（二）海外上市

2011年3月30日，远东宏信有限公司在香港主板上市，开国内租赁公司海外上市的先河，发行股票8.16亿股，募集资金51亿元港币。并借助香港金融市场优势，陆续发行人民币债券、中期票据、开展银团贷款等业务。

（三）借壳重组上市

2011年，渤海租赁通过借壳重组ST汇通公司在中国大陆主板上市。借壳上市后，渤海租赁融资渠道进一步多元化，不断开展资本运作进行融资。

（四）引入保险资金作为战略投资者

保险资金的引入除进一步优化公司股权结构外，也有利于其未来通过保险公司开展融资。

2013年1月，远东宏信宣布，公司股东中国中化集团全资子公司Greatpart Limited已经于1月6日将共374 805 560股或11.38%公司股份，通过瑞银香港分行配售我国台湾国泰人寿保险股份以及其他若干投资者。

二、债券融资

（一）银行信贷融资

1. 有追索权保理（类质押贷款）

有追索权保理（类质押贷款）是目前各家租赁公司运用较多的产品。通过该产品，租赁公司可以有效防范流动性风险，实现租金收入现金流与还款现金流的匹配，避免短借长投的风险，同时，因保理融资界定为贸易背景下的融资，为银监会和银行鼓励的品种，在此紧缩性信贷环境下，银行在此品种下有较多的头寸和规模。

2. 无追索权保理

目前开展无追索权保理融资的公司主要基于如下目的：一是改善控股母公司财务报表；二是金融租赁公司为了减少拨备计提，多采用无追索权保理。

在实际操作中，金融租赁公司在项目运作上仅仅为资金通道或者资金管理人，通过做成项目后立即开展无追索保理，实际出资人仍为银行，这也是银行规避监管限制，通过租赁公司放贷的一种变通。

3. 同业拆借

金融租赁公司利用金融机构的自身优势，通过同业拆借市场开展短期流动资金拆借，拆借资金期限为 3 个月至 1 年，实务中拆借期限多为 3 个月，用于项目上，虽然存在资金错配的风险，但因成本远低于其他融资方式，处于利润考虑，金融租赁公司仍多采用此方式，同业拆借方式约占全部融资的 80%～90%，国有商业银行控股的金融租赁公司尤其偏爱此种方式。

4. 流动资金贷款

根据银监会的监管要求，各金融租赁公司不能从母行直接获得融资，因而在实际运作中，各金融租赁公司母行交叉为其下属租赁公司授信，在授信项下开展中长期流动资金贷款筹。其他租赁公司采用与合作银行直接授信的方式开展。部分跨国公司设立的融资租赁公司利用外资银行开拓中国市场的需求，加之外资银行与其母公司有较为广泛的业务往来，通过与外资银行开展中长期贷款融资，融资成本往往较低，在货币政策紧缩下可以拿到基准利率甚至基准下浮利率。但在不算宽松的金融市场中，银行对此限制较多，各家租赁公司运用比例不大。

5. 银团贷款

2011 年 9 月 21 日，恒信金融租赁有限公司获 12 亿银团贷款。该银团是由国际开发银行牵头安排，联合中国建设银行、上海农商银行共同组成。同年 9 月 26 日，恒信再获 20 亿银团贷款，该银团由中国银行上海分行牵头安排，联合中国农业银行、交通银行及中国工商银行共同组成。上述银团贷款的成功，也为中国融资租赁公司融资打开了全新的渠道。

6. 银行理财融资

所谓银行理财融资，即金融租赁公司通过将租赁资产注入银行理财资产池发行结构化产品融资。限于成本方面的考虑，金融租赁公司采用此方式融资发行的最长理财产品为 90 天，因而仍然存在资金错配风险。其他租赁公司发行的理财产品最长可达 3 年，基本与业务资金匹配。

7. 银行承汇兑票

2012 年票据融资呈现上升的特点，各厂商系租赁公司运用银行承兑汇票较多，常常以差额保证金的方式运作。

（二）债市融资

1. 金融债券

2009 年央行与银监会联合发布公告，允许符合条件的金融租赁公司和汽车金融公司发行金融债券以来，金融债券成为金融租赁公司又一新型融资渠道。但限于目前国内对租赁资产的认可程度、债券的存续期、监管要求及流动性因素限制，金融租赁公司发行金融债券在用款时效、规模、成本上仍存在诸多局限（最近 3 年连续盈利，最近 1 年利率不低于行业平均水平；最近 1 年不良资产率低于行业平均水平，在实务中，银监会的上述规定常常是自相矛盾的，金融租赁公司常常只能满足之中的一个条件，因而金融债券较难获批）。

2. 点心债

即香港人民币债券。以其融资成本低、期限较好的匹配租赁期限等独特优势，日益成为租赁公司融资的主要渠道之一。

跨国厂商设立的融资租赁公司依托其母公司在全球的品牌知名度、在全球金融市场融资的便利性开展融资。如卡特彼得公司继 2010 年 11 月在香港发行 10 亿元人民币债券后，2011 年 7 月再度赴港发行人民币点心债，债券用途主要用于开展融资租赁业务。此外，三井住友、欧力士等融资租赁公司亦通过此方式融资。

3. 中期票据

2012 年 4 月，远东宏信公告订立中期票据计划，据此，远东宏信可透过根据美国证券法获豁免注册规定的交易，向专业及机构投资者发售及发行本金总值不多于 10 亿美元（或以其他货币计算的等额金额）的票据，计划为增强其未来融资或资本管理之灵活性及效率提供了一个平台。此项计划是继银团贷款、点心债后，打通的又一引入长期资金的融资渠道，这也为未来其他公司开展融资提供了范例。

三、专项资产管理计划

2010 年 11 月，中国证监会发布《证券公司企业资产证券化业务试点指引（试行）》，资产证券化业务再次启动。

2012 年 11 月"工银租赁专项资产管理计划"获证监会通过，成为国内金融租赁企业首支获批发行的资产证券化产品。金融租赁公司开展此项融资更多的是基于出表的考虑。

该项计划较好的匹配和项目租赁期限，且融资成本在同期贷款基准利率左右，成本相对合理，唯一不足的是时效较差，从计划设立到实际发行用时过长且监管部门对此仍持谨慎态度，不易批复。

四、信托融资

与银行信贷融资方式相比，信托融资由于面向公众投资者，规模受到货币政策影响较小；但是当前成本较高，要求项目有足够高的收益率进行成本覆盖，因而仍未成规模。

五、海外融资

此方式仅为外商投资融资租赁公司可以开展。外资融资租赁公司依据中国大陆对外债管理的相关规定，与海外银行开展应收租金保理、银行贷款等方式进行融资。若公司在中国大陆划分为外商投资企业，按照现行有关外债管理规定，外商投资企业借用的外债规模不得超出其"投注差"，即外商投资企业借用的短期外债余额、中长期外债发生额及境外机构保证项下的履约余额之和不超过其投资总额与注册资本的差额。因此可根据注册资本与借用外债的关系在国外进行融资。

六、转租赁、联合租赁融资

此外，厂商系租赁公司还通过与金融租赁公司开展的转租赁、联合租赁进行融资，如交银租赁与中联重科、三一、徐工等厂商下属租赁公司开展的联合租赁等。

参 考 文 献

[1] 最高人民法院执行局. 最高人民法院执行最新司法解释统一理解与适用［M］. 北京：中国法制出版社，2016：155-255.

[2] 杜万华. 民事审判指导与参考［M］. 北京：人民法院出版社，2015：56-58.

[3] 冯江. 刑法适用指导与疑难注解［M］. 北京：中国法制出版社，2016：166-178.

[4] 吴军前. 中国融资租赁实务操作手册［M］. 北京：中国经济出版社，2016：88-97.

[5] 潘杰. 民间借贷中大额现金交付事实的举证证明责任与证明标准［M］//杜万华. 民事审判指导与参考. 北京：人民法院出版社，2015：88-90.

[6] 程新文. 关于当前民事审判工作中的若干具体问题［M］//杜万华. 民事审判指导与参考. 北京：人民法院出版社，2015：118-120.

[7] 邓海虹. 合同无效的 8 种情形及 13 个裁判规则［EB/OL］.http://www.docin.com/p-1751619575.html，2017-05-09.

[8] 吴颖. 建设工程施工合同十大问题精解［EB/OL］. http://www.chinacem.com.cn/xmgl/2015-01/180709.html，2017-06-10.